新时代基层工会

财务管理与经费审查工作实务

张安顺　戴世强◎编著

全新升级
第5版

人民日报出版社

图书在版编目（CIP）数据

新时代基层工会财务管理与经费审查工作实务 / 张安顺，戴世强编著. --北京：人民日报出版社，2022.12

ISBN 978-7-5115-7513-5

Ⅰ.①新… Ⅱ.①张… ②戴… Ⅲ.①基层组织-工会工作-财务管理-中国 Ⅳ.①D412.67

中国版本图书馆 CIP 数据核字（2022）第 186599 号

书　　名：新时代基层工会财务管理与经费审查工作实务
XINSHIDAI JICENG GONGHUI CAIWU GUANLI YU JINGFEI SHENCHA GONGZUO SHIWU
作　　者：张安顺　戴世强

出 版 人：刘华新
责任编辑：刘天一
封面设计：陈国风

出版发行：人民日报出版社
地　　址：北京金台西路 2 号
邮政编码：100733
发行热线：（010）65369527　65369846　65369509　65369510
邮购热线：（010）65369530　65363527
编辑热线：（010）65369844
网　　址：www.peopledailypress.com
经　　销　新华书店
印　　刷　北京柯蓝博泰印务有限公司

开　　本：170mm×240mm　1/16
字　　数：300 千字
印　　张：21
版次印次：2023 年 4 月第 1 版　2023 年 4 月第 1 次印刷

书　　号：ISBN 978-7-5115-7513-5
定　　价：98.00 元

前言 Preface

为了规范和加强工会财务和会计核算及工会经费审查工作，强化工会财务管理和监督职能，实现工会财务的会计核算与国家的财会制度相一致，发挥工会财务和经费审查工作的积极作用，进一步提高工会财务工作人员业务水平，我们组织编写了《新时代基层工会财务管理与经费审查工作实务》。本书以《基层工会预算管理办法》《工会会计制度》及《中国工会审计条例》等为依据，将工会财务会计及工会经费审查工作的基本理论与实务相结合，内容翔实，结构合理，理论联系实际，实用性强，是工会财务与经费审查工作人员参考、培训的学习材料。

本书由山西省总工会干部学校原党委书记、第一副校长、教授张安顺策划、统稿。第一章、第二章、第十二章、第十三章由李永宏编写，第三章、第十章、第十一章由贾育桃编写，第四章、第五章、第六章、第七章、第八章、第九章由赵坤编写，由张安顺最新修订。

本书在编写过程中参考了大量有关书籍和资料，在此谨向有关作者表示诚挚的谢意。

由于水平有限，时间仓促，如有不足，敬请读者批评指正。

目录 Contents

第一章 工会财务

工会财务工作是工会工作的重要组成部分，是确保工会组织体系正常运行的基础和关键，在工会全局工作中占有举足轻重的位置。加强工会财务工作，认真做好聚财、理财、用财的大文章，充分发挥工会财务的作用，对于提高工会组织的凝聚力、吸引力和战斗力具有十分重要的意义。

第二章 工会预算管理

工会预算管理是工会财务管理的重要内容，是工会财务管理的中心环节，是收好、管好、用好工会经费的重要手段，是做好工会财务工作的基本条件。

第三章 工会会计概述

工会各项活动应与其基本性质、职能要求、工作内容相适应，其中一条就是科学、合理、高效地使用工会经费，最大限度地发挥工会经费在实现工会职能、保障工会工作重点、突出工会工作特色方面的重要功能，适应工会经费拨缴方式、业务活动内容等方面的变化，进一步规范工会的会计核算，提高工会会计信息质量。

第四章 工会会计核算方法

工会会计核算方法是指核算工会资金运动过程及其结果的手段，包括填制和审核会计凭证、设置科目和账户、复式记账、财产清查、编制会计报表等。这些方法相互联系、相互补充、相互制约，并按照一定的程序结合为一个完整的核算方法体系。

第五章 工会经费收入核算

工会经费收入是根据《工会法》以及相关政策规定，工会开展业务工作所取得的非偿还性资金。核算以收付实现制为主，以权责发生制为辅。

第六章 工会经费支出核算

工会经费支出是指工会依法开展各项工作和活动所发生的各种资金耗费和损失。本章举例介绍职工活动支出、维权支出、业务支出、工会行政费、资本性支出、补助下级支出、对附属单位的支出和其他支出的核算方法。

第七章 工会资产与净资产核算

工会资产是工会拥有或控制的能以货币计量的经济资产。工会资产是通过多种渠道形成的，既有动产也有不动产，是社团法人资产，是工会开展活动的物质基础，应依法受到保护。工会净资产是资产减去负债后的余额。

第八章 工会负债核算

工会负债是指工会过去的经济业务或者事项形成的，预期会导致经济资源流出的现时义务。本章举例介绍应付工资（离退休费）、应付上级经费、应付下级经费和其他应付款等经济业务的账务处理。

第九章 工会会计电算化

把电子计算机和现代数据处理技术应用到工会会计工作中，用电子计算机代替人工记账、算账和报账，部分代替人脑完成对会计信息分析、预测、决策的过程，称为会计电算化。其有专有的记账规范、业务流程及工作标准。

第十章 工会财务报表

工会财务报表是反映各级工会财务状况、业务活动和预算执行结果的书面文件。工会财务报表是各级工会领导、上级工会及其他财务报表使用者了解情况、掌握政策、指导工作的重要资料。工会财务报表包括会计报表和附注。编制工会财务报表对了解工会财务状况，加强财务管理具有十分重要的意义。

第十一章 工会经费审查概述

工会经费审查是工会根据经费独立原则而建立的工会经费审查监督制度，是工会工作的重要组成部分，具有建设性的促进推动作用和防护性的监督制约作用。工会经费审查委员会依法独立行使经费审查监督职权，审查对象是同级工会组织和下级工会组织及其直属企事业单位的经费支出和资产管理情况。

第十二章 工会经费审查委员会的组织建设

工会经费审查委员会是代表会员群众对工会各项经费的收支和财产管理的真实、完整、合法及效益进行审查监督的组织。加强各级工会经费审查委员会组织建设，对加强工会经费审查监督工作、促进工运事业发展有着非常重要的意义。

第十三章 工会审计实务

工会审计是一项政策性、业务性很强的工作。为了规范工会审计行为，提高审计质量，防范审计风险，充分发挥工会审计作用，工会审计人员应当认真学习、熟练掌握工会审计的有关知识、政策、规定，不断提高自身素质。

附 录

第一章

工会财务

工会财务工作是工会工作的重要组成部分，是确保工会组织体系正常运行的基础和关键，在工会全局工作中占有举足轻重的位置。加强工会财务工作，认真做好聚财、理财、用财的大文章，充分发挥工会财务的作用，对于提高工会组织的凝聚力、吸引力和战斗力具有十分重要的意义。

第一节　工会财务概述

《中华人民共和国工会法》（以下简称《工会法》）第四十五条第一款规定："工会应当根据经费独立原则，建立预算、决算和经费审查监督制度。"工会财务工作是各级工会组织及其所属企事业单位在履行工会职能、开展工会活动、发展工运事业过程中建立起来的，以工会经费为核心的管理活动及所体现的经济关系。这些管理活动包括筹集、分配、使用、管理工会资金和财产，收好、用好、管好工会经费。

工会财务工作包括财务管理和会计核算两个部分。财务管理侧重于控制和参与预测、决策及对经济工作的调节，其具体工作有预算管理、核算管理和财务体制与经费分成、经费收缴、开支范围与原则、财务民主管理等。会计核算侧重于记录、反映和监督经济活动过程，其具体工作为记账、算账、报账、对账、查账、编制会计报表等。

中国工会十七大报告强调，深化工会财务改革，构建工会经费普惠职工的保障机制。

一、工会财务的职能

工会财务作为工会组织履行维护职能的经济手段和保障，既要参与国民收入的再分配，为工会组织筹集和供应资金，又要在工会内部调节资金的余缺，使之与各自承担的职能任务相适应，同时还要反映监督工会活动内容，使之符合党和国家的方针政策要求。所以，工会财务具有分配、调节和监督三个职能。收好经费是基础，管好经费是手段，用好经费是目的。

二、工会财务的特点

（一）独立自主的财务管理体制

工会是中国共产党领导的职工自愿结合的工人阶级群众组织，是中国共产党联系职工群众的桥梁和纽带，依照工会章程独立自主地开展工作。按照工会组织体制，工会财务实行“统一领导、分级管理”的管理体制。同时，如前所述，《工会法》第四十五条第一款规定：“工会应当根据经费独立原则，建立预算、决算和经费审查监督制度。”《工会法》第四十三条中规定，经费使用的具体办法由中华全国总工会制定。

（二）经费用途的法律规定

《工会法》第四十三条对工会经费的五项来源作出了明确规定，同时对工会经费的用途也作了规定：“主要用于为职工服务和工会活动。”

（三）广泛的群众性

工会财务的最大特点就是广泛的群众性，即工会财务接受民主监督，这是工会财务工作区别于企事业单位财务工作的一个显著特点，也是由工会经费性质所决定的，工会经费的收、管、用都有相应职工群众参与监督。

第二节 工会财务管理体制

《中国工会章程》第三十九条规定：“工会资产是社会团体资产，中华全国总工会对各级工会的资产拥有终极所有权。各级工会依法依规加强对工会资产的监督、管理，保护工会资产不受损害，促进工会资产保值增值。根据经费独立原则，建立预算、决算、资产监管和经费审查监督制度。实行‘统一领导、分级管理’的财务体制、‘统一所有、分级监管、单位使用’的资产监管体制和‘统一领导、分级管理、分级负责、下审一级’的经费审查监督体制。工会经费、资产的管理和使用办法以及工会经费审查监督制度，由中华全国总工会制定。”

一、工会经费独立原则

经费独立原则是工会经费的基本原则。工会独立管理经费是历史形成的，是由工会组织的性质和工作特点决定的。在旧中国，工会筹集经费并独立进行管理是工人阶级开展斗争的需要，也是工会赖以生存的需要。新中国成立后，工人阶级和工会的地位都发生了根本变化，工会只有独立管理经费，才能真正做到独立负责地开展活动，才能更好地履行维权服务的基本职责，才能用工会的经费为职工办好事、办实事。工会经费独立原则，主要表现为工会经费使用与管理的具体办法由中华全国总工会制定，建立自己独立的预算、决算和经费审查监督制度。

二、“统一领导、分级管理”的工会财务管理体制

（一）统一领导

统一领导，就是中华全国总工会（以下简称全国总工会）对全国各级工会的财务工作实行统一领导，通过制定统一的工会财务工作方针政策，统一的财务制度和纪律，实行严格规范的财务监督，实现其领导职责。各级工会组织及其所属单位，要严格执行、自觉接受统一领导，以保证工会组织的完整性和统一性。

统一领导还应体现在各级工会委员会（常委会）对财务工作实行集体领导。严格执行核定的年度预算收支计划，凡财务工作中的重大问题和重大开支项目要经集体讨论决定。

（二）分级管理

分级管理，就是在全国总工会统一制定的财会工作政策、制度、纪律制约下，对地方总工会和按产业系统管理经费的产业工会，确定财务管理

层级、经费分成比例以及各层级工会财务管理的职责权限。各级工会在职权范围内享有自主权，但必须执行全国总工会统一的政策和规定，必须履行自己的职能，依法依规独立负责地开展财务管理工作。

三、工会财务的归口管理

工会财务的归口管理，是指涉及工会经费的收入和支出、财产等工会财务方面的业务，只能由工会的一个职能部门去管理。每一级工会的财务工作和经费，由本级工会财务部门统一“归口管理”。

工会财务归口管理具体内容有以下八项。

一是工会经费的收支业务由专门的工会财务会计机构或指定的会计人员独家办理。

二是工会财务管理的一切规章制度由工会或工会财务部门独家制定。

三是工会的经费和财产，由工会或工会财务部门独家管理。

四是全国总工会和地方各级总工会财务部门独家对口同级财政部门，基层工会独家对口单位行政财务部门。

五是其他业务部门、企业方面，不得独自在自己签发的文件中夹叙有关规定工会财务的事项。

六是工会所属企事业的工会财务管理制度要报请主管工会审批。

七是下级工会不得越权、越级改变上级工会制定的财务规章制度。

八是工会经费支出要坚持实行集体领导下的“一支笔”审批制度。就是在预算批准后，经费开支由财务主管领导人审批，或授权批准，以防止多头审批，造成违纪及浪费。

四、工会财务监督

（一）工会财务监督的概念

工会财务监督，从广义上讲，包括工会财务部门、工会经费审查委员会、国家和社会，以及职工群众等多方面对工会财务活动的监督。狭义地讲，工会财务监督就是工会财务部门以财务管理的制度规定进行的监督，使工会经费的运行合理合法，充分发挥效能，确保工会各项任务的顺利完成。

（二）工会财务监督的内容

1. 遵守、贯彻、执行党的各项方针政策、法律法规；
2. 工会各项财务制度、规章的执行；
3. 执行本级经费收支预算及各项资金的运行；
4. 本级所属工会事业单位预算执行及各项资金的运行；
5. 工会财产物资的购置、管理和使用。

第三节　基层事业单位工会财务管理工作的主要内容

一、合理编制单位预算

《中国工会章程》第三十七条规定：“工会经费主要用于为职工服务和开展工会活动。各级工会组织应坚持正确使用方向，加强预算管理，优化支出结构，开展监督检查。”合理编制预算是工会财务管理的首要任务。坚持“编制完整，保证重点性支出，体现公平、透明性”的原则。《工会法》第四十三条规定，工会经费主要用于为职工服务和工会活动。比如，组织会员开展集体活动及会员特殊困难补助；开展职工教育培训、文体、宣传活动以及其他活动；为职工举办政治、法律、科技、业务、再就业等各种知识培训；职工集体福利事业补助；劳动关系协调费、劳动保护费、法律援助费、困难职工帮扶、送温暖费等支出；工会自身建设等。

二、依法组织收入，努力节约支出

基层事业单位工会经费收入主要包括：会费收入、拨缴经费收入、补助收入、拨入专款、事业收入、经营收入、附属单位缴款、其他收入。工会经费的开支范围包括：职工活动支出、维权支出、业务支出、资本性支出、事业支出和其他支出。《工会法》《工会会计制度》及《基层工会经费收支管理办法》均对以上收入及支出有明确规定。工会财务工作应严格按照制度规定依法组织收入，努力节约支出。拒收规定外的“灰色”收入，拒付不合理支出。

三、建立健全财务制度，加强经济核算，提高资金使用效益

积极建立健全财务制度保障体系，做到有法可依，有章可循，为财务制度的执行保驾护航。建立工会内部控制制度、工会资产管理制度、工会预决算编制度、工会会计人员岗位责任制度、工会财务收支审批制度等，使制度成为工会财务工作的“防火墙”，保障工会财务工作的正常有序开展。厉行勤俭节约、反对铺张浪费的精神，把好成本核算关，规范费用开支，提高人力、物力、财力的使用效率。

四、加大资产监管力度，防止资产流失

工会的财产物资是由工会享有所有权的动产和不动产，是基层事业单位工会开展业务活动的物质基础，为工会履行基本职能和开展各项活动提供物质保证。工会的资产主要分为固定资产和流动资产。工会资产的管理是一个系统的工作，需要制定完善资产管理的各项规章制度，强化资产管理的意识，利用现代化手段，对资产进行科学化管理。

五、严格财务控制和监督

工会财务人员要高度负责，及时完成会计基础核算工作，并编制报表

如实反映工会财务状况。工会应建立完善内部控制制度，加强工会事业单位内部管理，依法治会，依法履职，加强经济核算，规范财务工作秩序。要把有限的工会经费使用好，要以严格的制度加以规范。

第四节　工会经费

一、工会经费概述

（一）工会经费

工会经费，是指工会依法取得并开展正常活动所需的费用。工会经费是保证工会组织维权、服务、置业、建会、兴会以及履行各项职能和工会事业发展的物质条件。

（二）充分认识管好用好工会经费的重要意义

管好用好工会经费，对于确保工会各项重点工作开展、增强工会服务职工工作物质基础、更好地发挥工会在党和国家工作大局中的作用，意义重大。当前，党和政府高度重视工会工作，对工会工作支持力度不断加大，各级财政拨付的困难职工帮扶、劳模困难补助等专项资金的数额持续增加，各地工会经费收缴大幅增加，迫切需要创新工作思路、健全制度机制，切实加强工会经费收缴、管理、使用、监督等各个环节的工作，确保工会经费真正用于服务职工，发展和壮大工运事业，更好地为大局服务、为工运事业服务。

二、工会经费的来源

工会经费是依照国家法律法规取得的，它的来源的合法性受国家法律保护，任何组织和个人不得干涉。

根据《工会法》第四十三条第一款的规定，工会经费的来源有五个方面：一是工会会员缴纳的会费；二是建立工会组织的用人单位按每月全部职工工资总额的百分之二向工会拨缴的经费；三是工会所属的企业、事业单位上缴的收入；四是人民政府的补助；五是其他收入。

（一）工会会员缴纳的会费

工会会员缴纳会费是会员应尽的义务，同时也是会员在工会组织内部享受权利的物质基础。会员缴纳工会会费，体现了会员的组织观念，密切了会员与工会组织的联系，同时也有利于职工之间的互助互济和团结友爱精神的增强。会费缴纳的标准，是根据不同时期会员的收入情况和工会工作情况，由全国总工会统一制定的。现行标准，根据《中华全国总工会关于收交工会会费的通知》（工发〔1978〕101号）规定，工会会员每月应向工会组织交纳本人每月工资收入0.5%的会费。工资尾数不足10元的不计交会费。学徒工会员，一律按每人每月人民币五分交纳会费。无固定收入的会员，可按本人上月所得工资额计算交纳会费。会员所得各种奖金、津贴、稿费收入以及按劳动保险条例或其他法令规定所领取的各种补助费、救济费、退休金、退职金等，均不交纳会费。

根据全国总工会财务部《关于机关和事业单位工会会员交纳会费问题的通知》（工财字〔1994〕69号）规定，“工资收入”具体包括：（1）机关的工会会员：职务工资、级别工资、基础工资、工龄工资；（2）事业单位的工会会员：职务工资、等级工资；（3）机关、事业单位的工人会员：岗位工资、等级工资。

会员交纳的会费，全部留在基层，用于工会开展活动，无须上缴。

（二）用人单位拨缴的经费

用人单位根据《工会法》及有关法规的规定拨缴的经费。根据《工会法》第四十三条的规定，建立工会组织的用人单位按每月全部职工工资总额的百分之二向工会拨缴经费。《工会法》第四十四条规定：“企业、事业单位、社会组织无正当理由拖延或者拒不拨缴工会经费，基层工会或者上级工会可以向当地人民法院申请支付令；拒不执行支付令的，工会可以依法申请人民法院强制执行。”

用人单位拨缴工会经费是国家以立法形式维护工会权益的具体表现，因此，它具有以下特征。

1. 强制性。用人单位拨缴工会经费是《工会法》规定的，不执行就是违法，就要承担法律责任。

2. 无偿性。用人单位的行政方面向工会拨缴经费是无偿的。拨缴工会经费是国家为了支持工会履行社会职能的需要，因此不需要偿还。

3. 固定性。用人单位每月按全部职工工资总额的百分之二向工会拨缴经费，这是法律固定下来的，具有长期的法律效力。

“全部职工”，指的是在企业、事业单位、机关、社会组织等单位工作，并由其支付工资的人员。

“工资总额”，是指用人单位在一定时期（年、季、月、日）内实际支付给全部职工的劳动报酬总额。不论是从工资科目开支的，还是由工资科目以外的其他各项经费科目（如搬运费、材料费、加工费、职工福利基金、企业基金、企业利润留成与附属机构的业务收入等）开支的；也不论是以货币形式或实物形式支付的，均应计算在工资总额内。工资总额由下列六部分组成：（1）计时工资；（2）计件工资；（3）奖金；（4）津贴和补贴；（5）加班加点工资；（6）特殊情况下支付的工资。

（三）工会所属的企业、事业单位上缴的收入

工会利用自己筹集的资金开办的为职工服务的企业、事业单位上缴的收入。

（四）人民政府的补助

在工会经费不足的情况下，政府给同级工会的补助，是工会经费的补充来源。它具有一次性和专用性的特点。

（五）其他收入

其他收入主要指：上级工会的补贴，个人、社会团体的捐助，工会变

卖财产收入，银行存款利息收入等。

三、工会经费的使用

（一）工会经费使用范围

《工会法》第四十三条规定：“工会经费主要用于为职工服务和工会活动。经费使用的具体办法由中华全国总工会制定。”这一规定，为工会经费的正确合理使用提供了法律依据。

根据全国总工会的有关规定，基层工会经费的使用范围主要包括以下几项。

1. 职工活动支出，包括职工教育支出、文体活动支出、宣传活动支出、职工集体福利支出、其他活动支出；

2. 维权支出，包括劳动关系协调费、劳动保护费、法律援助费、困难职工帮扶费、送温暖费、其他维权支出；

3. 业务支出，包括培训费、会议费、专项业务费、其他业务支出；

4. 资本支出，包括基层工会从事工会建设工程、设备工具购置、大型修缮和信息网络构建而发生的支出；

5. 事业支出，即基层工会对独立资本核算的附属事业单位的补助和非独立核算的附属事业单位的各项支出；

6. 其他支出。

（二）始终坚持工会经费正确使用方向

要认真贯彻《工会法》和《中国工会章程》，优化工会经费支出结构，严格控制一般性支出，坚持重心下移，将工会经费支出重点向基层倾斜，完善工会经费对基层补助体制，对基层回拨资金和超收补助资金要更多用于工会重点工作，确保大部分经费用于服务职工。对于各级财政用于困难职工帮扶的资金、劳模“三金”等专项资金，要严格规范管理，确保专款专用，决不允许任何转移、截留、挪用、改变资金用途等违法违纪违规问题的发生。

四、工会经费的独立管理和措施

（一）工会经费独立管理

根据《工会法》第四十五条规定，工会应当根据经费独立原则，建立预算、决算和经费审查监督制度。各级工会建立经费审查委员会。各级工会经费收支情况应当由同级工会经费审查委员会审查，并且定期向会员大会或者会员代表大会报告，接受监督。工会会员大会或者会员代表大会有权对经费使用情况提出意见。工会经费的使用应当依法接受国家的监督。

（二）对截留、挪用工会经费的处罚规定

对截留、挪用、侵占或者贪污工会经费的，由同级工会或上级工会责令改正，对直接负责的主管人员和其他直接责任人予以处分；情节严重的，依照《中国工会章程》予以罢免；造成损失的，承担赔偿责任；构成犯罪的，依法追究刑事责任。

（三）工会的经费和财产受法律保护

工会的财产、经费和政府及有关单位拨给工会使用的不动产，任何组织和个人不得侵占、挪用和任意调拨。基层工会经费和用工会经费购置的财产，不得作为所在单位的经费和财产予以冻结、查封、扣押或者作其他处理。工会组织合并，其经费、财产归合并后的工会所有；工会组织撤销或者解散，其经费、财产由上一级工会处理。企业破产清算时，欠拨的工会经费应当依法列入清偿顺序。

思考题：

1. 什么是工会财务？
2. 工会财务有哪些职能？
3. 如何理解“统一领导、分级管理”的工会财务管理体制？
4. 工会经费的来源有哪些？
5. 《工会法》关于工会经费的使用范围是怎样规定的？

延伸阅读

严抓工会财务管理　踏实做好基层服务

去年以来，市总工会加大工会经费收缴力度，加强工会财务检查监督和管理规范化建设，加大基层工会建设支持力度，更有效地积聚工会物质基础，更多更好地服务基层和职工。

加大经费收缴力度，着力争取财政支持

面对复杂严峻的经济形势，市总工会突出三个“重视”，抓好国税代收。通过与市国税局认真分析情况制订收缴方案，加强督查落实催收任务，齐心协力，难中求进，工会经费收缴实现大幅增长。一是狠抓重点难点，实现增点扩面。抓住“营改增”改革深入推进的有利契机，密切联系地税、住建委、房管、交通、商务等行业主管部门，共同协商制定对建筑、交通、餐饮等税改重点行业的代收措施，借力职能部门的资源手段，督促各企事业单位依法缴纳工会经费，进一步优化了代收结构，确保工会经费应收尽收。二是重视表彰激励，鼓舞代收士气，召开全市工会经费国税代收工作会议，总结成绩经验，表彰先进典型，部署工作任务，激励了代收人员的工作士气，增强了完成代收任务的信心。三是重视督办落实，紧抓代收进度。市总工会财务部与市国税局所得税科通过召开座谈会、电话督办、联合检查等形式，督促国税各分局加强征收，保证了工会经费收缴进度。

加强财务监督检查，着力解决基层难题

工会经费管理监督检查整改出成效。一是找准检查“关键点”，市总工会重点对全市7个县（市、区）总工会，68个市直机关事业单位、大中型企业工会经费管理使用中存在的违纪违规问题开展监督检查，并延伸到下属二级单位。二是找出问题“突出点”。市总工会检查组汇总出检查中发现的七大突出问题，将其中的违规违纪问题提交市纪委处理，对被检查单位下发了整改情况通知书，要求按期对指出的问题进行整改并汇报整改情况。三是找到整改“落脚点”。市总工会对被检查单位进行了回访，各基层单位工会对检查发现问题的整改工作高度重视，针对各自问题进行有效整改。20多家单位按要求开设工会经费账户；补收欠缴的工会会员会费；对缺少的方案、通知、经费明细等附件资料进行了补充完善；对超范围发纪念品和津补贴及时进行了清退。回访单位都表示今后将加强工会预算管理，对工会重大事项和大额支出进行集中审议，并按要求先编制使用预算，审议通过后再执行。

解决基层工会开设工会经费账户问题

由于近年来我市进行财政国库集中收付改革和银行账户管理改革试点，市直行政事业单位新开设工会经费账户时市财政、市人行暂不予审批，有些单位已开的工会经费账户在财政部门开展的账户清查时被取消，基层工会多次提出意见要求予以解决。2016年，市总工会与市财政、市人行多次联系沟通，归集整理了相关的政策法规，最后取得一致意见，规范了基层工会开设工会经费账户审批。对基层工会根据《工会法》《湖北省实施〈工会法〉办法》和全国总工会、财政部、人行相关文件要求依法开设的工会经费账户予以认可，基层工会可凭工会法人资格证书到银行办理开户手续。

同时，市总工会还积极落实市直财政预算单位工会经费保障，使得市直各预算单位工会经费和工会会员福利待遇的问题最终得到了落实。

加大经费下沉力度，夯实基层工作基础

为增强工会工作服务大局、服务基层、服务职工的能力，充分发挥职能作用，市总工会将工会经费使用的重点向基层倾斜，确保进一步夯实基层工会工作基础，加强工会组织、服务平台和工作示范点建设，加强劳模创新工作室建设和劳模疗休养服务，确保进一步夯实基层工会工作基础，更好地发挥劳模带头示范作用。2016年市总工会安排本级经费320余万元直接用于支持基层工会建设和开展活动。

第二章

工会预算管理

工会预算管理是工会财务管理的重要内容，是工会财务管理的中心环节，是收好、管好、用好工会经费的重要手段，是做好工会财务工作的基本条件。

第一节 工会预算管理概述

一、工会预算管理的含义、级次

《中国工会章程》第四十条规定："各级工会委员会按照规定编制和审批预算、决算，定期向会员大会或者会员代表大会和上一级工会委员会报告经费收支和资产管理情况，接受上级和同级工会经费审查委员会审查监督。"

（一）工会预算管理的含义

预算是未来的财务收支计划，例如年度预算、月度预算等。而决算是对一定时期的财务收支情况的总结，例如年度决算、月度决算等。

预算是行为计划的量化，这种量化有助于管理者协调、贯彻计划，是一种重要的管理工具。工会预算是各级工会组织及所属事业单位按照一定程序核定的年度收支计划。工会预算是收好、管好、用好工会经费的重要手段，是工会财务管理的重要内容。通过经费预算，可以把资金的需要与可能结合起来，促使工会工作和事业活动有计划地进行。

工会预算、决算的编制、审查、批准、监督，以及预算的执行和调整，依照《工会预算管理办法》（总工办发〔2019〕26号）的规定执行。

（二）工会预算管理的级次

工会系统实行一级工会一级预算，预算管理实行下管一级的原则。

工会预算一般分为五级，即全国总工会、省级工会、市级工会、县级工会和基层工会。省级工会可根据乡镇（街道）工会、开发区（工业园区）工会发展的实际，确定省级以下工会的预算管理级次，并报全国总工会备案。经全国总工会批准，中华全国铁路总工会、中国民航工会全国委员会、中国金融工会全国委员会依法独立管理经费，根据各自管理体制，确定所属下级工会的预算管理级次，并报全国总工会备案。

全国工会预算由全国总工会总预算和省级工会总预算组成。全国总工会总预算由全国总工会本级预算和与全国总工会建立经费拨缴关系的企业工会汇总预算组成。

省级工会总预算由省（自治区、直辖市）总工会、中央和国家机关工会联合会、中华全国铁路总工会、中国民航工会全国委员会、中国金融工会全国委员会本级预算和汇总的下一级工会总预算组成。下一级工会只有本级预算的，下一级工会总预算即指下一级工会的本级预算。

本级预算是指各级工会本级次范围内所有收支预算，包括本级所属单位的单位预算和本级工会的转移支付预算。

单位预算是指本级工会机关、所属事业单位的预算。

转移支付预算是指本级工会对下级工会的补助预算。

第二节　工会预算的原则及职权

一、工会预算的原则、规定

《工会预算管理办法》第七条规定，工会预算应当遵循统筹兼顾、勤俭节约、量力而行、讲求绩效和收支平衡的原则。

各级工会的预算收入和预算支出实行收付实现制，特定事项按照相关规定实行权责发生制。

预算年度自公历 1 月 1 日起至 12 月 31 日止。

预算收入和预算支出以人民币元为计算单位。

二、预算管理职权

各级工会、各预算单位财务管理部门是预算归口管理的职能部门。

（一）全国总工会财务管理部门的职权

1. 具体负责汇总编制全国工会预算；

2. 具体负责编制全国总工会本级预（决）算草案，报全总领导同志签批后，经中华全国总工会经费审查委员会审查，提交全总党组会议审议；

3. 具体负责编制全国总工会本级预算调整方案，经中华全国总工会经费审查委员会履行审查程序后，提交全总党组会议审议；

4. 批复全国总工会本级预算单位预（决）算，对省级工会的预（决）算和预算调整方案实行备案管理；

5. 提出全国总工会本级预算预备费动用方案，提交全总党组会议审议；

6. 具体负责汇总编制全国工会决算；

7. 定期向中华全国总工会经费审查委员会或其常委会报告全国总工会本级预算执行情况。

（二）省级工会的职权

1. 汇总编制省级工会总预算，报全国总工会备案；

2. 编制省级工会本级预（决）算草案，经必要程序审查、审议通过后报全国总工会备案；

3. 编制省级工会本级预算调整方案，经必要程序审查、审议通过后报全国总工会备案；

4. 批复省级工会本级预算单位的预（决）算，对下一级工会的本级预（决）算和预算调整方案实行审批或备案管理；

5. 决定本级预备费的动用；

6. 汇总本级及以下各级工会决算，报全国总工会。

（三）市级工会的职权

1. 汇总编制市级工会总预算，报省级工会备案；

2. 编制市级工会本级预（决）算草案，经必要程序审查、审议通过后报省级工会审批或备案；

3. 编制市级工会本级预算调整方案，经必要程序审查、审议通过后报省级工会审批或备案；

4. 审批市级工会本级预算单位的预（决）算，对县级工会的本级预（决）算和预算调整方案实行审批或备案管理；

5. 决定本级预备费的动用；

6. 汇总本级及以下各级工会决算，报省级工会。

（四）县级工会的职权

1. 汇总编制县级工会总预算，报市级工会备案；

2. 编制县级工会本级预（决）算草案，经必要程序审查、审议通过后报市级工会审批或备案；

3. 编制县级工会本级预算调整方案，经必要程序审查、审议通过后报市级工会审批或备案；

4. 审批县级工会本级预算单位的预（决）算，对下一级工会的本级预（决）算和预算调整方案实行审批或备案管理；

5. 决定本级预备费的动用；

6. 汇总本级及以下各级工会决算，报市级工会。

（五）乡镇（街道）工会、开发区（工业园区）工会预算管理职权

乡镇（街道）工会、开发区（工业园区）工会预算管理职权由省级工会确定。

（六）基层工会的职责

1. 负责编制本级工会预（决）算草案和预算调整方案，经本级经费审查委员会审查后，由本级工会委员会审批，报上级工会备案；

2. 组织本级预算的执行；

3. 定期向本级工会经费审查委员会报告本级工会预算执行情况；

4. 批复本级所属预算单位的预（决）算；

5. 编制本级工会决算，报上级工会。

第三节　预算收支范围

《工会预算管理办法》第十八条规定："预算由预算收入和预算支出组成。工会及所属预算单位的全部收入和支出都应当纳入预算。"

一、预算收入

县级以上工会预算收入包括：拨缴经费收入、上级补助收入、政府补助收入、附属单位上缴收入、投资收益、其他收入。

基层工会预算收入包括：会费收入、拨缴经费收入、上级补助收入、行政补助收入、附属单位上缴收入、投资收益、其他收入。

工会所属事业单位预算收入包括：财政拨款收入、事业收入、上级补助收入、附属单位上缴收入、经营收入、债务收入、非同级财政拨款收入、投资收益、其他收入。

二、预算支出

县级以上工会预算支出包括：职工活动组织支出、职工服务支出、维权支出、业务支出、行政支出、资本性支出、补助下级支出、对附属单位的支出、其他支出。

基层工会预算支出包括：职工活动支出、职工服务支出、维权支出、业务支出、资本性支出、对附属单位的支出、其他支出。

工会所属事业单位的预算支出包括：行政支出、事业支出、经营支出、上缴上级支出、对附属单位补助支出、投资支出、债务还本支出、其他支出。

第四节 预算编制与审批

一、预算编制

预算编制是指预算收支计划的拟订、确定及其组织过程。预算编制应当遵守国家编制预算的原则，按照编制办法和程序进行。

根据《工会预算管理办法》，工会预算编制的主要规定如下。

（一）编制时限

根据国家财政预算管理要求和工会预算管理实际，全国总工会及时印发下一年度预算草案编制的通知。省、市、县级工会应根据全国总工会预算编制的有关要求，结合实际情况进行部署，编制本级预算，汇总下一级工会总预算，按规定时限报上一级工会。

（二）编制依据

各级工会、各预算单位应当围绕党和国家工作大局，紧扣工会中心工作，参照国务院财政部门制定的政府收支分类科目、预算支出标准和预算绩效管理的规定，根据跨年度预算平衡的原则，参考上一年预算执行情况、存量资产情况和有关支出绩效评价结果，编制预算草案。

上述所称政府收支分类科目，收入分为类、款、项、目；支出按其功能分类分为类、款、项，按其经济性质分类为类、款。

（三）编制原则

各级工会、各预算单位应当按照《工会预算管理办法》规定的收支范围，依法、真实、完整、合理地编制年度收支预算。

（四）工会办公场所和工会活动设施等物质条件的预算规定

根据《工会法》等法律法规的规定，各级工会办公场所和工会活动设施等物质条件应由各级人民政府和单位行政提供。各级工会应积极争取同级政府或行政支持，将政府或行政补助纳入预算管理。在政府或行政补助不足的情况下，可以动用经费弥补不足，上级工会也可根据情况给予适当补助。

县级以上工会可根据所属事业单位分类情况，结合同级财政保障程度，对所属事业单位实行定额补助或定项补助。

（五）工会支出预算编制的基本要求

各级工会支出预算的编制，应当贯彻勤俭节约的原则，优化经费支出结构，保障日常运行经费，从严控制“三公”经费和一般行政性支出，重点支持维护职工权益、为职工服务和工会活动等工会中心工作。

（六）支出预算的编制分类

支出预算的编制按基本支出、项目支出进行分类。基本支出是预算单位为保障其正常运转、完成日常工作任务而编制的年度基本支出计划，按其性质分为人员经费和日常公用经费。基本支出之外为完成特定任务和事业发展目标所发生的支出为项目支出。

县级以上工会的基本支出预算，应参照同级政府有关部门的有关规定、制度、费用标准以及核定的人员编制编列，当年未执行完毕的基本支出预算可在下年继续使用。

基层工会在单位行政不能足额保障的情况下，可根据需要从严编制基本支出预算。

各级工会上一年度未全部执行或未执行、下年需按原用途继续使用的项目资金，作为项目结转资金，纳入下一年度预算管理，用于结转项目的支出。

（七）结余资金的使用管理

各级工会当年预算收入不足以安排当年预算支出的，可以动用以前年度结余资金弥补不足。各级工会一般不得对外举债，县级以上工会由于特殊原因确需向金融机构申请借款的，必须经过党组会议集体研究决定。结转结余资金使用管理办法由全国总工会另行制定。

（八）转移支付的规定

上级工会对下级工会的转移支付分为一般性转移支付和专项转移支付。

一般性转移支付是上级工会给下级工会未指定用途的补助，应当根据全国总工会的有关规定，结合下级工会的财力状况和工作需要编制。

专项转移支付是上级工会给下级工会用于专项工作的补助，应当根据工作需要，分项目编制。

县级以上工会应当将对下级工会的转移支付预计数提前下达下级工会。各级工会应当将上级工会提前下达的转移支付预计数编入本级预算。

（九）预算项目库规定

县级以上工会应根据实际情况建立本级预算项目库。

县级以上工会应根据基本建设类项目立项批复确定的资金渠道编制年度支出预算。

（十）采购预算编制

各级工会、各预算单位编制预算时，应根据政府采购和工会资金采购的相关规定，编制年度采购预算。

（十一）预备费编制

县级以上工会可以按照本级预算支出额的百分之一至百分之三设置预备费，用于当年预算执行中因处理突发事件、政策性增支及其他难以预见的开支。

（十二）预算稳定调节基金

县级以上工会可以设置预算稳定调节基金，用于弥补以后年度预算资金的不足。

二、预算审批

全国总工会预算草案，经全国总工会经费审查委员会审查通过后，由全国总工会书记处批准后执行。

省级（含）以下总工会预算必须由党组集体审议决定，同级经费审查委员会履行相应审查职责，其他审查、审议的必要程序由各级工会确定。

依靠本级工会供给经费的工会机关及所属独立核算事业单位的预算草案由本级工会审批。

各省级工会的本级预算（附工会机关预算），应在 3 月 15 日前报送全国总工会审批，全国总工会应于 30 个工作日内及时批复。

市级以下（含市级）工会本级预算的报批时间，由省级工会确定。

上一级工会认为下一级工会预算与法律法规、上级工会预算编制要求不符的，有权提出修订意见，下级工会应予调整。

各级工会本级预算经批准后，应当在二十日内批复所属预算单位。

第五节　预算执行与调整

一、预算的执行

各级工会预算由本级工会组织执行，具体工作由财务管理部门负责。

各级工会所属预算单位是本单位预算执行的主体，对本单位预算执行结果负责。

各级工会应按照年度预算积极组织收入。按照规定的比例及时、足额拨缴工会经费，不得截留、挪用。

预算批准前，上一年结转的项目支出和必要的基本支出可以提前使用。送温暖支出、突发事件支出和本级工会已确定年度重点工作支出等需提前使用的，必须经集体研究决定。预算批准后，按照批准的预算执行。

各级工会应根据年度支出预算和用款计划拨款。未经批准，不得办理超预算、超计划的拨款。

县级以上工会必须根据国家法律法规和全国总工会的相关规定，及时、足额拨付预算资金，加强对预算支出的管理和监督。各预算单位的支出必须按照预算执行，不得擅自扩大支出范围，提高开支标准，不得擅自改变预算资金用途，不得虚假列支。

当年预算执行中，县级以上工会因处理突发事件、政策性增支及其他难以预见的开支，需要增加预算支出的，可以由本级工会财务管理部门提出预备费的动用方案，报本级工会集体研究决定。

二、预算调整

各级工会预算一经批准，原则上不作调整。

下列事项应当进行预算调整：

（一）需要增加或减少预算总支出的；

（二）动用预备费仍不足以安排支出的；

（三）需要调减预算安排的重点支出数额的；

（四）动用预算稳定调节基金的。

预算调整的程序按照预算编制的审批程序执行。

在预算执行中，各级工会因上级工会和同级财政增加不需要本级工会提供配套资金的补助而引起的预算收支变化，不属于预算调整。

各级工会、各预算单位的预算支出应当按照预算科目执行，严格控制不同预算科目、预算级次或项目间的预算资金调剂。确需调剂使用的，按照有关规定办理。

县级以上工会在预算执行中有超收收入的，只能用于补充预算稳定调节基金。县级以上工会在预算年度中出现短收，应通过减少支出、调入预算稳定调节基金来解决。以上变化情况应在决算说明中进行反映。

县级以上工会和具备条件的基层工会应全面实施预算绩效管理。

第六节　决　算

一、工会决算概述

决算，指根据年度预算执行结果而编制的年度会计报告。它是预算执行的总结。

工会决算是工会收支预算执行的总结，它反映着年度工会预算收支的最终结果，也是工会活动在财务上的集中反映。通过编制工会决算，可以从财务上总结一年来工会组织各项活动的主要经验和问题，为工会决策提供可靠的资料和数据信息。因此，在年终认真及时编制决算，是整个工会工作不可缺少的一个重要环节。

二、工会决算要求

各级工会应在每一预算年度终了后，按照全国总工会的有关规定编制本级工会收支决算草案和汇总下一级工会收支决算。

编制决算草案，必须符合法律法规和相关制度规定，做到收支真实、数据准确、内容完整、报送及时。

工会决算的编制政策性强，涉及面广，复杂程度高，要做好一系列的准备工作，如进行年终清理，要检查收入，核实支出，以确保数字完整、准确。

全国总工会和省、市、县级工会决算编制的职权按照《工会预算管理办法》有关规定执行。

基层工会决算草案经本级经费审查委员会审查后，由本级工会委员会审批，并报上级工会备案。

各级工会所属预算单位的决算草案，应在规定的期限内报本级财务管理部门审核汇总。本级财务管理部门审核决算草案发现有不符合法律法规和工会规定的，有权责令其纠正。

各级工会应当将经批准的本级决算及下一级工会的决算汇总，在规定时间内报上一级工会备案。上一级工会认为下一级工会决算与法律法规、上级工会决算编制要求不符的，有权提出修订意见，下级工会应予调整。

决算报批时间规定：省级工会的本级决算，应在三月十五日前报送全国总工会审批，全国总工会应于三十个工作日内及时批复。市级以下（含市级）工会决算的报批时间，由省级工会确定。

各级工会本级决算批准后，应当在十五个工作日内批复所属预算单位。

第七节　工会预、决算监督

一、预算执行监督主体

各级工会财务管理部门按照相关规定，对本级所属单位及下一级工会预（决）算进行财务监督。

二、工会预、决算的审计监督规定

各级工会的预（决）算接受同级工会经费审查委员会的审查审计监

督。预算执行情况同时接受上一级工会经费审查委员会的审计监督。

各级工会预算执行情况、决算依法接受政府审计部门的审计监督。

各级工会对年度预算安排的项目要逐步实行绩效考评制度。

三、责任及处理的规定

各级工会、各预算单位有下列行为之一的，责令改正，对负有直接责任的主管人员和其他直接责任人员追究行政责任。

（一）未按《工会预算管理办法》规定编报本级预（决）算草案、预算调整方案和批复预（决）算的；

（二）虚列收入和支出的；

（三）截留、挪用、拖欠拨缴经费收入的；

（四）未经批准改变预算支出用途的。

各级工会、各预算单位及其工作人员存在下列行为之一的，责令改正，追回骗取、使用的资金，有违法所得的没收违法所得，对单位给予警告或者通报批评；对负有直接责任的主管人员和其他直接责任人员依法给予处分：

（一）虚报、冒领预算资金的；

（二）违反规定扩大开支范围、提高开支标准的。

四、预（决）算公开制度

县级以上工会预（决）算应在工会内部公开，经单位批准可向社会公开。

基层工会预（决）算应向全体工会会员公开。

涉密事项的预（决）算不得公开。

第八节　基层工会经费收支管理

为加强基层工会经费收支管理，规范基层工会经费使用，2017 年 12 月 15 日全国总工会颁布了《基层工会经费收支管理办法》，对基层工会经费收支管理的原则、收入范围、经费支出、监督检查等作出了明确规定。

一、基层工会经费收支管理原则

根据《基层工会经费收支管理办法》规定，基层工会经费收支管理应遵循以下原则。

1. 遵纪守法原则。基层工会应依据《工会法》的有关规定，依法组织各项收入，严格遵守国家法律法规，严格执行全国总工会有关制度规定，严肃财经纪律，严格工会经费使用，加强工会经费收支管理。

2. 经费独立原则。基层工会应依据全国总工会关于工会法人登记管理的有关规定取得工会法人资格，依法享有民事权利，承担民事义务，并根据财政部、中国人民银行的有关规定，设立工会经费银行账户，实行工会经费独立核算。

3. 预算管理原则。基层工会应按照《工会预算管理办法》的要求，将单位各项收支全部纳入预算管理。基层工会经费年度收支预算（含调整预算）需经同级工会委员会和工会经费审查委员会审查同意，并报上级主管工会批准。

4. 服务职工原则。基层工会应坚持工会经费正确的使用方向，优化工会经费支出结构，严格控制一般性支出，将更多的工会经费用于为职工服务和开展工会活动，维护职工的合法权益，增强工会组织服务职工的能力。

5. 勤俭节约原则。基层工会应按照党中央、国务院关于厉行勤俭节约、反对奢侈浪费的有关规定，严格控制工会经费开支范围和开支标准，经费使用要精打细算，少花钱多办事，节约开支，提高工会经费使用效益。

6. 民主管理原则。基层工会应依靠会员管好用好工会经费。年度工会经费收支情况应定期向会员大会或会员代表大会报告，建立经费收支信息公开制度，主动接受会员监督。同时，接受上级工会监督，依法接受国家审计监督。

二、基层工会经费收入

《基层工会经费收支管理办法》规定，基层工会经费收入范围包括以下方面。

1. 会费收入。会费收入是指工会会员依照全国总工会规定按本人工资收入的5‰向所在基层工会缴纳的会费。

2. 拨缴经费收入。拨缴经费收入是指建立工会组织的用人单位按全部职工工资总额的2%依法向工会拨缴的经费中的留成部分。

3. 上级工会补助收入。上级工会补助收入是指基层工会收到的上级工会拨付的各类补助款项。

4. 行政补助收入。行政补助收入是指基层工会所在单位依法对工会组织给予的各项经费补助。

5. 事业收入。事业收入是指基层工会独立核算的所属事业单位上缴的收入和非独立核算的附属事业单位的各项事业收入。

6. 投资收益。投资收益是指基层工会依据相关规定对外投资取得的收益。

7. 其他收入。其他收入是指基层工会取得的资产盘盈、固定资产处置净收入、接受捐赠收入和利息收入等。

基层工会应加强对各项经费收入的管理。要按照会员工资收入和规定的比例，按时收取全部会员应缴的会费。要严格按照国家统计局公布的职工工资总额口径和所在省级工会规定的分成比例，及时足额拨缴工会经费；实行财政划拨或委托税务代收部分工会经费的基层工会，应加强与本单位党政部门的沟通，依法足额落实基层工会按照省级工会确定的留成比例应当留成的经费。要统筹安排行政补助收入，按照预算确定的用途开支，不得将与工会无关的经费以行政补助名义纳入账户管理。

三、基层工会经费支出

基层工会经费主要用于为职工服务和开展工会活动。

《基层工会经费收支管理办法》规定了基层工会经费支出范围，包括：职工活动支出、维权支出、业务支出、资本性支出、事业支出和其他支出。

（一）职工活动支出

职工活动支出，是指基层工会组织开展职工教育、文体、宣传等活动所发生的支出和工会组织的职工集体福利支出。包括：

1. 职工教育支出。用于基层工会举办政治、法律、科技、业务等专题培训和职工技能培训所需的教材资料、教学用品、场地租金等方面的支出，用于支付职工教育活动聘请授课人员的酬金，用于基层工会组织的职工素质提升补助和职工教育培训优秀学员的奖励。对优秀学员的奖励应以精神鼓励为主、物质激励为辅。授课人员酬金标准参照国家有关规定执行。

2. 文体活动支出。用于基层工会开展或参加上级工会组织的职工业余文体活动所需器材、服装、用品等购置、租赁与维修方面的支出以及活动场地、交通工具的租金支出等，用于文体活动优胜者的奖励支出，用于文体活动中必要的伙食补助费。文体活动奖励应以精神鼓励为主、物质激励为辅。奖励范围不得超过参与人数的三分之二；不设置奖项的，可为参加人员发放少量纪念品。文体活动中开支的伙食补助费，不得超过当地差旅费中的伙食补助标准。

基层工会可以用会员会费组织会员观看电影、文艺演出和体育比赛等，开展春游秋游，为会员购买当地公园年票。会费不足部分可以用工会经费弥补，弥补部分不超过基层工会当年会费收入的三倍。基层工会组织会员春游秋游应当日往返，不得到有关部门明令禁止的风景名胜区开展春游秋游活动。

3. 宣传活动支出。用于基层工会开展重点工作、重大主题和重大节日宣传活动所需的材料消耗、场地租金、购买服务等方面的支出，用于培育和践行社会主义核心价值观，弘扬劳模精神、劳动精神和工匠精神等经常性宣传活动方面的支出，用于基层工会开展或参加上级工会举办的知识竞赛、宣讲、演讲比赛、展览等宣传活动支出。

4. 职工集体福利支出。用于基层工会逢年过节和会员生日、婚丧嫁娶、退休离岗的慰问支出等。基层工会逢年过节可以向全体会员发放节日慰问品。逢年过节的年节是指国家规定的法定节日（即新年、春节、清明节、劳动节、端午节、中秋节和国庆节）和经自治区以上人民政府批准设立的少数民族节日。节日慰问品原则上为符合中国传统节日习惯的用品和职工群众必需的生活用品等，基层工会可结合实际采取便捷灵活的发放方式。工会会员生日慰问可以发放生日蛋糕等实物慰问品，也可以发放指定蛋糕店的蛋糕券。工会会员结婚生育时，可以给予一定金额的慰问品。工会会员生病住院、工会会员或其直系亲属去世时，可以给予一定金额的慰问金。工会会员退休离岗，可以发放一定金额的纪念品。

5. 其他活动支出。用于工会组织开展的劳动模范和先进职工疗休养补贴等其他活动支出。

（二）维权支出

维权支出是指基层工会用于维护职工权益的支出。包括：劳动关系协调费、劳动保护费、法律援助费、困难职工帮扶费、送温暖费和其他维权支出。

1. 劳动关系协调费。用于推进创建劳动关系和谐企业活动、加强劳动争议调解和队伍建设、开展劳动合同咨询活动、集体合同示范文本印制与推广等方面的支出。

2. 劳动保护费。用于基层工会开展群众性安全生产和职业病防治活动、加强群监员队伍建设、开展职工心理健康维护等促进安全健康生产、保护职工生命安全为宗旨开展职工劳动保护发生的支出等。

3. 法律援助费。用于基层工会向职工群众开展法治宣传、提供法律咨询、法律服务等发生的支出。

4. 困难职工帮扶费。用于基层工会对困难职工提供资金和物质帮助等发生的支出。

工会会员本人及家庭因大病、意外事故、子女就学等原因致困时，基层工会可给予一定金额的慰问。

5. 送温暖费。用于基层工会开展春送岗位、夏送清凉、金秋助学和冬送温暖等活动发生的支出。

6. 其他维权支出。用于基层工会补助职工和会员参加互助互济保障活动等其他方面的维权支出。

（三）业务支出

业务支出是指基层工会培训工会干部、加强自身建设以及开展业务工作发生的各项支出。包括以下几方面。

1. 培训费。用于基层工会开展工会干部和积极分子培训发生的支出。开支范围和标准以有关部门制定的培训费管理办法为准。

2. 会议费。用于基层工会会员大会或会员代表大会、委员会、常委会、经费审查委员会以及其他专业工作会议的各项支出。开支范围和标准以有关部门制定的会议费管理办法为准。

3. 专项业务费。用于基层工会开展基层工会组织建设、建家活动、劳模和工匠人才创新工作室、职工创新工作室等创建活动发生的支出，用于基层工会开办的图书馆、阅览室和职工书屋等职工文体活动阵地所发生的支出，用于基层工会开展专题调研所发生的支出，用于基层工会开展女职工工作性支出，用于基层工会开展外事活动方面的支出，用于基层工会组织开展合理化建议、技术革新、发明创造、岗位练兵、技术比武、技术培训等劳动和技能竞赛活动支出及其奖励支出。

4. 其他业务支出。用于基层工会发放兼职工会干部和专职社会化工会工作者补贴，用于经上级批准评选表彰的优秀工会干部和积极分子的奖励支出，用于基层工会必要的办公费、差旅费，用于基层工会支付代理记账、中介机构审计等购买服务方面的支出。基层工会兼职工会干部和专职社会化工会工作者发放补贴的管理办法由省级工会制定。

（四）资本性支出

资本性支出是指基层工会从事工会建设工程、设备工具购置、大型修缮和信息网络购建而发生的支出。

（五）事业支出

事业支出是指基层工会对独立核算的附属事业单位的补助和非独立核算的附属事业单位的各项支出。

（六）其他支出

其他支出是指基层工会除上述支出以外的其他各项支出。包括：资产盘亏、固定资产处置净损失、捐赠、赞助等。

根据《工会法》的有关规定，基层工会专职工作人员的工资、奖励、补贴由所在单位承担，基层工会办公和开展活动必要的设施和活动场所等物质条件由所在单位提供。所在单位保障不足且基层工会经费预算足以保证的前提下，可以用工会经费适当弥补。

四、基层工会财务管理

基层工会主席对基层工会会计工作和会计资料的真实性、完整性负责。

基层工会应根据国家和全国总工会的有关政策规定以及上级工会的要求，制订年度工会工作计划，依法、真实、完整、合理地编制工会经费年度预算，依法履行必要程序后报上级工会批准。严禁无预算、超预算使用工会经费。年度预算原则上一年调整一次，调整预算的编制审批程序与预算编制审批程序一致。

基层工会应根据批准的年度预算，积极组织各项收入，合理安排各项支出，并严格按照《工会会计制度》的要求，科学设立和登记会计账簿，准确办理经费收支核算，定期向工会委员会和经费审查委员会报告预算执行情况。基层工会经费年度财务决算需报上级工会审批。

基层工会应加强财务管理制度建设，健全完善财务报销、资产管理、资金使用等内部管理制度。基层工会应依法组织工会经费收入，严格控制工会经费支出，各项收支实行工会委员会集体领导下的主席负责制，重大收支须集体研究决定。

县级以上工会应当设置会计机构，配备专职会计人员。基层工会应根据自身实际科学设置会计机构、合理配备会计人员，真实、完整、准确、及时地反映工会经费收支情况和财务管理状况。具备条件的基层工会，应当设置会计机构或在有关机构中设置专职会计人员并指定会计主管人员；不具备条件的，由设立工会财务结算中心的乡镇（街道）、开发区（工业园区）工会实行集中核算，分户管理，或者委托本单位财务部门或经批准设立从事会计代理记账业务的中介机构或聘请兼职会计人员代理记账。

五、监督检查

《中国工运事业和工会工作“十四五”发展规划》提出：到 2025 年底形成以国家审计为指导、以工会经审组织为主体、以社会审计为补充、以职工会员监督为基础的工会常态化经审监督体系，不断拓展工会审查审计监督的广度和深度。

全国总工会负责对全国工会系统工会经费的收入、支出和使用管理情况进行监督检查。按照“统一领导、分级管理”的财务体制，省以下各级工会应加强对本级和下一级工会经费收支与使用管理情况的监督检查，下一级工会应定期向本级工会委员会和上一级工会报告财务监督检查情况。

基层工会应加强对本单位工会经费使用情况的内部会计监督和工会预算执行情况的审查审计监督，依法接受并主动配合国家审计监督。内部会计监督主要对原始凭证的真实性合法性、会计账簿与财务报告的准确性及时性、财产物资的安全性完整性进行监督，以维护财经纪律的严肃性。审查审计监督主要对单位财务收支情况和预算执行情况进行审查监督。

基层工会应严格执行以下规定。

1. 不准使用工会经费请客送礼。

2. 不准违反工会经费使用规定，滥发奖金、津贴、补贴。

3. 不准使用工会经费从事高消费性娱乐和健身活动。

4. 不准单位行政利用工会账户，违规设立“小金库”。

5. 不准将工会账户并入单位行政账户，使工会经费开支失去控制。

6. 不准截留、挪用工会经费。

7. 不准用工会经费参与非法集资活动，或为非法集资活动提供经济担保。

8. 不准用工会经费报销与工会活动无关的费用。

各级工会对监督检查中发现违反基层工会经费收支管理办法的问题，要及时纠正。违规问题情节较轻的，要限期整改；涉及违纪的，由纪检监察部门依照有关规定，追究直接责任人和相关领导责任；构成犯罪的，依法移交司法机关处理。

第九节　基层工会预算管理

一、基层工会预算管理概述

基层工会预算是指经一定程序核定的年度收支计划。中华全国总工会办公厅 2020 年 12 月 29 日印发《基层工会预算管理办法》（总工办发〔2020〕29 号），就基层工会预算管理工作提出了相关要求。一是高度重视基层工会预算管理工作。二是严格规范基层工会预算编制工作。三是严格规范基层工会预算执行工作。

基层工会应当根据统筹兼顾、勤俭节约、量力而行、讲求绩效和收支平衡的原则，统筹组织各项收入，合理安排各项支出，科学编制年度收支预算。

二、预算收支范围

基层工会预算由预算收入和预算支出组成。基层工会的全部收入和支出都应当纳入预算。

（一）预算收入

预算收入包括：会费收入、拨缴经费收入、上级补助收入、行政补助收入、附属单位上缴收入、投资收益、其他收入。

1. 会费收入是指工会会员依照中华全国总工会规定按本人工资收入的5‰向所在基层工会缴纳的会费。

2. 拨缴经费收入是指建立工会组织的用人单位按全部职工工资总额的2%依法向工会拨缴的经费中的留成部分。

基层工会的经费分成比例不低于单位全部职工工资总额2%中的60%。按照省级工会确定省以下各级工会经费分成比例的原则，具体比例由省级工会确定后报全国总工会备案。

3. 上级补助收入是指基层工会收到的上级工会拨付的各类补助款项。

4. 行政补助收入是指基层工会所在单位依法对工会组织给予的各项经费补助。

5. 附属单位上缴收入是指基层工会所属独立核算的企事业单位上缴的收入和所属非独立核算事业单位的各项事业收入。

6. 投资收益是指基层工会对外投资发生的损益。

7. 其他收入是指基层工会取得的资产盘盈、固定资产处置净收入、接受捐赠收入和利息收入等。

（二）预算支出

预算支出包括：职工活动支出、职工服务支出、维权支出、业务支出、资本性支出、对附属单位的支出、其他支出。

1. 职工活动支出是指基层工会开展职工教育活动、文体活动、宣传活动、劳模疗休养活动，会员活动等活动发生的支出。包括：

（1）职工教育支出。用于基层工会开展的政治、法律、科技、业务等专题培训和职工技能培训所需的教材资料、教学用品、场地租金等方面的支出，用于支付职工教育活动聘请授课人员的酬金，用于基层工会开展的职工素质提升补助和职工教育培训优秀学员的奖励。

（2）文体活动支出。用于基层工会开展或参加上级工会组织的职工业余文体活动所需器材、服装、用品等购置、租赁与维修方面的支出以及活动场地、交通工具的租金支出等，用于文体活动优胜者的奖励支出，用于文体活动中必要的伙食补助费。

（3）宣传活动支出。用于基层工会开展重点工作、重大主题和重大节日宣传活动所需的材料消耗、场地租金、购买服务等方面的支出，用于培育和践行社会主义核心价值观，弘扬劳模精神、劳动精神、工匠精神等经常性宣传活动方面的支出，用于基层工会开展或参加上级工会举办的知识竞赛、宣讲、演讲比赛、展览等宣传活动支出。

（4）劳模职工疗休养支出。用于基层工会组织和开展的劳动模范和先进职工疗休养活动的公杂费等补助。

（5）会员活动支出。用于基层工会组织会员观看电影、文艺演出、开展春游秋游，为会员购买当地公园年票等的支出。用于基层工会在重大节日（传统节日）和会员生日、婚丧嫁娶、退休离岗的慰问支出。

基层工会在重大节日（传统节日）可以向全体会员发放节日慰问品。重大节日（传统节日）是指国家规定的法定节日（新年、春节、清明节、劳动节、端午节、中秋节和国庆节）和经自治区以上人民政府批准设立的少数民族节日。节日慰问品原则上为符合中国传统节日习惯的用品和职工群众必需的生活用品等。

（6）其他活动支出。用于工会开展的其他活动的各项支出。

2. 职工服务支出是指基层工会开展职工劳动和技能竞赛活动、职工创新活动、建家活动、职工书屋、职工互助保障、心理咨询等工作发生的支出。

（1）劳动和技能竞赛活动支出。用于基层工会开展合理化建议、技术革新、发明创造、岗位练兵、技术比武、技术培训等劳动和技能竞赛活动支出及其奖励支出。

(2) 建家活动支出。用于基层工会组织建设、建家活动方面的支出。

(3) 职工创新活动支出。用于基层工会开展的劳模和工匠人才创新工作、职工创新工作活动发生的支出。

(4) 职工书屋活动支出。用于基层工会为建设职工书屋而发生的图书购置以及维护的支出。

(5) 其他服务支出。用于基层工会开展会员和职工普惠制服务、心理咨询、互助保障等其他方面的支出。

3. 维权支出是指基层工会用于维护职工权益的支出。包括以下方面。

(1) 劳动关系协调支出。用于基层工会推进创建劳动关系和谐企业活动、加强劳动争议调解和队伍建设、开展劳动合同咨询活动、集体合同示范文本印制与推广等方面的支出。

(2) 劳动保护支出。用于基层工会开展群众性安全生产和职业病防治活动、加强群众安全监督检查员队伍建设、开展职工心理健康维护等以促进安全健康生产、保护职工生命安全为宗旨开展的职工劳动保护发生的支出。

(3) 法律援助支出。用于基层工会向职工群众提供法律咨询、法律服务等发生的支出。

(4) 困难职工帮扶支出。用于基层工会对困难职工提供资金和物质帮助等发生的支出。

(5) 送温暖支出。用于基层工会开展春送岗位、夏送清凉、金秋助学和送温暖等活动发生的支出。

(6) 其他维权支出。用于基层工会补助职工等其他方面的维权支出。

4. 业务支出是指基层工会培训工会干部、加强自身建设以及开展业务工作发生的各项支出。包括以下方面。

(1) 培训支出。用于基层工会开展工会干部和积极分子培训发生的支出。

(2) 会议支出。用于基层工会代表大会、委员会、经审会以及其他专业工作会议的各项支出。

（3）专项业务支出。用于基层工会开展基层工会组织建设所发生的支出，用于基层工会开展专题调研所发生的支出，用于基层工会开展女职工工作性支出，用于基层工会开展外事活动方面的支出。

（4）其他业务支出。用于基层工会发放由省级工会制定标准的兼职工会干部和专职社会化工会工作者补贴，用于经上级批准评选表彰的优秀工会干部和积极分子的奖励支出，用于基层工会必要的办公费、差旅费，用于基层工会支付代理记账、中介机构审计等购买服务方面的支出。

5. 资本性支出是指基层工会从事工会建设工程、设备工具购置、大型修缮和信息网络购建而发生的支出。

6. 对附属单位的支出是指基层工会对独立核算的附属企事业单位的补助。

7. 其他支出是指基层工会除上述支出以外的其他各项支出。包括：资产盘亏、固定资产处置净损失、捐赠、赞助等。

根据《工会法》的有关规定，基层工会专职工作人员的工资、奖励、补贴由所在单位承担。基层工会办公和开展活动必要的设施和活动场所等物质条件由所在单位提供，所在单位保障不足且基层工会能够承担的，可以工会经费适当补充。

三、预算编制与审批

（一）预算编制

基层工会应根据上级工会的要求，结合本单位实际，制订年度工会工作计划。

基层工会应按照上级工会规定的经费开支标准，科学测算完成工作计划的资金需求，统筹落实各项收入，准确编制工会经费年度预算。

基层工会应根据本单位实有会员全年工资收入和全国总工会确定的缴交比例，计算会费收入，编列会费收入预算。

基层工会应根据本单位全部职工工资总额的2%计算拨缴工会经费总额。其中：属于基层工会分成的拨缴经费列入本单位拨缴经费收入预算；属于应上缴上级工会的拨缴经费不纳入基层工会预算管理。

基层工会应将对外投资收益、所属独立核算的企事业单位上缴的收入、非独立核算的企事业单位的各项收入和其他收入纳入预算管理。其中：对外投资收益和所属独立核算的企事业单位上缴的收入以双方协议约定金额为预算数。

基层工会应根据上级工会确定的专项工作，参考上年经费补助标准，编列上级工会补助收入预算。

基层工会在会费收入、拨缴经费收入、上级工会补助收入、附属单位上缴收入、投资收益和其他收入等当年预算收入不能满足完成全年工作任务资金需求的情况下，应优先动用以前年度结余资金进行弥补。结余资金不足的，可向单位申请行政补助，编列基层工会行政补助收入预算。

基层工会不得编制赤字预算。

（二）预算审批

基层工会年度收支预算经必要程序审查、批准后报上一级工会备案。上一级工会认为基层工会预算与法律法规、上级工会预算编制要求不符的，有权提出修订意见，基层工会应予调整。

四、预算执行与调整

（一）预算执行

经批准的预算是基层工会预算执行的依据。基层工会不得无预算、超预算列支各项支出。

基层工会应根据经批准的年度支出预算和年度工作任务安排，合理安排支出进度，严格预算资金使用。

基层工会各项支出实行工会委员会集体领导下的主席负责制，重大收支需集体研究决定。

（二）预算调整

基层工会预算一经批准，原则上不得随意调整。确因工作需要调整预算的，需详细说明调整原因、预算资金来源等，经必要程序审查、批准后报上级工会备案。

因上级工会增加不需要本工会配套资金的补助而引起的预算收支变化，不需要履行预算调整程序。

基层工会在预算执行过程中，对原实施方案进行调整优化，导致支出内容调整但不改变原预算总额的，不属于预算调整，不需要履行预算调整程序。

具备条件的基层工会应全面实施预算绩效管理。

五、决算与监督检查

（一）决算

年度终了基层工会应按照真实、准确、完整、及时的原则，根据上级工会的要求，编制本单位年度收支决算。基层工会所属独立核算事业单位和独立核算企业年度收支决算（或会计报告）的编制，按照《工会决算报告制度》的有关规定执行。

基层工会决算经必要程序审查、批准后报上一级工会备案。上一级工会认为基层工会决算与法律法规、上级工会决算编制要求不符的，有权提出修订意见，下级工会应予调整。基层工会应严格执行会计档案管理的有关规定，加强预算、决算的档案管理。

（二）监督检查

省级工会负责本地区、本行业工会经费收支预（决）算的监督管理，督促省以下各级工会建立健全工作机制。

基层工会经费收支预（决）算编制和预算执行情况应接受同级工会经费审查委员会审查审计监督，同时接受上级工会和上级工会经费审查委员会的审计监督，并依法接受国家审计监督。

基层工会预（决）算应向全体工会会员公开。

思考题：

1. 工会预算管理的含义是什么？
2. 工会预算的原则是什么？
3. 工会预算管理的职权是如何规定的？
4. 工会预算收入和预算支出包括哪些内容？
5. 工会预算编制的主要规定是什么？
6. 简述工会预算的执行与调整。
7. 工会决算的要求是什么？
8. 基层工会经费收支管理原则是什么？
9. 基层工会经费收入的范围是什么？
10. 基层工会经费支出的范围是什么？
11. 简述基层工会预算收支范围。

延伸阅读

石嘴山市总工会多措并举确保工会经费收缴稳定增长

近年来，石嘴山市总工会在工会经费收缴中聚焦主责，认真履行主体责任，突出主业，注重与税务、财政等部门的协调配合，形成工会经费收缴整体合力，使工会经费收缴工作取得一定成效。

一是积极做好建会工作。市总工会主动履行征收主体职责，深入基层，全面调研，对全市行业企业情况提前摸底，掌握企事业单位的职工人数、工资总额及组织情况，做好建会工作，保障经费收缴稳步增长。

二是与税务部门积极沟通协作。建立部门联席会议制度，定期召开联席会议，加强沟通联系，做到信息共享，加强督促检查，及时研究工会经费代收工作中存在的问题，相互通报政策变化调整情况，确保代收工作有序推进。

三是形成财政划拨工会经费长效机制。市总工会确保全市行政事业单位工会经费纳入财政预算，实现市级财政统一足额划拨。

第三章

工会会计概述

工会各项活动应与其基本性质、职能要求、工作内容相适应，其中一条就是科学、合理、高效地使用工会经费，最大限度地发挥工会经费在实现工会职能、保障工会工作重点、突出工会工作特色方面的重要功能，适应工会经费拨缴方式、业务活动内容等方面的变化，进一步规范工会的会计核算，提高工会会计信息质量。

第一节　工会会计的概念及特点

一、工会会计的概念

工会会计是核算、反映、监督工会预算执行和经济活动的专业会计。工会依法建立独立的会计核算管理体系，与工会预算管理体制相适应。

二、工会会计的特点

和其他会计相比较，工会会计具有如下特点。

（一）工会会计是确认、计量和报告工会业务活动的专业会计

会计作为确认、计量和报告各类主体经济活动的手段，基本的目的是为与主体相关的利益者提供决策有用的会计信息，并反映特定主体受托责任的履行情况。

从功能的角度划分，各类主体可以分为“营利性组织”和“非营利性组织”两大类。与之对应的会计核算体系也分为“营利组织会计体系”和“非营利组织会计体系”。两种会计体系的最大区别在于各自的会计核算规范不同，如以企业为代表的营利性组织的会计核算规范是企业会计准则，而以政府、非企业化事业单位以及各种社团等组织为代表的非营利组织的会计核算规范是事业单位会计准则或者会计制度等。按照法律的规定，不管何种类型组织的会计核算，所涉及的会计规范都应当由财政部统一制定，并且纳入统一监管。

工会会计属于非营利组织会计体系，但和其他非营利组织比较，工会的职能和业务活动存在特殊性，这主要表现在：一是工会履行职能的经费来源有法律规定的渠道；二是工会经费的使用必须与其职能相一致，经费

使用过程中始终贯穿“服务职工、面向工会”的原则。因此，工会组织的非营利性有自己的特殊性，已有的非营利组织会计规范难以反映工会业务活动的实质。

所以，工会会计属于专业会计，既体现了会计规范应由国家统一制定和管理的制度理念，同时，也兼顾工会组织自身的业务实际，确保工会会计业务的真实和完整。

为了适应工会组织财务改革的需要，进一步规范工会会计核算，提高会计信息质量，根据《中华人民共和国会计法》（以下简称《会计法》）《工会法》等法律法规的规定，财政部于2021年4月14日对2009年颁布的《工会会计制度》进行了修订，自2022年1月1日起施行。新《工会会计制度》适用于各级工会，包括基层工会及县级以上（含县级）工会。工会所属事业单位、工会所属企业及挂靠工会管理的社会团体，不适用该制度。

《工会会计制度》的修订有着重要的意义。一是与工会有关规章制度相协调，服务工会财务管理的需要；二是解决新形势下新业务需要，提高工会会计信息质量的需要；三是规范财政拨款收支余核算，提高财政拨款决算报告编报质量的需要；四是突出工会工作特色，满足各级工会不同业务特点的需要。

（二）工会会计管理体系独立

《工会会计制度》第三条中规定：“工会依法建立独立的会计核算管理体系，与工会预算管理体制相适应。”第十二条规定：“县级以上工会应当设置会计机构，配备专职会计人员。基层工会应当根据会计业务的需要设置会计机构或者在有关机构中设置会计人员并指定会计主管人员；不具备设置条件的，应当委托经批准设立从事代理记账业务的中介机构代理记账。”

上述规定表明：一是工会的会计管理体制必须坚持“统一领导、分级管理”的管理体制。这里的“统一”具有三层含义：（1）会计机构上统一；（2）会计制度上统一；（3）会计规范上应坚持下位服从上位，即下级工会结合本单位、本地区所制定的补充规定，不得与上级工会的规范相冲突。二是未经工会同意的任何将工会会计核算进行合并或裁撤的行为都与法律规定不符。三是只要有一级经费预算，就应有与之相应的一级会计核算。四是各级工会应建立和完善会计管理机构，并配备符合法律规定的会计人员，对不具备这一条件的基层工会，应当委托经批准设立从事会计代理记账业务的中介机构代理记账或者聘请兼职会计。

同时，《会计法》规定，国家机关、社会团体、公司、企业、事业单位和其他组织必须依法办理会计事务，国家实行统一的会计制度。国家统一的会计制度由国务院财政部门根据《会计法》制定并公布。

这说明，在我国，不管何种性质、何种类型、何种业务的组织，只要发生与《会计法》规定业务相关的经济业务，都应当办理会计手续，进行会计核算，具体包括：（1）款项和有价证券的收付；（2）财物的收发、增减和使用；（3）债权债务的发生和结算；（4）资本、基金的增减；（5）收入、支出、费用、成本的计算；（6）财务成果的计算和处理；（7）需要办理会计手续、进行会计核算的其他事项。《会计法》第三条、第四条规定，各单位必须依法设置会计账簿，并保证其真实、完整。单位负责人对本单位的会计工作和会计资料的真实性、完整性负责。所以，尽管工会会计管理体系独立，但也应接受国家和社会的监督，并按照会计制度的要求，做好相关的会计工作，确保会计信息真实可靠、内容完整。

（三）工会会计确认、计量和报告的经济业务应与工会的业务活动相适应

组织的经济活动与其组织属性密切相关。对工会而言，表达和维护职工权益、竭诚服务职工群众是其一切工作的出发点和落脚点，而与工会职能相应的财力保障也应由相应的制度予以明确。因此，《工会法》《中国工会章程》对工会经费的来源进行了明确规定。

与之相对应，工会经费的使用也应坚持“服务职工、面向工会”“统筹兼顾、保证重点”“量入为出、收支平衡”的原则。

为真实可靠地反映与经费收支有关的经济活动，按照“收入分渠道、

支出按功能”的原则，《工会会计制度》分别规定了相应的收入和支出核算项目，并明确了不同收入和支出的核算基础、划分原则和使用程序等。工会会计核算必须以工会自身的经济活动为基础，并按照《工会会计制度》的要求，选择适当的会计方法，客观公正真实地报告工会业务活动。

第二节 工会会计的职能和作用

一、工会会计的职能

工会会计的职能是指工会会计所固有的功能，它与工会组织的经济活动密切相关。工会会计的职能体现在五个方面。

（一）进行会计核算，反映预算执行情况

会计核算是工会会计最基本的职能，通过核算，对工会预算执行过程的预算收入、支出和资金活动连续、系统、完整地进行确认、计量和报告的过程，反映预算执行结果，提供预算情况的信息。

1. 确认。确认是各级工会对已发生的业务活动，按照《工会会计制度》的要求，将相关业务活动划分为与之相关的会计要素的过程。会计确认既是工会会计核算的起点，也是确认具体核算方法、划分核算科目、报告业务内容的基础。

2. 计量。工会将已发生的业务活动按照《工会会计制度》的要求确认为相应的核算要素后，需要解决一个最基本的问题就是业务的计量方法。理论上，工会业务活动的计量方法包括历史成本、公允价值等，但在实际工作中，工会绝大部分业务活动都是按照历史成本计量，即按照业务发生时的实际支出进行价值计量，涉及数量的，如库存物品、固定资产的核算，还需要进行相应的数量计量。

3. 报告。工会应按照《工会会计制度》的要求，在规定的时间，按照规定的格式和内容，向工会会计信息使用者提供综合会计信息。会计报告的主要载体是会计报表以及基于会计报表的相关说明书等。

（二）实行会计监督，参与预算管理

工会会计监督就是按照工会预算收支计划，以国家法律法规、工会有关文件、政策为依据，对经济业务进行严格的审查、核对，以保证每一笔经济业务的合法性、合理性和有效性。用好、管好工会资金，也是加强预算管理的重要环节。通过监督，对今后的预算工作提供依据，对出现的问题提出改进意见。

（三）合理调度资金，保证资金需要

在年度预算执行过程中，经常保持必不可少的经费，是保证工会各项工作的物质基础。由于工会预算收入和支出在数量和时间上有时是不平衡的，这就需要运用会计对预算资金的集中、分配进行合理安排、合理调度，及时保证供应，发挥工会会计资金调度的职能，经常保持工会经费有一定存留，是顺利开展工会各项工作的重要保证。

（四）指导和检查下级工会会计工作，负责制定有关实施细则或补充规定

工会会计以工会预算体系为基础，从全国总工会一级预算到基层工会共分五级，工会会计也依次分为五级。从全国总工会会计部门开始，每上一级工会会计部门都担负着组织指导和检查下一级工会会计工作的责任。每下一级工会会计在业务上都必须接受上一级工会会计部门的检查和指导，并按要求向上一级工会报告会计报表和财务状况。在实际工作中，上一级工会又必须根据各地区的实际情况，制定有关实施细则或补充规定，以便更好地使上级的政策规定在下一级工会得到具体的贯彻落实。

二、工会会计的作用

工会会计在整个工会工作中的作用主要体现以下四方面。

（一）物质保证作用

工会要开展活动，离不开工会经费作为物质保证。比如，工会依法维护职工合法权益、开展群众性劳动和技能竞赛、提合理化建议活动、技术革新、技术比武、兴办为职工服务的“三产”，开展送温暖、帮助下岗职工再就业、协调劳动关系，开展职工教育培训，开展各种文体活动、宣传活动等工作，都离不开工会经费的支撑。

（二）财务监督作用

工会会计具有综合反映的作用，通过依法对本单位经济活动的合法性、合理性和有效性进行监督，对于加强廉政建设，提高工会经费使用效果，最大限度保护工会资产的安全完整具有非常重要的意义。

（三）密切联系群众作用

工会经费来自基层和会员群众，工会资金的筹集、分配、使用过程，都必须依靠广大职工群众。同时，经费的收支、使用又置于职工群众的监督之下，要向职工群众公布经费收支状况，共同管好、用好工会经费。通过开展活动，了解职工的思想、要求，解决职工生产生活中存在的某些紧急、困难的问题。通过这些工作，使会员及职工真正感受到工会是自己的“家”，从而增强工会的吸引力、凝聚力。

（四）领导的参谋和助手作用

工会财务工作是整个工会工作的重要组成部分，承担工会的全部经济管理工作，各单位的财务部门都是该单位主管经济工作的综合性与专业性的职能部门。工会财务通过经费收支的管理与核算，可以从中了解情况，发现问题，工会财会人员要主动地把这些情况和问题进行分析研究，积极向单位领导反映，提出行之有效的改进建议，为领导研究制订工作计划和事业活动计划提供数据和资料，供领导在决策时参考。因此，工会财务工作是领导的参谋助手。

第三节　工会会计的目标和构成要素

一、工会会计的目标

《工会会计制度》第十六条规定："工会提供的会计信息应当符合工会管理工作的要求，满足会计信息使用者的需要，满足本级工会加强财务管理的需要。"工会会计的目标有三层含义。一是如实确认、计量和报告工会的各项业务活动，并按照《工会会计制度》的要求进行相应的账务处理。二是要建立和完善与工会会计目标实现的相关内部控制度，确保会计信息的真实和完整。各级工会应当建立健全内部控制体系，完善岗位责任制度和内部稽核制度，县级以上工会应当组织指导和检查下级工会会计工作，负责制定有关实施细则或补充规定；组织工会会计人员培训，不断提高政策、业务水平。三是工会会计的服务对象除了工会自身以外，还需要满足工会会计信息使用者的需要，满足本级工会加强财务管理的需要，不断提高工会会计信息的质量，提升工会会计信息的公信力。

二、工会会计的构成要素

工会会计要素是工会会计所确认和计量的具体对象，也是组成工会会计报表的基本单位，是对工会会计对象进行的基本分类。《工会会计制度》第九条规定："工会会计要素包括：资产、负债、净资产、收入和支出。其平衡公式为：资产=负债+净资产。"划分会计要素的基本功能是方便会计主体的经济业务进行分类确认、计量和报告，从而提高会计信息使用的效率和效果。

（一）资产

《工会会计制度》第二十四条规定："资产是工会过去的经济业务或者

事项形成的，由工会控制的，预期能够产生服务潜力或者带来经济利益流入的经济资源。服务潜力是指工会利用资产提供公共产品和服务以履行工会职能的潜在能力。经济利益流入表现为现金及现金等价物的流入，或者现金及现金等价物流出的减少。工会的资产包括流动资产、在建工程、固定资产、无形资产、投资和长期待摊费用等。”

由于资产是工会履职的物质基础，各级工会组织必须建立和完善工会资产的管理制度，确保资产的安全和完整，提高资产利用的效率和效果。

1. 工会资产的特征

工会资产的特征有以下三点。

一是工会资产是工会的一项经济资源。就拥有者而言，资产应具有现实的实用价值和预期的经济效益。如果某项资产不具备上述两个条件，则应按照规定的程序予以核销，并在会计上建立“账销案存”制度，最大限度维护资产的安全和完整。

二是工会资产应是工会组织拥有或控制的一项资产。是否纳入会计核算的范畴，关键有两点：一是工会是否对该项资产具有所有权；二是在某种情况下，即使不具有所有权，但实质上工会具有长期使用该项资产的完整权利。

强调资产权属的目的在于工会能够完整地行使工会资产的管理权，包括所有权、处置权、收益权等。因此，会计意义上的工会资产虽然强调资产的产权属性，但也不排斥资产的控制属性。

三是工会资产必须能够以货币计量。在实际工作中，纳入会计核算范畴的资产还需要满足货币计量属性，也就是说，只有那些既符合前述两个特征，同时满足货币计量属性的资产，才能纳入会计核算的范畴。

2. 工会资产的分类

对资产分类的目的是针对不同资产建立与之相应的管理制度，也为会计确认、计量和报告提供基础。工会资产从不同的角度，分为三类。（1）工会资产按照与工会工作关系可分为机关行政性资产和企事业资产，其中企事业资产分为经营性资产和非经营性资产。（2）工会资产按照资产形态可分为实物资产和非实物资产。（3）工会资产按照资产流动性可分为流动资产和长期资产，其中流动资产分为库存现金、往来款债权和存货，长期资产分为投资、固定资产和无形资产。

会计核算时，一般采用按流动性对资产进行划分，如果一项资产在一年以内能够变现或者使用，则属于流动资产，如现金、银行存款、应收下级经费等；如果一项资产的变现周期或者使用期限超过一年，则属于长期资产，如固定资产、投资等。

会计上采用按流动性划分资产的主要目的是为会计报表使用者判断报告主体的资产结构及支付能力。就特定的会计主体而言，在实际的经济活动中可能会产生一些债务，而债务的偿还一般需要现金支付，如果债务到期又没有足够的现金支付，就可能产生财务危机，这在营利组织会计体系中尤其重要。由于工会属于“非营利组织”，日常经济活动的风险相对较低，债务规模和债务风险也相对可控，发生财务危机的概率较小。但作为具有独立民事责任的工会组织，也应在日常的财务管理中重视资产结构与债务结构的管理，确保工会职能够正常行使，最大限度避免和防范财务风险对工会正常工作的不利影响。

（二）负债

《工会会计制度》第四十五条规定：“负债是指工会过去的经济业务或者事项形成的，预期会导致经济资源流出的现时义务。现时义务是指工会在现行条件下已承担的义务。未来发生的经济业务或者事项形成的义务不属于现时义务，不应当确认为负债。工会的负债包括应付职工薪酬、应付款项等。”由于债务需要按期偿还，因此各级工会在日常活动中要加强对债务的管理，确保工会职能的正常履行。

1. 负债的基本特征

（1）负债是基于过去的交易或事项而产生的。会计的基本属性是对特定主体已经发生的经济业务或者事项进行确认、计量和报告。对尚未发生或者正在发生的经济业务，不得作为会计核算的内容，除非有足够证据表明，正在发生或尚未发生的业务已经在事实上形成了会计核算主体的某种权利或者义务，并且权利与义务的金额能够较为准确地估计。工会负债也是一样，也是基于过去业务而发生的现时义务。

（2）负债是工会承担的现时义务，所谓现时义务是指工会在现行条件下已承担的义务。未来发生的经济业务或者事项形成的义务不属于现时义务，不应当确认为负债。

（3）债务的偿还会导致未来资产的减少或者负债的增加。负债通常是在未来某一时日，通过交付资产（包括现金和其他资产）或提供劳务来清偿，这样可能导致资产的减少或者以新的债务来进行替换。

根据《工会会计制度》第四十六条规定，工会对于符合本制度第四十五条规定的现时义务，在同时满足以下条件时，应当确认为负债：（一）履行该义务很可能导致含有服务潜力或者经济利益的经济资源流出工会；（二）该义务的金额能够可靠计量。符合负债定义并确认的负债项目，应当列入资产负债表。

2. 负债的分类

工会负债按照债务的支付期限，可以分为短期负债和长期负债，两者的最大区别是偿还期限不同。短期负债的偿还期限一般在一年以内，而长期负债的偿还期限一般超过一年。

由于工会属于“非营利性”组织，除日常的正常工作活动中所形成的债务外，一般不会有其他债务，尤其是金融债务（但工会所属的事业单位可能例外，尤其是一些学校，出于长远发展需要，可经批准同意向金融机构借入期限比较长的债务，但工会行政机关几乎没有类似的债务行为）。因此，按期限划分，工会的债务一般都是短期债务，并且在约定的时间内都有合理的资金保障，所以，工会财务活动发生财务风险的概率极低。尽管如此，各级工会在日常财务活动中也应加强对债务的管理。

工会负债按照具体内容可以分为：应付职工薪酬、应付款项。应付职工薪酬是工会按照国家有关规定应付给本单位职工及为职工支付的各种薪酬，包括基本工资、国家统一规定的津贴补贴、规范津贴补贴（绩效工资）、改革性补贴、社会保险费（如职工基本养老保险费、职业年金、基本医疗保险费等）和住房公积金等。应付款项包括应付上级经费、应付下级经费和其他应付款。应付上级经费指本级工会按规定应上缴上级工会的工会拨缴经费。应付下级经费指本级工会应付下级工会的各项补助以及应转拨下级工会的工会拨缴经费。其他应付款指除应付上下级经费之外的其他应付及暂存款项，包括工会按规定收取的下级工会筹建单位交来的建会筹备金等。

（三）净资产

《工会会计制度》第五十条规定："净资产是指工会的资产减去负债后的余额，包括资产基金、专用基金、工会资金结转、工会资金结余、财政拨款结转、财政拨款结余和预算稳定调节基金。"

净资产是工会财力的重要体现，是评价工会理财能力的重要指标，是工运事业不断发展壮大的重要物质基础，所以，确保净资产的增值不仅是各级工会的经济责任，更是政治责任。工会净资产具有如下特征。

一是工会净资产具有非偿还性。净资产是工会组织无偿占有的经济资源，具有非偿还性。在工会组织的资产中，净资产和负债都是其拥有的经济资源。其中负债是需要偿还的，作为借入的经济资源，将全部偿还给债权人，并额外支付给债权人一定的费用，且随着工会组织债务的清偿而消失，如银行借款、应付款项等。净资产则不同，由于工会组织具有公益性和非营利性的特点，其资金全部或大部分是依照国家有关法律、法规等由财政预算拨付形成的，作为开展业务工作所必备的重要条件，它是由工会组织各单位无偿占有和使用的经济资源，是不需要偿还的。

二是工会净资产是工会按照国家法律法规的规定取得的，是工会与其他组织（如政府、企业）之间的一种权益分配。净资产体现了资产所有者以及资产占有、使用者依法享有的权益。由于工会组织的净资产主要来源于依照法律法规所获取的工会经费，包括用人单位行政拨缴经费、财政拨款（或政府补助）、用人单位行政补助等，这些经费收缴行为一经完成，各级工会组织拥有对这些资源的所有权、支配权。同时，净资产又是工会组织进行工作所需的物质基础，所以，工会组织依法享有对其净资产的控制权、占有权和使用权，以保证各项工作任务的顺利完成。因此，工会组织净资产是工会与其他组织（如政府、企业）之间的一种权益分配。

（四）收入

《工会会计制度》第五十六条规定："收入是指工会根据工会法以及有关政策规定开展业务活动所取得的非偿还性资金。收入按照来源分为会费收入、拨缴经费收入、上级补助收入、政府补助收入、行政补助收入、附属单位上缴收入、投资收益和其他收入。"

收入是工会组织开展活动的经济来源，各级工会组织应按照相关法律法规和制度的规定广开财源，做到应收尽收，最大限度保障工会活动的财力需要。

（五）支出

《工会会计制度》第五十八条规定："支出是指工会为开展各项工作和活动所发生的各项资金耗费和损失。支出按照功能分为职工活动支出、职工活动组织支出、职工服务支出、维权支出、业务支出、行政支出、资本性支出、补助下级支出、对附属单位的支出和其他支出。"

支出是工会活动的直接体现，也是评价各级工会经费使用效率和效果的重要依据。各级工会应按照"服务职工、面向工会"的经费使用原则，提高经费使用的质量和效果。

各项会计要素之间存在一定数量关系，反映会计要素之间数量关系的等式，叫作会计等式。会计等式为：资产=负债+净资产。在不同的会计年度，等式两边的数据可能不一致，但不管经济活动如何变化，该等式将永远成立，因此，工会会计实务中也把该等式叫作"会计恒等式"。

理论上，导致工会资产变动的路径有两个：一是负债的变动，如工会组织在会计年度新增或者减少负债所导致的资产变动；二是净资产的变动，就工会组织而言，净资产变动主要依赖会计年度收支相抵后的结余大小而定。

对工会而言，比较理想的财务状况是：在负债总额一定的情况下，通过净资产的增加而增加资产。

第四节　工会会计的一般原则

为了规范工会会计核算行为，提高会计信息质量，工会会计制度规定了工会会计核算的一般原则。一般原则主要规范工会会计信息质量要求等内容，主要有八个方面。

一、相关性原则

相关性亦称有用性，指工会提供的会计信息能够满足利益相关者的决策需要，即工会提供的会计信息应当符合工会管理工作的要求，满足会计信息使用者的需要，满足本级工会加强财务管理的需要。

二、客观性原则

客观性原则，指工会的会计核算信息必须以工会实际发生的经济业务为依据，如实反映各级工会财务状况、各项收支状况及结果。保证工会会计信息真实可靠、内容完整。客观性原则包括真实性和可靠性两个方面：真实性要求做到内容真实、数据准确；可靠性要求会计核算要以客观事实为依据，所依据资料真实可靠。

《工会会计制度》第十七条规定："工会应当以实际发生的经济业务或者事项为依据进行会计处理，如实反映工会财务状况和收支情况等信息，保证会计信息真实可靠、内容完整。"

三、明晰性原则

明晰性原则，指工会的会计记录和会计报表应当清晰明了，便于理解和应用。明晰性原则要求会计核算信息简明，记录准确、清晰。填制会计凭证、登记会计账簿做到依据合法、账户对应关系清楚、文字摘要完整。这就要求各级工会组织的会计核算必须以按照制度的统一要求进行，做到内容一致、格式统一、程序规范。

《工会会计制度》第十八条规定："工会提供的会计信息应当清晰明了，便于理解和使用。"

四、可比性原则

可比性原则，指工会会计核算应当按照规定的会计处理方法进行，前后各期一致，不得随意变更，以确保会计指标口径一致，相互可比。在会计核算中，经常会出现相同的经济业务有多种方法可供选择，但是，一旦选择某一种方法，就不得随意变动。因此各级工会组织的会计处理方法在不同的会计期间应当保持一致，不得随意变更。但可比性原则也认为，如果与原有方法相关的因素发生变化，如新的会计制度出现或者原有方法不能合理反映经济业务时，可以对方法进行变更，但需要说明变更的理由及其影响。

《工会会计制度》第十九条规定："工会会计处理应当采用规定的会计政策，前后各期一致，不得随意变更，以确保会计信息口径一致，相互可比。"

五、重要性原则

工会会计应当遵循重要性原则，工会组织在进行会计核算时，对重要的经济业务应单独反映，而对不重要的经济业务可以合并处理。

重要性的界定可以有两个方面：一是性质上重要，如现金、银行存款，尽管金额可能不大，但属于十分重要的资产项目，因此在核算时要单独处理；二是金额上重要，一般情况下，发生频率高、金额较大的业务都属于重要的经济业务，需要单独反映，以满足会计信息使用者的决策需要。对此，《工会会计制度》第二十条规定："工会会计处理应当遵循重要性原则。对于重要的经济业务或者事项，应当单独反映。”

六、及时性原则

及时性原则，指工会组织应在经济业务发生后及时进行会计处理和报告，不得提前和延后，以准确反映报告期间各级工会的财务状况、业务活动和预算执行情况。坚持这一原则，是要求及时收集会计信息、及时对会计信息进行加工处理、及时传递会计信息，以满足有关方面的需要。

《工会会计制度》第二十一条规定：“工会应当对已经发生的经济业务或者事项及时进行会计处理和报告，不得提前或者延后。”

七、历史成本原则

历史成本原则也叫实际成本原则，指工会资产在取得时应当按照实际成本计量。除另有规定外，一律不得自行调整账面价值。

八、专款专用原则

专款专用原则，指工会组织在会计核算时，对有明确用途的资金必须专款专用、专门核算，单独反映，不将资金挪作他用，如职工疗休养经费、职工劳动和技能竞赛的经费等。专款专用是工会会计核算的一项重要内容，也是检验工会财经纪律执行情况的重要标准，各级工会在实际工作中一定要树立专款专用的意识，按照预算批复的项目和额度进行使用，不得在项目之间相互调剂。《工会会计制度》第二十二条规定：“工会应当对指定用途的资金按规定的用途专款专用，并单独反映。”

第五节　工会会计假设

理论源于实践又高于实践，会计工作也是如此。按照《工会会计制度》的规定，工会会计假设包括以下五个方面。

一、会计主体假设

会计主体，是指会计核算服务的对象，是会计核算的空间范围，是明确会计责任的重要依据。《工会会计制度》第四条规定：“工会应当对其自身发生的经济业务或者事项进行会计处理和报告。”因此，各级工会组织是当然的会计主体，应按照《会计法》的要求，开展相关会计工作。

实际工作中，工会会计主体可以是一个法人单位，也可以是一个非法人单位（如工会的派驻机构、尚未取得法人资格的基层工会等）。所以，法人是会计主体，但会计主体不一定是法人。

二、持续运行假设

持续运行假设，是指在可预见的将来，作为会计主体的各级工会不会被撤销或归并。该假设的目的是为会计规则的运行提供可持续性的时间环境。《工会会计制度》第五条明确指出，工会会计处理应当以工会的持续运行为前提。

三、会计分期假设

会计分期假设，是指在会计主体持续经营假设的基础上，为确保会计主体能够及时报告与决策有关的会计信息而人为规定的会计报告时间。

按照规定，我国的会计报告期间为公历 1 月 1 日至 12 月 31 日（即会计年度）。在会计年度的基础上，会计主体一般需要定期（如每月）报告相关的会计信息；工会应当划分会计期间，分期结算账目和编制会计报表。《工会会计制度》规定，会计期间至少分为年度和月度。会计年度、月度等会计期间的起讫日期采用公历日期。

四、货币计量假设

货币计量假设，是指工会发生的所有经济业务只有在可以用货币进行计量时才能纳入会计核算范围，并按照会计制度的要求进行相应的确认、计量和报告。按照规定，工会会计核算一律以人民币作为记账本位币。《工会会计制度》第七条规定："工会会计处理应当以货币计量，以人民币作为记账本位币。"这就意味着币种的唯一性和币值的不变性。

五、核算基础假设

按照业务活动是否涉及现金，可以将单位的业务活动区分为现金业务和非现金业务。这样在会计核算上就产生一个问题：是按现金基础还是非现金基础来进行会计核算。

《工会会计制度》第八条规定："工会会计处理一般采用收付实现制，部分经济业务或者事项应当按照本制度的规定采用权责发生制。"这说明，各级工会组织的会计核算应以是否收到或支付现金作为相关资产或负债、相关收入和支出的确认标准，但在某些情况下，部分经济业务或者事项也可以按照权责发生制作为核算基础，如截止到会计期末（如月末、季末或年末），工会应收取的财政返还款、应收或应付的工会经费以及工会内部因业务活动需要尚未结算的内部款项等。尽管与这些款项相关的权利和义务尚未支付或收到现金，但由于与之相关的义务或权利在本会计期间已经发生并且确定性极高，为全面反映这些非现金业务所带来的业务变化，工会会计制度规定工会会计在以现金核算基础为主的同时，可以将"权责发生制"作为核算基础的补充。

第六节 工会会计核算的程序

工会会计核算的日常流程是按照“证—账—表”三个程序，一般情况下，只有当前一个程序完成以后，后一个程序才能开始。

一、会计凭证概述

会计凭证作为会计核算流程的起点，按照其记录的内容又有两个类别：一是记录经济业务发生的凭证，也叫原始凭证或者单据；二是根据原始单据填制的记账凭证，即实际工作中的“下账”，而“下账”的依据就是会计制度。

原始凭证按照来源又可以分为外来原始凭证和自制原始凭证。前者包括买东西的发票、银行提供的“授权支付到账通知书”以及上级工会的补助通知书（单）和下级工会经费收缴报告表等；后者包括本级工会的工资发放表、物料领用表以及入库单、借据等。

按照要求，记账凭证应根据审核无误的原始凭证或原始凭证汇总表由会计人员编制。按其反映经济业务的内容不同，记账凭证分为收款凭证、付款凭证和转账凭证。根据工会会计制度的规定，凡是涉及资金收入收款业务的，应填制收款凭证；涉及付款业务的，应填制付款凭证；如果业务既不涉及收款也不涉及付款，则填制转账凭证。

二、会计账簿概述

和会计凭证不同，会计账簿是在审核无误的记账凭证的基础上，对同一经济业务进行的连续登记。实务工作中，常见的会计账簿有序时账簿、分类账簿和备查账簿；而按照账簿反映的信息详略程度，又可以分为总账和明细账。

按照规定，工会的现金、银行存款序时账簿（通常称为日记账）应由出纳根据审核无误的收款或者付款凭证填制，并做到“日清日结”；分类账簿则可以在结账前一次性处理；备查账簿应在经济业务发生、记录主账户时同时登记。对工会而言，制度要求已经核销的资产需要建立备查账簿，即“账销案存”，以加强已核销资产的管理。

三、会计报表

工会会计报表是反映各级工会财务状况、业务活动和预算执行结果的书面文件，也是各级工会领导、上级工会及其他会计报表使用者了解情况、掌握政策、指导工作的重要资料。工会组织应在规定的时间完成相关报表的编制和报送。《工会会计制度》第六十一条规定：“工会财务报表包括会计报表和附注。会计报表分为主表和附表，主表包括资产负债表和收入支出表，附表包括财政拨款收入支出表、国有资产情况表和成本费用表。”

目前，绝大部分工会组织已经使用了电算化系统，因此，上述程序中有关记账凭证、账簿登记以及报表编制（不含附注）等内容实际上已经由财务人员在输入原始凭证后，由电算化系统自动完成。为确保会计核算的准确性合规性，工会组织应建立和完善与电算化系统相适应的内部控制制度。

实际工作中的“会计造假”一般发生在会计凭证的处理阶段，所以，加强会计凭证管理，尤其是原始凭证的管理，已经成为提高工会会计信息质量的重要环节，各级工会应从遵守和执行财经纪律的角度，加强对会计凭证，尤其是原始凭证的管理。

思考题：

1. 工会会计有哪些特点？
2. 工会会计有哪些要素？
3. 工会会计的职能是什么？

4. 工会会计的一般原则有哪些？

延伸阅读

云南楚雄州加强工会经费“收、管、用”

“州总5次被全总评选表彰为工会财务工作先进单位，2次被全总表彰为工会资产管理工作先进集体，7次在省总相关会议上做工会财务、资产管理工作经验交流。”2021年11月16日，云南省楚雄彝族自治州总工会副主席李德荣告诉记者。

据悉，近10年来，楚雄州总工会财务工作始终坚持为工运事业服务、为基层服务、为职工群众服务的方针，依法理财、规范管理，认真抓好工会经费收缴，严格预算管理，严肃执行财经法规，切实加强监督，优化支出结构，工会经费“收、管、用”取得了优异成绩。

李德荣介绍，楚雄州总注重“收缴、管理、使用”协调发展，工会经费收入稳步增长，2020年全州收缴工会经费和建会筹备金是2011年的2.5倍，10年来年均增长15.27%。“这个过程中，云南省总的经费资源大力向基层倾斜，为全州工会各项工作的顺利推进提供了强有力的资金和物质保障。”

据悉，楚雄州总进一步加大工会财务资产监督管理工作力度，加大财务工作在工会重点工作考核中的比重，加大对下级工会财务工作指导监督和检查考核力度。10年来，在全州工会组织中广泛开展工会财务检查审查、工会资产清产核资、困难职工帮扶等专项资金检查共计18次；加强工会财务工作规范化建设，不断提高财务管理科学化水平，州总本级工会经费收支预、决算及财务工作情况先后接受巡察、审计、审查和会计督导共计38次。

此外，楚雄州总始终遵循服务大局、服务基层、服务职工的原则，坚持工会经费向职工群众倾斜、向基层工会倾斜、向重点工作倾斜的使用方向，厉行节约、合理用财，不断优化支出结构，把有限经费用于工会各项重点工作的突破，用于推进工会工作全面协调发展。

10年来，楚雄州总积极争取上级支持，助力脱贫攻坚支出376.45万元，开展送温暖工程、困难职工帮扶救助、困难劳模生活救助、困难职工解困脱困、金秋助学活动和集体协商工作等维护职工权益支出5995.02万元。积极支持做好新冠肺炎疫情防控工作，关心关爱防控一线职工，筹集新冠肺炎疫情防控工作专项资金403.85万元，及时对楚雄州赴武汉支援的医务人员和战斗在抗疫一线的10694名疫情防控职工进行慰问。

第四章

工会会计核算方法

工会会计核算方法是指核算工会资金运动过程及其结果的手段，包括填制和审核会计凭证、设置科目和账户、复式记账、财产清查、编制会计报表等。这些方法相互联系、相互补充、相互制约，并按照一定的程序结合为一个完整的核算方法体系。

第一节　工会会计核算的对象和任务

一、工会会计核算的对象

工会会计核算的对象是工会预算资金及其运动，或工会预算资金运动过程及其结果，或工会预算资金收支过程及其结果。

二、工会会计核算的任务

工会会计核算的基本任务可以概括为以下几点。

1. 真实、准确、及时、完整地记录、计算和核算工会各项经济业务，做好记账、算账、报账工作，为工会财务管理提供可靠的会计信息资料。

2. 维护国家财经政策和工会财务制度，遵守国家财经纪律和工会财务纪律，监督工会经费收支活动，增收节支，提高工会资金的使用效果，反对铺张浪费，及时制止和揭露工会经济活动中的违法乱纪行为。

3. 保护工会资产的安全和完整，不受损害。定期清查资产，确保账实相符。

第二节　工会会计科目和账户

一、工会会计科目

（一）会计科目的概念

会计科目，简称科目，是对会计要素的具体内容进行分类核算的项目，是进行会计核算和提供会计信息的基础。每个会计科目都有特定的经济业务内容或范围，科目与科目之间要严格区分，划分彼此的界限。相同或类似的经济业务只能在一个科目中记录和反映，不能混用科目。工会一、二级会计科目的设置由财政部颁发的《工会会计制度》确定，会计人员不得随意更改或另起别名。

（二）设置会计科目的意义

设置会计科目就是根据会计对象的具体内容和经济管理的要求，事先规定分类核算的项目或标志的一种专门方法。设置会计科目，需要将会计对象中具体内容相同的归为一类，设立一个会计科目，凡是具备这类信息特征的经济业务，都应该在这个科目下进行核算。设置会计科目时，要为每一个具体的类别规定一个科目名称，并且限定在该科目名称下包括的内容，例如“库存现金”“银行存款”科目。会计科目是设置账户、账务处理所遵循的规则和依据，是正确组织会计核算的重要条件。

（三）设置会计科目的原则

设置会计科目时，应遵循以下几项原则。

1. 必须结合会计对象的特点，全面反映会计对象的内容。结合会计对象的特点是指除了各行各业有共性的会计科目外，还应根据各行各业会计对象的特点，设置相应的会计科目，如：工业企业必须设“生产成本”

“制造费用”科目。全面是指内容上不能有遗漏。

2. 既要满足对外报告的要求，又要符合内部经营管理的需要。设置科目时，要兼顾对外报告和企业内部经营管理要求。例如：为了反映企业实收资本情况，可以设置“实收资本”科目，为了反映企业债务情况可以设“短期借款”“长期借款”“应付账款”。可以根据管理需要设置总账和明细账。

3. 要将统一性和灵活性结合起来。统一性就是根据《工会会计制度》的要求，对一些主要会计科目的设置进行统一规定，对于核算标准、口径都要一致。灵活性是指在能够提供统一核算指标的前提下，各单位根据本单位的具体情况，对统一规定的会计科目作必要的调整，设置或增补会计科目。

4. 要简明、适用，通俗易懂。

5. 既要适应经济发展的需要，又要保持相对稳定。

新修订的《工会会计制度》根据工会财务规章制度，对会计科目进行了调整，主要包括：

一是因相关财务管理制度规定已废止，删除“专用基金”下的“增收留成基金”“财务专用基金”明细科目；

二是根据全国总工会不再计提后备金的有关要求，删除“后备金”科目；

三是根据《工会预算管理办法》及相关财务管理规定，对收支科目的设置、名称、核算内容等进行调整，将工会结余资金分为结转、结余资金分别进行核算；

四是根据《工会预算稳定调节基金管理暂行办法》，增设“预算稳定调节基金”相关科目和报表项目等。

二、会计账户

（一）账户的定义

账户是根据会计科目设置的，具有一定的结构和格式，用来对会计对象的具体内容进行分类核算和监督的一种工具。

（二）设置账户的意义

设置账户的作用在于能够反映会计要素的增减变动及结余情况。

（三）账户的基本结构

经济业务引起会计要素的变化，不外乎增减两种类型，所以，任何一个账户都可以分为左右两方，这就是账户的基本结构。

实际工作中，账户格式的设计一般包括账户名称、日期和摘要、凭证号数、增加和减少金额。

在账户的左右两方中，到底哪一方记增加额，哪一方记减少额，取决于各账户所记录的经济业务内容和所采用的记账方法。

（四）会计科目与账户的关系

会计科目与账户的联系是：（1）账户是根据会计科目设置，会计科目是账户的名称。（2）二者开设的目的一致，都是对经济业务进行分类、整理，以提供管理所需要的会计信息。（3）二者的内容相同。

会计科目与账户的区别表现在：（1）会计科目和账户的具体作用不同。会计科目的具体作用主要表现为将会计对象的具体内容分为若干个相对独立的项目，而账户则是在会计科目的基础上，再赋予一定的结构，能指明记账的方向，以核算各会计要素的增减变动和余额。（2）会计科目和账户制定或设置的方法不同。会计科目由国家统一制定，是会计制度的组成部分。而账户则是由各单位根据会计科目的要求，结合本单位的实际情况开设的。实际工作中，先有会计科目，后有账户。

三、工会会计科目和账户的级次

会计科目和账户的设置是分级次的。会计科目和账户按提供指标的详细程度不同，可分为：（1）总分类科目；（2）二级科目；（3）明细分类科目。

工会会计科目及其账户如何分级次，应按财政部颁发的《工会会计制度》规定执行，不得随意增加或兼并，修改一级、二级会计科目及其账户。为了便于计算、统计、考核和监督，确保信息指标口径的一致性，也不得随意更名。上级或本单位因管理上的需要，需增加某个科目及其账户的三级明细时，在不违反会计制度的前提下，可以增设。

总账科目及其账户、二级明细科目及其账户、三级明细科目及其账户，在数量上（一般指余额，发生额也不例外）是层层包括关系，或者说是层层等量的关系。二级明细科目及其账户的数量与所属三级明细科目及其账户的数量之和一定要相等；不设二级科目及其账户的总账科目及其账户的数量，直接与所属三级明细科目及其账户的数量之和一定要相等。也就是要一级控制二级，二级控制三级，或一级直接控制三级，总量一定要与所属各分量之和相等。

工会会计科目表如下。

基层工会主要会计科目名称和编号

序号	科目编号	名　称
一、资产类		
1	101	库存现金
2	102	银行存款
3	131	应收上级经费
4	135	其他应收款
5	141	库存物品
6	162	固定资产
7	163	累计折旧
8	182	待处理财产损溢
二、负债类		
9	211	应付上级经费
10	215	其他应付款
三、净资产类		
11	301	资产基金

续表

序号	科目编号	名　称
12	321	工会资金结转
13	322	工会资金结余
四、收入类		
14	401	会费收入
15	402	拨缴经费收入
16	403	上级补助收入
17	405	行政补助收入
18	408	其他收入
五、支出类		
19	501	职工活动支出
20	503	职工服务支出
21	504	维权支出
22	505	业务支出
23	507	资本性支出
24	510	其他支出

注：对于本表未列出的会计科目，基层工会可以根据实际需要按照县级以上工会的会计科目进行账务处理。

县级以上工会会计科目名称和编号

序号	科目编号	名　称
一、资产类		
1	101	库存现金
2	102	银行存款
3	111	零余额账户用款额度
4	121	财政应返还额度
5	131	应收上级经费
6	132	应收下级经费

续表

序号	科目编号	名　称
7	135	其他应收款
8	141	库存物品
9	151	投资
10	161	在建工程
11	162	固定资产
12	163	累计折旧
13	171	无形资产
14	172	累计摊销
15	181	长期待摊费用
16	182	待处理财产损溢
二、负债类		
17	201	应付职工薪酬
18	211	应付上级经费
19	212	应付下级经费
20	215	其他应付款
21	221	代管经费
三、净资产类		
22	301	资产基金
	30101	库存物品
	30102	投资
	30103	在建工程
	30104	固定资产
	30105	无形资产
	30106	长期待摊费用
23	311	专用基金
24	321	工会资金结转
25	322	工会资金结余

续表

序号	科目编号	名　称
26	331	财政拨款结转
27	332	财政拨款结余
28	341	预算稳定调节基金
四、收入类		
29	402	拨缴经费收入
30	403	上级补助收入
31	404	政府补助收入
32	406	附属单位上缴收入
33	407	投资收益
34	408	其他收入
35	411	动用预算稳定调节基金
五、支出类		
36	502	职工活动组织支出
37	503	职工服务支出
38	504	维权支出
39	505	业务支出
40	506	行政支出
41	507	资本性支出
42	508	补助下级支出
43	509	对附属单位的支出
44	510	其他支出
45	521	安排预算稳定调节基金

第三节　工会会计要素

会计要素是对会计核算的经济业务内容，即会计对象所作的最基本的分类。会计要素为合理建立会计科目体系提供了根据，并为设计会计报表提供了基本框架。

工会会计要素包括资产、负债、净资产、收入、支出，共五类。我国企业会计核算与预算会计核算的会计要素有所不同，又因工会会计核算与预算会计核算大体相似或相近，故工会会计要素的分类与预算会计要素分类相同。

《工会会计制度》第九条规定："工会会计要素包括：资产、负债、净资产、收入和支出。其平衡公式为：资产=负债+净资产。"

一、资产

根据《工会会计制度》第二十四条规定，资产是工会过去的经济业务或者事项形成的，由工会控制的，预期能够产生服务潜力或者带来经济利益流入的经济资源。服务潜力是指工会利用资产提供公共产品和服务以履行工会职能的潜在能力。经济利益流入表现为现金及现金等价物的流入，或者现金及现金等价物流出的减少。

资产首先是一种经济资源，就是它必须有使用价值，其价值是可以用货币来计量的，否则就不成为资产。资产是资金的存在形态，是客观存在着的，而不是观念上的。工会资产共有三种存在形态，即货币形态、实物形态和债权形态，三种形态可以等量地互为转化形态。其中债权形态是可以转化为货币形态和实物形态的过渡形态。工会资产货币形态下的会计科目有：库存现金、银行存款、零余额账户用款额度。工会实物形态下的会计科目有：库存物品、在建工程、固定资产。工会债权形态下的会计科目有：财政应返还额度、借出款、应收上级经费、应收下级经费、其他应收款。“投资”科目则是三种形态的转化形态，即三种形态兼容的混合形态，但不是第四种形态。由于“投资”的特殊性，决定了“投资”在核算上的特殊性，这点需要注意。

二、负债

负债是工会承担的能以货币计量的、需以资产偿还的债务。《工会会计制度》规定：“负债是指工会过去的经济业务或者事项形成的，预期会导致经济资源流出的现时义务。现时义务是指工会在现行条件下已承担的义务。未来发生的经济业务或者事项形成的义务不属于现时义务，不应当确认为负债。”

负债要有确切的受款人、金额和偿还日期。各项应付的款项，要按时偿还，及时清理结算。工会负债主要有过渡结转型负债和业务交往型负债，此外还有偶有发生的特需型负债。

工会过渡结转型负债的会计科目有：应付工资（离退休费）、应付地方（部门）津贴补贴、应付其他个人收入。所谓过渡结转型负债，就是一方面通过负债科目借方反映人员工资的实际结算支付情况，同时另一方面通过负债科目贷方反映应付人员工资的费用列支情况。此种负债科目一般期末无余额。工会过渡结转型负债的会计科目的设置是由《工会会计制度》统一规定的，工会会计人员不得随意简化，绕过负债科目，把两项经济业务合并为一项经济业务，直接支付货币资金和列支有关费用。这是因为凡涉及个人工资、福利待遇，政策性都很强，需要单独而详细地记录和反映，以便于接受国家财政、税务和上级工会的检查监督。

工会业务交往型负债的会计科目有：应付上级经费、应付下级经费、其他应付款。此种负债在工会业务交往中是不可避免的，也是经常发生的，但应及时清理结算。这些负债都是短期负债，一般在年末或年初结算完毕。

工会特需型负债的会计科目有：借入款、代管经费。此种负债日常很少发生，其中“借入款”是指一年以上的非业务交往的特别借款。“代管经费”是指工会受托为行政或为其他部门、单位代保管的某种款项。

三、净资产

净资产是工会拥有的经济权益，其数额等于资产减去负债的差额。《工会会计制度》规定：“净资产是指工会的资产减去负债后的余额，包括资产基金、专用基金、工会资金结转、工会资金结余、财政拨款结转、财政拨款结余和预算稳定调节基金。”资产包括自有的和非自有的、但可以控制的资产。资产不但是一种经济资源，必然涉及是谁的经济权益问题，而且资产与权益的价值量同等。会计上，我们把自身拥有或所有的那部分资产形成的权益叫作净资产，把非自有的但可以控制的那部分资产形成的权益叫作负债。这样，全部资产就等于净资产加负债，移项后，净资产也就等于资产减去负债的差额。顾名思义，净资产是自身拥有的那部分资产。

工会净资产主要有对称恒等型净资产和非对称恒等型净资产。对称恒等型净资产的会计科目有：固定基金、在建工程占用资金、投资基金。它们分别与资产类下的会计科目固定资产、在建工程、投资对称并价值量恒等。非对称型净资产的会计科目有：专用基金、结余。它们虽不与资产类的任何会计科目对称恒等，但是它们均以等量的资产作担保，特别是以日常数额的银行存款作担保，到期可以随时支取或结转。

以上资产、负债、净资产构成了工会资产负债表的基本内容。

四、收入

收入是指工会根据《工会法》以及有关政策规定开展业务活动所取得的非偿还性资金。按收入的来源渠道划分，工会收入类的会计科目有：会费收入、拨缴经费收入、上级补助收入、政府补助收入、行政补助收入、附属单位上缴收入、投资收益和其他收入。其中会费收入（指基层工会）

和拨缴经费收入（指各级工会）是经常发生的主要收入。

五、支出

支出是指工会为开展各项工作和活动所发生的各项资金耗费和损失。工会支出按服务的对象或收益的对象分为服务于职工群众的支出，如职工活动支出、维权支出；服务于工会自身建设的支出，如业务支出、行政支出、资本性支出；服务于相关单位的支出，如补助下级支出、事业支出等。这种支出分类有利于考核、分析支出的走向和所占比例。

上述会计要素与会计科目的关系是：会计要素是对会计核算对象按其性质所作的分类，会计科目是对会计要素按其用途所作的分类。会计要素统驭会计科目，工会因工作和活动而支出，因支出而收入，收与支是互动互促的关系。收与支同时引发了其他三个会计要素的互动。收与支是工会会计最主要、最基本的核算内容。

第四节　工会会计核算的恒等式

一、静态恒等式

工会为履行其社会职能，开展工作和组织职工群众活动，必须要具备一定的物质条件，如办公房屋、设备、家具、消耗性物品等，还要有相当数额的银行存款和备用现金，所有这些都构成了工会的资产。因为资产凝结了人类的一般劳动，是有使用价值和价值的，因而是一种经济资源。这就必然产生了资产归谁所有，是谁的经济权益的问题。

权益有两种，一种是自有权益，就是净资产；另一种是非自有权益，就是负债。按照“资产=权益”这一会计恒等式推理，应将工会的全部资产分为两大部分：一部分是自有权益形成的资产，即资产=净资产；另一部分是非自有权益形成的资产，即资产=负债。在会计核算实务中，资产并不需要按不同权益分类，这里也只是理论上的分类而已，所以上述两个会计恒等式合并后为：资产=负债+净资产，也就构成了工会资产负债表的基本内容，这也是设计工会资产负债表的理论依据，它表示资金运动假定在静止状态下的最后结果。

工会不断地工作和活动，工会资金也不停地运动变化。从理论上讲，只有完全停止工作和活动时才便于、才有可能正确地记录、计算此时期工会的财务收支状况和资产、负债、净资产的最后变动结果。为此，在会计实务中，人们把不断运动的工会资金，人为地假定在某一时日停止运动，造成相对的静止状态，以便于记录计算。所谓某一时日，通常是指月末、季末或年末。工会资产负债表就是在这一时日，假定在静止状态下编制出来的，它反映的是工会资金在某一时日的最后余额，因此也叫静态会计报表。

二、动态恒等式

"静"是相对的，是人为假定的，"动"是绝对的，是客观的。工会在开展工作和组织职工群众活动时，不断地发生收入与支出的经济业务，并由于收入与支出的发生牵动了工会资产、负债、净资产一次次地运动变化，收入和支出是工会资产、负债、净资产变动的原动力。收入使资产等额地增加或负债等额地减少；支出使资产等额地减少或负债等额地增加。收入与支出相抵为结余，即收入-支出=结余，结余表示某一期间新增的自有权益，即新增的净资产。如果支出大于收入，则出现负结余，表示净资产的减少，或净资产不减少，使负债等额增加。以上会计恒等式，表示工会资金在某一期间，通常是指一个月、一个季度或一个年度的运动变化过程，是动态恒等式，工会收入支出表就是动态会计报表，表示工会资金在某一期间动态下的收支发生额。

工会资金运动不断从静态开始到动态，再回到静态，再到动态，循环往复，但每一次循环不是原地踏步而是又一个新阶段的循环开始。动态恒等式构成了收入支出表的基本内容，是设计收入支出表的理论依据。

第五节　借贷记账法

一、什么是借贷记账法

借贷记账法是反映经济业务增减变化的一种复式记账方法。它以“借”“贷”为记账符号，以“资产＝负债+所有者权益”的会计等式为理论依据，以“有借必有贷，借贷必相等”为记账规则。采用借贷记账法有利于分析经济业务、加强经济管理、防止和减少记账差错；同时也有利于账户进行灵活设置。

所谓复式记账法，就是经济业务发生至少要与两个或两个以上的账户发生关联的一种记账方法，它与早已淘汰的单式记账法相对。

二、借贷记账法的特点

（一）以借、贷为记账符号

“借”或“贷”均表示记入账户的方向，规定左方为借方，右方为贷方。对资产类、支出类账户而言，借方表示增加，贷方表示减少。期末余额在借方；对负债类、净资产类和收入类账户而言，借方表示减少，贷方表示增加，期末余额在贷方。借贷记账法中的“借”与“贷”二字明显具有银行信用色彩，因为这种记账法曾源于13世纪资本主义萌芽时期的意大利银行。最初的借与贷与实际经济业务内容是相符的，借、贷不仅是记账符号，而且体现着具有现实意义的权责关系，但是随着社会经济的发展，借贷记账法在各行业的广泛推广，借、贷逐渐失去了原来的含义转而成为纯粹的记账符号，变成会计术语。

（二）可以设置双重性账户

所谓双重性账户，就是将某些资产类下的债权账户与负债类下的债务账户二合一为共同性往来账户。这种账户如果余额在借方就属于资产类账户；如果余额在贷方，就属于负债类账户。如将“其他应收款”和“其他应付款”两个账户合并为一个账户后称作“其他往来”账户。所以要设置双重性账户，是为了简化核算工作量，适应管理上的需要，但是在工会会计核算中一般是没有这些必要的，故不予提倡。这里只是作为借贷记账法的一个特点来讲的，因为与过去的增减记账法、收付记账法相比，其他记账法是不可以设置双重性账户的。

（三）记账规则

借贷记账法的记账规则是：有借必有贷（包括一借多贷和一贷多借），借贷必相等。

与其他记账法相比，借贷记账法的记账规则最简单、最科学，易学、易记、不易错。

（四）试算平衡方式

1. 发生额平衡法：各账户借方本期发生额之和=各账户贷方本期发生额之和。

2. 余额平衡法：各账户借方余额之和=各账户贷方余额之和。

借贷记账法试算平衡方式最简单、直观，借贷分明，一目了然，只要按照同向相加、反向相减的原则计算，即可试算平衡。

借贷记账法的特点是与增减记账法、收付记账法相比较才体现出来的，当然如果对增减记账法和收付记账法不了解，就很难看出借贷记账法的特点和优点。

第六节　工会会计凭证和账簿

一、会计凭证

经济业务的发生要以真实合法的凭证为依据。会计凭证（简称凭证）是记录经济业务、明确经济责任的书面证明，是登记账簿的依据。会计凭证包括原始凭证和记账凭证。

原始凭证也称为单据，是在经济业务发生时，取得或填制的、其中从外部单位或个人取得的单据，如发货票、收据等，叫外来原始凭证；本单位内部经办人员自行填制的单据，如收据、借据、支票、汇票、出入库单等叫自制原始凭证。

原始凭证是唯一能够证明经济业务发生、并在法律上有证明效力的凭证。一切单位发生的经济业务，均要以真实、合法的原始凭证为依据。因此，原始凭证必须符合的要求有：（1）内容完整，数字真实，大小写一致；（2）所有责任人签章，手续完备；（3）书写清楚、规范，不得涂改、刮擦、挖补；（4）各种凭证必须连续编号；（5）填制或传递及时，注意时效；（6）一式多联的、编号的自制原始凭证，不论是否使用过，都要完整地保留存根联。

记账凭证是会计人员根据审核无误的原始凭证或汇总的原始凭证，按照经济业务内容确定会计分录后自行填制的会计凭证，作为登记账簿的依据。

记账凭证分为通用的记账凭证和专用的记账凭证。使用通用的记账凭证不分收款、付款、转账业务，均采用一种统一格式的记账凭证。它适用于收付款业务量不大，且不单独设专人填制收、付款凭证的单位。专用的记账凭证分为收款凭证、付款凭证和转账凭证三种。凡是与货币资金收入有关的经济业务，填制收款凭证；凡是与货币资金付出有关的经济业务，填制付款凭证。但要注意，凡是货币资金内部增减的经济业务，按规定统一填制付款凭证，以避免重复或混乱。最后，凡是与货币资金收付无关的经济业务，填制转账凭证。专用的记账凭证适用于业务量大、并由专人填制收付款记账凭证的单位。

填制记账凭证要注意以下几点：

1. 以当天填制记账凭证的日期为填制日期，不以原始凭证日期为填制日期；

2. 记账凭证一般按月编序号，个别规模较小、业务量较少的单位，也可以按季或年编号；

3. 摘要栏填写要简练概括；

4. 分录应用正确，合规合理，符合会计制度规定；

5. 所附原始凭证张数正确，相关责任人签章齐全，对多岗多责任人，要求重复签章。

二、会计账簿

会计账簿（简称账簿），是按照会计科目名称开设账户、账页，以会计凭证为依据，用来序时和分类地登记有关经济业务的簿籍。设置和登记会计账簿，是重要的会计核算基础工作，是连接会计凭证和会计报表的中间环节。会计账簿为经济管理提供分类的、系统的会计信息资料，是编制会计报表的依据。账簿主要有总分类账簿（简称总账）、明细分类账簿（简称明细账）和日记账三种。此外还可以根据核算和管理的需要设置一些不以会计凭证为依据的辅助性账簿，如台账等。

总账是按照一级会计科目名称开设账户、账页，用以提供总括的会计信息，是编制资产负债表的主要依据，总账统驭所属明细账。

明细账是按照二级和三级明细科目名称开设账户、账页，用以提供更加详细的会计信息。收入、支出类下各账户明细账是编制收入支出表的主要依据。

登记总账和明细账均要以会计凭证为依据，两种账不能互相抄袭，否则就失去了两账之间的核对关系。会计上称平行登记。其要点有：（1）依据相同，登记总账与登记所属明细账的依据相同；（2）方向一致，登记总账与所属明细账的借贷方向必须一致；（3）金额相等，计入总账的金额要与登记所属明细账金额之和相等。

日记账亦称序时账，主要有现金日记账和银行存款日记账。日记账要求按照经济业务发生的先后逐日、逐笔、序时地登记，以强化对货币资金的管理和监督。日记账的银行存款和库存现金余额要分别与总账一级科目的银行存款、库存现金核对相等。

思考题：

1. 工会会计核算的任务是什么？
2. 什么是会计科目？设置会计科目的原则是什么？
3. 对于会计恒等式如何理解？
4. “借贷记账法”的优点有哪些？
5. 什么是会计凭证？原始凭证必须符合哪些要求？
6. 什么是会计账簿？

延伸阅读

工会财务管理规范化建设

一、办好“三件事”，促进财务管理规范化

烟台市为促进工会财务管理规范化建设工作，非常注重抓好“三件事”。

一是健全工作机构，强化内控制度。市总工会本级在设置财务部机构的基础上，进一步调整和充实相关人员和专业岗位，按不相容职务分离的原则，明确相关岗位职责权限：（1）出纳人员不兼任稽核、会计档案保管和收入、支出、债权债务账目的登记；（2）大额货币资金业务由3人以上处理；（3）发票、收据等原始凭证由非直接经办货币资金的收付人员保

管；（4）支票上的财务专用章和个人印章由2人分别管理。同时，对会计人员变动办理交接手续也明确和完善了相关的程序。

二是建立示范带动机制。市总工会组织开展了以会计基础工作规范化建设为主要内容的“账表展评”活动，请专家对各单位上报的会计账簿、会计凭证、会计报表等会计资料和档案进行点评。通过各县（市区）相互对比、查找不足、交流经验，达到典型带动、共同提高的目的。

三是建立奖惩激励机制。良好的激励机制，有助工作质量的提升，为此，市总工会围绕工会财务管理规范化建设的有关要求，制定下发了全市《工会财务会计工作考评办法》，通过考评表彰，促进工会财务规范化建设各项要求的落实。对按期完成任务的，在工会经费回拨补助上予以奖励，并优先授予财务工作先进单位等称号；对于未能按期完成任务的，取消评先树优资格。

二、把好“三道关”，实现财务管理上台阶

为使财务管理规范化建设取得实效，市总工会在具体实施中通过严把“三道关”，做到突出重点、科学安排，循序渐进、规范运作。

一是把好工作制度关。根据财务会计管理规范化建设的要求，市总工会先后修订和完善了《烟台市总工会预算管理办法》《烟台市总工会经费开支办法》《烟台市总工会财务报销规定》。又结合形势发展需要，制定了《市总工会机关公务卡管理暂行规定》《工会经费使用绩效考核办法》等一系列规章制度。特别是针对资产管理以及经费使用等方面暴露出的问题和不足，市总工会制定下发了《烟台市总工会资产管理暂行规定》，定期对市总工会和县（市区）总工会资产进行摸底和清查盘点，实行分类管理，规范报批处理程序，保持了账实相符。对新建、购置、保管、维修、报废、变卖的资产，严格按相关程序执行。通过建章立制，使工会财会工作的每一个环节都有章可循，实现了以制度管人、按制度办事，为提升工会经费的使用效率和规范运作奠定了扎实的制度基础。

二是把好预算管理关。为细化预算管理，我们坚持自下而上，要求各部门围绕全会中心工作，提出本部门、本单位详细的项目预算，并履行严格的预算审批程序，形成公开、透明、可操控的本级预算。在预算执行上，我们建立了严格的经费开支程序和授权批准制度，做到申请、经办、验收、审核、签批手续完备，附件齐全，重大资金实行集体决策。在专项开支上，完善资金收支管理和使用手续，保证专款专用，有效杜绝了截留、挪用、挤占和损失浪费等现象的发生。

三是把好基础建设关。市总工会十分重视财务管理基础和电算化工作，从2004年开始使用全国总工会推荐的财务软件，配备了专门用于账务处理的计算机和其他必要的硬件，制定了电算化岗位责任制、会计电算化操作管理制度、计算机软硬件和数据管理制度、电算化会计档案管理制度等，严格按制度进行管理、规范操作。目前，全市所有县（区、市）总工会全部实现会计电算化。为切实解决实行税务代收后工会经费拨缴款专用收据（原三联式收据）不能适应工作要求的实际问题，我们与税务部门联合开发了工会经费收缴管理系统软件，印制了《烟台市总工会经费（建会筹备金）拨缴款专用缴款书》六联单，从而理顺了税务、银行、市总工会、基层工会的工作关系，满足了工作需要，规范了票据管理，促进了经费收缴。

第五章

工会经费收入核算

工会经费收入是根据《工会法》以及相关政策规定，工会开展业务工作所取得的非偿还性资金。核算以收付实现制为主，以权责发生制为辅。

第一节　工会经费收入概述

一、工会经费收入概念及其分类

工会经费收入是指根据《工会法》以及相关政策规定，工会开展业务工作所取得的非偿还性资金。

工会经费收入按其收入来源分为：会费收入、拨缴经费收入、上级补助收入、政府补助收入、行政补助收入、附属单位上缴收入、投资收益和其他收入。

二、工会经费收入的确认

在会计核算中，收入还可以认为是会计主体在一定会计期间所获得的非偿还性资产。可见，要确认收入，首先得确认是谁的收入，是不是本会计为之服务的会计主体的收入，这个收入是属于哪个时期的收入，有多少数额的收入。只要上述三个关键问题得不到一一确定，这收入也就无法确认。

所谓会计主体就是会计为之服务的特定单位，也就是会计为谁记账、算账和报账。在工会，按照工会财务管理级次的划分，全国总工会和地方各级总工会、产业工会和基层工会，都是独立核算的会计主体，分别核算各自所得的那部分资产，即收入。如果某工会不是一个独立核算的会计主体，其收入应归入上一级工会会计主体核算。不是会计主体的单位的收入，不在本章讲述的范围。

会计主体确认了，还得确认收入的时间范围，即属于哪个会计期间的收入，这个会计期间是指一个月、一个季度，还是一年。为了确认收入所属的会计期间，在会计核算实务中就产生了两种确认标准：一种是以现收现付为标准的收付实现制，一种是以应收应付为标准的权责发生制。

所谓收付实现制，就是以款项的实际收付为计算标准，来确定本期的收入和支出，不论其收入和支出应否属于本期。

所谓权责发生制，就是以款项的应收应付为计算标准，来确定本期的收入和支出。不论其款项实际是否收到和付出，在会计实务中，以取得收款权利或付款责任作为记录收入或支出的依据，是由于收付款项的流动与收付的经济业务分离、产生时间差所致。

工会会计核算采用以收付实现制为主，以权责发生制为辅的办法确认收入。其中，除拨缴经费收入和上级补助收入，在款项未到，但已收到收账通知或相关手续时，可以按权责发生制确认为本期的收入外，其余各种收入，均应采用收付实现制确认收入。

目前，各地出现了税务代征、财政划拨，预缴工会筹备金等新措施，为此工会会计制度增设了“应收上级经费”“应收下级经费”“应付上级经费”“应付下级经费”四个会计科目，这是权责发生制下有关拨缴经费收入和上级补助收入的过渡性专用科目。

比较而言，按收付实现制核算直接、简单，但计算本期收入和支出不够准确；而按权责发生制核算要分两步核算，即第一步核算权责发生，形成收入或支出，第二步核算权责兑现。虽然多了一道核算手续，但计算本期收入和支出相对合理、准确。

需要注意的是，工会经费收入核算以收付实现制为主。除了会计实务上的客观需要和会计制度的特殊要求，一般不采用权责发生制。我们不能在未取得收账手续或相关文件通知的情况下，提前设定本级收入或按估计收入入账，形成虚增收入；更不能利用权责发生制特设的往来结算账户，违规隐匿或转移收入，使本期收入人为地减少。

第二节　工会收入类账户结构及其账务处理

所谓账户结构，是指账户的借方、贷方各表示什么或记录什么，有无余额，其余额固定在借方，或是贷方，还是余额借贷方不固定；与其有对应关系的账户主要有哪些等。工会收入类账户结构，用丁字账户（又称T形账户）表示如下：

收入类账户名称

	借方	贷方
	本期发生额	本期发生额
“结余账户”	结转数	增加数
		减少数
		期末余额

工会收入类账户贷方记收入的增加数，借方记收入的期末结转数，结转后期末无余额。

一、会费收入

会费收入，是指工会会员依照《工会法》《中国工会章程》向基层工会组织缴纳的会费。根据全国总工会规定，工会会员每月按本人标准工资收入的0.5%缴纳会费，工资尾数不足10元的不计入，个人各类津贴、补贴、奖金也不计入。会费收入不上缴，全部留作基层工会使用，主要用于工会组织开展活动和对会员的特殊困难补助。

会费收入的主要账务处理如下：

（一）取得会费时，按照实际收到的金额，借记“库存现金”“银行存款”科目，贷记本科目。

（二）期末结转时，将本科目本年发生额转入工会资金结余，借记本科目，贷记“工会资金结余—本年收支结转”科目。

本科目期末结转后无余额。

账务处理示例如下。

例 1：某月某日，某基层工会收到车间分会缴来的会费现金 3600 元，出纳当日送交开户银行。

（1）借：库存现金　　3600

　　　贷：会费收入　　3600

（2）借：银行存款　　3600

　　　贷：库存现金　　3600

例 2：月末，本期会费收入 16600 元，采用账结法，按月结转。

借：会费收入　　16600

　贷：结余　　16600

二、拨缴经费收入

拨缴经费收入，指基层单位行政拨缴、下级工会按规定上缴及上级工会按规定转拨的工会拨缴经费中归属于本级工会的经费。用人单位的行政方面应当依照《工会法》和有关规定，按本单位职工工资总额的 2% 向工会拨缴的经费或建会筹备金。

本科目核算基层单位行政拨缴、下级工会按规定上缴及上级工会按规定转拨的工会拨缴经费中归属于本级工会的经费。

工会可以根据需要在本科目下设置明细科目，进行明细核算。

拨缴经费收入中如有专项资金收入，还应当按照具体项目进行明细核算。

各级地方总工会、产业工会和二级核算的大型集团公司，应在本科目下设置台账，以了解所属工会（分会）的经费拨缴情况，也可以根据管理需要分类设置三级明细账。

拨缴经费收入的主要账务处理如下。

（一）采用自主拨缴方式收缴工会经费的

收到工会经费，按照实际收到的总金额，借记“银行存款”科目，按规定属于本级工会的部分，贷记本科目，按规定应上缴上级工会的部分，贷记“应付上级经费”科目。

年末，存在应收未收的拨缴经费收入的，按照下级工会经费收缴报告表中的金额，借记“应收下级经费”科目，按规定属于本级工会的部分，贷记本科目，按规定应上缴上级工会的部分，贷记“应付上级经费”科目。

账务处理示例如下。

例1：3月10日某市工会收到某基层工会缴来工会经费200000元，存入银行。

借：银行存款　　200000

　　贷：拨缴经费收入　　100000

　　　　应付上级经费　　100000

例2：3月15日，某市工会收到某企业建会筹备金10000元，存入银行。其中本会留2500元，应返还企业基层工会（待建会后返还）7500元，暂存。

借：银行存款　　10000

　　贷：拨缴经费收入　　2500

　　　　应付下级经费　　7500

例3：3月31日，某市工会收到所属某县工会一季度经费收缴报告单，据报告单称，还有应缴而未缴市工会的经费6000元，其中包括应缴省工会的3000元，下月上旬缴齐。

借：应收下级经费　　6000

　　贷：拨缴经费收入　　3000

　　　　应付上级经费　　3000

期末（月末、季末或年末）按本期（一个月、一个季度或一年）“拨缴经费收入”账户贷方发生额合计从借方转入“结余”账户的贷方，结转后，该账户无余额。(以下同)

（二）采用税务代收、财政划拨方式收取工会经费的

1. 本级工会通过税务部门代收、财政部门划拨的工会经费，按实际收到的总金额，借记“银行存款”科目，按规定属于本级工会的部分，贷记本科目，按规定应上缴上级工会的部分，贷记“应付上级经费”科目，按规定应转拨下级工会的部分，贷记“应付下级经费—应付下级转拨经费”科目。

2. 本级工会收到上级工会转拨的通过税务部门代收、财政部门划拨的工会经费，按照实际收到的总金额，借记“银行存款”科目，按规定属于本级工会的部分，贷记本科目，按规定属于下级工会的部分，贷记“应付下级经费—应付下级转拨经费”科目。

年末，存在应收未收的拨缴经费收入的，按照上级工会经费转拨通知中的金额，借记“应收上级经费—应收上级转拨经费”科目，按规定属于本级工会的部分，贷记本科目，按规定属于下级工会的部分，贷记“应付下级经费—应付下级转拨经费”科目。

账务处理示例如下。

例 1：7 月 10 日，某市工会收到财政部门拨来的工会经费财政划拨报告单，单内应缴市工会 380000 元，如数转存开户银行。其中市工会留 80000 元，应缴省工会 40000 元，应返还所属工会 260000 元。

借：银行存款	380000	
贷：拨缴经费收入		80000
应付上级经费		40000
应付下级经费		260000

例 2：7 月 15 日，某市工会收到省工会通过税务部门报来的工会经费代收报告单，单内应付市工会 880000 元，但款未到。其中市工会留 320000 元，市属各基层工会留 560000 元。

借：应收上级经费　880000

　　贷：拨缴经费收入　320000

　　　　应付下级经费　560000

例 3：3 月 27 日，市工会收到省工会通过税务部门代收的经费 880000 元，已转存开户银行。市工会当日将应付所属基层工会的 560000 元，如数返还。

借：银行存款　880000

　　贷：应收上级经费　880000

借：应付下级经费　560000

　　贷：银行存款　560000

（三）期末结转时，将本科目本期发生额中的专项资金收入转入工会资金结转，借记本科目各专项资金收入明细科目，贷记“工会资金结转—本年收支结转”科目；将本科目本期发生额中的非专项资金收入转入工会资金结余，借记本科目各非专项资金收入明细科目，贷记“工会资金结余—本年收支结转”科目。

本科目期末结转后无余额。

三、上级补助收入

上级补助收入指本级工会收到的上级工会补助的款项。本科目应当设置以下明细科目。一般性转移支付补助：核算上级工会按照有关规定拨付给下级工会的未指定专门用途的补助。专项转移支付补助：核算上级工会拨付的指定专门用途的项目补助，包括帮扶困难职工的补助、用于开展向困难职工和家庭送温暖活动的补助、救灾补助等。

工会经费的初次分配是按照工会财务管理级次和规定的经费分成比例，对拨缴经费自下而上逐级进行的分配，上级工会补助是工会自上而下对工会经费的再分配，是对初次分配的调整和平衡。经过二次分配，进一步优化工会经济资源配置，优化工会经费支出结构，推动工会工作和工运事业全面、协调和可持续发展。

上级补助收入的主要账务处理如下。

（一）收到上级补助收入时，按照银行收款单的金额，借记“银行存款”科目，贷记本科目。

（二）年末清算时，存在上级应付未付补助款项的，借记“应收上级经费—应收上级补助”科目，贷记本科目。

（三）期末结转时，将本科目本期发生额中的专项资金收入转入工会资金结转，借记本科目（专项转移支付补助），贷记“工会资金结转—本年收支结转”科目；将本科目本期发生额中的非专项资金收入转入工会资金结余，借记本科目（一般性转移支付补助），贷记“工会资金结余—本年收支结转”科目。

（四）本科目期末结转后无余额。

账务处理示例如下。

例1：12月15日，某县工会收到市工会专项补助70000元的文件通知，款未到。

借：应收上级经费　　70000

　　贷：上级补助收入—专项收入　　70000

例2：12月25日，某县工会收到市工会补助经费190000元，款已到账，其中包括上级专项补助70000元，其余120000元为送温暖补助。

借：银行存款　　190000

　　贷：上级补助收入—送温暖补助　　70000

　　　　应收上级经费　　120000

例3：年终，结转上述收入。

借：上级补助收入—专项补助　　70000

　　　　　　　　—送温暖补助　　120000

　　贷：结余　　19000

期末（月末、季末或年末）按本期（一个月、一个季度或一年）“上级补助收入”账户贷方发生额合计从借方转入“结余”账户贷方，结转后该收入类账户无余额。

四、政府补助收入

政府补助收入是指各级人民政府按照《工会法》和国家的有关规定给予县级以上工会的补助款项。包括工会收到财政拨付的离退休人员离退休费和生活补贴、帮扶资金、送温暖经费、疗养事业补助、劳模补助、基建、维修及大型活动补助等。

本科目应当设置以下明细科目。财政拨款收入：核算县级以上工会从同级政府财政部门取得的财政拨款。本明细科目下应当设置“基本支出”和“项目支出”两个明细科目，在“基本支出”明细科目下按照“人员经费”和“公用经费”进行明细核算，在“项目支出”明细科目下按照具体项目进行明细核算；同时，按照《政府收支分类科目》中“支出功能分类科目”的项级科目进行明细核算。非同级财政拨款收入：核算县级以上工会从非同级政府财政部门取得的政府补助收入。本明细科目应当按照非同级财政拨款收入的类别、来源等进行明细核算。如有专项资金收入，还应按照具体项目进行明细核算。

政府补助收入的主要账务处理如下。

（一）财政拨款收入。

1. 财政直接支付方式下，根据收到的“财政直接支付入账通知书”及相关原始凭证，按照通知中直接支付的入账金额，借记有关支出科目，贷记本科目（财政拨款收入）。形成非货币性资产的，应当同时按照确定的资产成本，借记相关资产科目，贷记“资产基金”科目。

年末，根据本年度财政直接支付预算指标数与当年财政直接支付实际支出数的差额，借记“财政应返还额度”科目，贷记本科目（财政拨款收入）。

2. 财政授权支付方式下，根据收到的“授权支付到账通知书”，按照通知书中的授权支付额度，借记“零余额账户用款额度”科目，贷记本科目（财政拨款收入）。

年末，工会本年度财政授权支付预算指标数大于零余额账户用款额度下达数的，按照两者差额，借记“财政应返还额度”科目，贷记本科目（财政拨款收入）。

3. 其他方式下，按照本期预算收到财政拨款收入时，按照实际收到的金额，借记“银行存款”科目，贷记本科目（财政拨款收入）。

4. 因差错更正、购货退回等发生国库直接支付款项退回的，属于本年度支付的款项，按照退回金额，借记本科目（财政拨款收入），贷记“维权支出”“资本性支出”等科目。

（二）非同级财政拨款收入。

取得非同级财政拨款收入时，按照实际收到的金额，借记“银行存款”科目，贷记本科目（非同级财政拨款收入）。

（三）期末结转时，将本科目本期发生额中的财政拨款收入转入财政拨款结转，借记本科目（财政拨款收入），贷记“财政拨款结转—本年收支结转”科目；将本科目本期发生额中的非同级财政拨款专项资金收入转入工会资金结转，借记本科目（非同级财政拨款收入），贷记“工会资金结转—本年收支结转”科目；将本科目本期发生额中的非同级财政拨款非专项资金收入转入工会资金结余，借记本科目（非同级财政拨款收入），贷记“工会资金结余—本年收支结转”科目。

（四）本科目期末结转后无余额。

账务处理示例如下。

例 1：12 月 20 日，某市工会收到财政预算拨款 160000 元，用于送温暖活动，款存开户银行。

借：银行存款　　160000

　　贷：政府补助收入—送温暖经费　　160000

例 2：12 月 30 日，该市工会提现金 160000 元，全部用于当日慰问困难职工。

借：现金　　160000

　　贷：银行存款　　160000

同时：

借：维权支出—送温暖费　　160000

　　贷：现金　　160000

例3：12月31日，该市工会年终转账。

借：政府补助收入—送温暖经费　　160000

　　贷：结余　　160000

借：结余　　160000

　　贷：维权支出—送温暖费　　160000

例4：6月20日，某县工会收到代理银行开具的“财政直接支付入账通知书”，注明财政补助购入汽车。

借：资本性支出—交通工具购置　　180000

　　贷：政府补助收入　　180000

同时：

借：固定资产　　180000

　　贷：固定基金　　180000

例5：11月3日，某县工会收到代理银行转来的“财政授权支付到账通知书”，注明本月授权额度为90000元。

借：零余额账户用款额度　　90000

　　贷：政府补助收入　　90000

例6：11月20日，该县工会提现金90000元，用于当日困难职工帮扶。

借：现金　　90000

　　贷：零余额账户用款额度　　90000

同时：

借：维权支出—困难职工帮扶　　90000

　　贷：现金　　90000

五、行政补助收入

行政补助收入，是指基层工会取得的所在单位行政方面按照《工会法》和国家有关规定给予工会的各种补助款项。包括工会收到行政拨付的劳动竞赛经费、工会开展活动的费用补助等，不包括行政方面按规定向工会拨缴的工会经费。

目前，行政补助收入难以落实，主要是企业除了向工会拨缴的工会经费可以列入成本费用外，如果再给工会补助，就不能列入成本费用，只能从企业税后留利中解决，这也让行政事业单位难堪，何况与其让行政事业单位给工会补助倒不如由财政直接给工会补助。还有一个问题是工会的职能任务与所在单位行政方面的职能任务，有时界限不是很清楚，如果属于行政方面的职能、任务范围内的事情，委托工会来办时，所需费用还能算作补助吗？本来工会与行政方面是分工合作关系，工作交叉又是客观存在的，严格区分是工会的工作还是行政方面的工作，也是很难的，对此各有所见，留待以后讨论。

行政补助收入中如有专项资金收入，应当按照具体项目进行明细核算。

行政补助收入的主要账务处理如下。

（一）收到行政补助时，按照实际收到的金额，借记“银行存款”等科目，贷记本科目。

（二）期末结转时，将本科目本期发生额中的专项资金收入转入工会资金结转，借记本科目各专项资金收入明细科目，贷记“工会资金结转—本年收支结转”科目；将本科目本期发生额中的非专项资金收入转入工会资金结余，借记本科目各非专项资金收入明细科目，贷记“工会资金结余—本年收支结转”科目。

本科目期末结转后无余额。

账务处理示例如下。

例 1：6 月 23 日，某基层工会收到企业行政方面补助“厂庆”活动经费 30000 元，存入银行。

借：银行存款　　　　30000

　　贷：行政补助收入　　　　30000

例 2：年终核算该基层工会全年收到行政方面补助款共 70000 元。

借：行政补助收入　　70000

　　贷：结余　　70000

六、附属单位上缴收入

附属单位上缴的收入，是指工会所属的企业、事业单位按规定上缴的各项收入。

本科目应当按照缴款项目或缴款单位名称设明细账。所属单位上缴收入中如有专项资金收入，还应当按照具体项目进行明细核算。

附属单位上缴收入的主要账务处理如下。

（一）收到相关收入时，按照实际收到的金额，借记“银行存款”等科目，贷记本科目。

（二）期末结转时，将本科目本期发生额中的专项资金收入转入工会资金结转，借记本科目各专项资金收入明细科目，贷记“工会资金结转—本年收支结转”科目；将本科目本期发生额中的非专项资金收入转入工会资金结余，借记本科目各非专项资金收入明细科目，贷记“工会资金结余—本年收支结转”科目。

（三）本科目期末结转后无余额。

账务处理示例如下。

例 1：7 月 1 日，某市工会收到非独立核算的工会歌舞厅缴来的收入 35000 元。

借：银行存款　　35000

　　贷：附属单位上缴收入　　35000

例 2：7 月 11 日，以银行存款支付非独立核算的工会歌舞厅 50000 元，用于购买设备。

借：对附属单位支出　　50000

　　贷：银行存款　　50000

例 3：12 月 20 日，某市工会收到独立核算的工会文化宫上缴 20000 元。

借：银行存款　　20000

　　贷：附属单位上缴收入　　20000

七、投资收益

投资收益是指工会对外投资发生的损益，包括对外投资取得的利息、取得的股利或利润，以及收回投资时实际取得的价款与“投资”账户余额的差额。投资有风险，所以，“投资收益”账户的余额不固定，余额在贷方为“益”，余额在借方为“损”，所以称为“投资损益”更为准确，投资收益只是投资者的一种追求和愿望。

投资收益中如有专项资金收入，应当按照具体项目进行明细核算。

投资收益的主要账务处理如下。

（一）投资持有期间，收到利息、股利等投资收益时，按照实际收到的金额，借记“银行存款”科目，贷记本科目。

（二）对外转让或到期收回债券投资本息，按照实际收到的金额，借记“银行存款”科目，按照收回投资的账面余额，贷记“工会资金结余”科目，按照其差额，贷记或借记本科目；同时，按照收回投资的账面余额，借记“资产基金—投资”科目，贷记“投资”科目。

（三）期末结转时，将本科目本期发生额中的专项资金收入转入工会资金结转，借记本科目各专项资金收入明细科目，贷记“工会资金结转—本年收支结转”科目；将本科目本期发生额中的非专项资金收入转入工会资金结余，借记本科目各非专项资金收入明细科目，贷记“工会资金结余—本年收支结转”科目。

本科目期末结转后无余额。

账务处理示例如下。

例 1：11 月 1 日，某市工会兑换到期国债，本息共计 220000 元，其中利息 20000 元。

借：银行存款　　220000

　　贷：投资　　200000

投资收益　　20000

同时：

借：投资基金　　200000

　　贷：结余　　200000

例 2：年终结转投资收益

借：投资收益　　20000

　　贷：结余　　20000

八、其他收入

其他收入是指工会除会费收入、拨缴经费收入、上级补助收入、政府补助收入、行政补助收入、附属单位上缴收入、投资收益之外的各项收入，如资产盘盈、固定资产处置净收入、接受捐赠收入、银行存款利息收入等。

其他收入中如有专项资金收入，应当按照具体项目进行明细核算。

其他收入的主要账务处理如下。

（一）取得银行存款利息收入，借记“银行存款”等科目，贷记本科目。

（二）接受捐赠的款项，借记“银行存款”等科目，贷记本科目。

（三）每日现金账款核对中如发现现金溢余，属于无法查明原因的，报经批准后处理时，借记“待处理财产损溢”科目，贷记本科目。

（四）已核销其他应收款在以后期间收回的，按照实际收回的金额，借记“银行存款”等科目，贷记本科目。

（五）盘亏或者毁损、报废的各类资产，报经批准处理后收支结清时，如果处理收入大于相关费用的，按照处理收入减去相关费用后的净收入，借记“待处理财产损溢”科目，贷记本科目，需按规定上缴同级政府财政的，贷记“其他应付款”科目。

（六）有偿调出、出售的固定资产和无形资产，按照有偿调出、出售过程中取得的价款，借记“银行存款”等科目，贷记本科目，按规定应上缴同级财政的，贷记“其他应付款”科目；同时，按照有偿调出、出售资产的账面价值，借记“资产基金”科目，按照已计提折旧或摊销，借记“累计折旧”“累计摊销”科目，按照资产的账面余额，贷记“固定资产”“无形资产”科目。

（七）期末结转时，将本科目本期发生额中的专项资金收入转入工会资金结转，借记本科目各专项资金收入明细科目，贷记“工会资金结转—本年收支结转”科目；将本科目本期发生额中的非专项资金收入转入工会资金结余，借记本科目各非专项资金收入明细科目，贷记“工会资金结余—本年收支结转”科目。

本科目期末结转后无余额。

账务处理示例如下。

例 1：某市工会年终清查财产，盘盈物品 500 元；报废汽车一辆，原值 150000 元，卖废书报得现金 120 元。

借：现金　　620

　　贷：其他收入　　620

借：固定基金　　150000

　　贷：固定资产　　150000

例 2：某市工会其他收入账户贷方发生额 1620 元，年末转入结余账户。

借：其他收入　　1620

　　贷：结余　　1620

九、动用预算稳定调节基金

本科目核算县级以上工会按照工会预算管理规定动用的预算稳定调节基金。

动用预算稳定调节基金的主要账务处理如下。

（一）按规定动用预算稳定调节基金时，按照动用的金额，借记“预算稳定调节基金”科目，贷记本科目。

（二）期末结转时，将本科目本期发生额转入工会资金结余科目，借记本科目，贷记“工会资金结余—本年收支结转”科目。

本科目期末结转后无余额。

思考题：

1. 在确认收入时应注意哪些问题？

2. 采用税务代收、财政划拨方式收取工会经费及建会筹备金的相关账务如何处理？

3. 行政补助收入的账务如何处理？

延伸阅读

加强工会经费收管用　致力提升财务工作效能

——柳州市柳江区总工会财务工作纪实

在上级工会的正确指导下，柳江区总工会认真贯彻落实党的十九大和十九届历次全会精神，以习近平新时代特色社会主义思想为指引，围绕中心，服务大局，严格遵守《工会法》《中国工会章程》和各项法律法规的规定，以“收好、管严、用实”为宗旨，加强工会经费收管用工作，坚持工会经费为职工群众服务、为基层服务、为工运事业服务的使用方向，全力推进工会财务管理制度化规范化建设，不断促进工会财务工作提档升级。

一、巩固来源，“收”好，工会经费收入持续稳步增长

一是加大经费收缴力度，极大地调动各基层工会收缴工会经费的积极性，积极贯彻落实经费收缴政策；二是建立健全经费收缴制度，按时上报《年度上缴经费预算申报表》和年度经费收缴预算分析报告；三是完善和改进财政划拨工会经费工作，保证本级财政预算的工会经费及时足额地拨付到各基层工会，规范工会经费的拨缴和管理；四是积极推进税务代收工作，始终与税务部门密切配合，采取一系列措施规范代收工作，进一步方便基层缴费单位，提高缴费数额，加大宣传力度，增强依法拨缴工会经费的观念。按照“依法、入轨、足额、全覆盖”的要求，进一步扩大工会经费收缴面、提高工会经费收缴率。截至2021年12月31日，柳州市柳江区财政划拨工会经费单位数290个，非公企业58家，全年经费收入1406.96万元，其中，拨缴经费收入812万，上级补助收入295万元，政府补助收入288万元，其他收入8万元。

二、完善机制，“管”严，工会经费管理水平不断提升

积极探索新时期工会经费管理工作模式和方式方法的全面创新，切实管好工会经费。

（一）强化源头控制，严格预算管理

进一步规范工会经费预算管理，认真贯彻执行《中华人民共和国预算法》，预算编制突出“细”，各部室根据当年预算执行情况和下年度工作安排，制订新一年预算计划，预算细化到每一次活动和每一项支出。预算审核突出“严”，每年年初，由财务和经审部门对各部室、各单位上报的预算逐一进行审核把关。预算执行突出“实”，严格执行经批准的预算，对各类支出及时跟进、加强监管，确保资金按照预算进度、支出范围和内容落实到位。

（二）强化制度建设，夯实管理基础

严守纪律底线，注重从制度、管理、使用等多方面加强财务规范，形成了制度完善、监督严密的工作格局。设置财务经费收入、经费使用、资产管理等3个财务工作重点防控风险点，修订完善了《柳江区总工会本级财务制度》，建立健全财务支出审批程序及权限会计人员岗位责任制度、支出审批制度、内部控制制度、预决算制度、集体采购制度、固定资产管理制度等，实现本级会计核算及时准确规范。

（三）强化培训指导，提升干部素质

采取业务培训、强化指导、观摩学习等措施，鼓励基层工会不仅要“请进来”、还要“走出去”，不断提升工会财务干部的业务能力和工作水平。强化工会干部、财务人员培训，立体化搭建基层工会财务人员学习平台，将工会主席、财务负责人纳入培训重点对象，对工会财务管理先进的单位树立标杆，组织现场观摩、片区经验推荐、微信公众号推送等方式，

加大宣传表彰力度，切实发挥抓示范、带整体的效应，实现工会财务工作标准化规范化。

（四）强化监督检查，促进财务规范

截至目前，我区机关事业单位已全部开设工会独立账户，实行工会经费独立核算，柳江区总工会以监督检查防风险、抓整改、促规范，成立了工会经费收管用工作督查领导小组，对全区基层工会开展工会经费收管用的督查工作，确保工会经费的合理使用和工会资产的安全管理，对督查中发现的问题立即进行梳理，高度重视基层工会经费使用中重复发生、普遍发生的问题，建立问题清单，要求基层工会立行立改，最大限度实现存量问题应清尽清，督查工作“不留死角、全面见底”的目标，实现了对基层工会年度财务督查全覆盖，发现问题整改率达100%。

三、履职尽责，“用”实，工会经费使用致力效益精准

（一）坚持紧扣中心任务，推动工会经费向基层倾斜

积极为基层、为职工群众办实事、办好事，把工会经费用在最需要的地方，充分发挥工会经费的经济效益和社会效益。一是深入开展工会品牌帮扶“春送岗位、夏送清凉、金秋助学、冬送温暖”，年内，慰问职工、困难职工子女共计2700余人次，发放慰问金88万余元。二是深入推进职工医疗互助保障工作，使职工医疗互助保障成为职工医保的有效补充，2021年，补助人数达1296人次，补助金额共计121.44万余元。三是深入开展困难职工帮扶救助工作，筹集166.57万余元，以助学、医疗、生活、培训为切入点，帮扶困难职工3746人次。四是结合“五一”劳动节、教师节、中秋国庆等节假日，共计慰问职工1228人，发放慰问金18.35万元，慰问品12.9万元。五是大力开展消费扶贫，柳江区基层工会超额完成该项工作，购买年节福利总金额781.69万元，其中购买扶贫产品总金额490.95万元，消费扶贫占比62.8%。

（二）坚持突出主责主业，实现工会法律服务全覆盖

切实增强工会法律援助力量，致力实现工会法律服务全覆盖。一是创新职工律师团服务模式，把工会维权工作延伸到基层一线，年内开展法律

咨询、讲座和培训共计20余次。二是创新“互联网+律师”法律服务模式，依托“柳江工会”微信公众号，改版升级“律师在线”微信服务功能，职工线上线下咨询劳动法律问题。三是联合劳动仲裁院在企业开展推进“劳动争议调解组织”建设活动，培育评选“金牌调解室”和“金牌调解员”，成立了柳州市首家“工会+仲裁”劳动人事争议调解工作室。年内接待职工来信来访130余人次，调解办结工会法律援助案件4件，涉及金额300万余元。四是深入推动集体协商工作，全区签订集体协商的企业1502家，覆盖职工21563人，签订率达96.1%，为构建和谐劳动关系打下坚实基础。2021年，维权服务支出共计5万余元。

（三）坚持紧贴职工需求，切实保障职工合法权益

推动工会经费计拨突出问题的解决，争取区委区政府支持，解决了工会经费计拨三个突出问题：将编外人员全年工资总额纳入工会经费计提范围，全区由财政聘用的人员工会经费由财政拨缴，各单位自聘人员由单位自行拨缴。在编人员全年绩效奖励纳入工会经费计提总额。解决了基层工会申请经费补助无来源问题，落实每年800元/人的党群工作经费，基层工会开展文体活动、会员生日慰问等经费不足时，可从党群工作经费中申请。实现工会福利有保障，工会活动经费有来源，充分调动干部职工干事创业积极性。

（四）坚持强化阵地建设，充分凸显工会服务特色

一是积极争取区委区政府对工会工作的支持，全面启动工人文化宫工会主阵地建设，解决了柳江职工活动阵地10余年缺失的问题。项目于2021年已完成主体工程建设，建成后将成为柳江区干部职工的思想教育、就业创业技能培训、维权帮扶和文体活动中心，满足职工多元需求。二是在抓好主阵地建设的同时，更注重在工业园区、物流园区、非公企业打造“会、站、家”一体化的职工活动中心，统筹配套资金在柳兴制糖有限公司打造柳江区职工之家和柳江区职工活动中心，通过以点带面，激发基层职工之家用起来，活起来，转起来。全区通过工会的带动建设有新兴工业园、长乐物流园等市级以上示范点的党建服务中心，力推城市社区工会活

动阵地建设工作，已建成社区工会联合会13家，沿街打造82个工会爱心服务点，形成“乡镇+社区/村委+银行网点+非公企业”四位一体延伸覆盖模式。强力推进司机之家建设，投入20万余元打造柳州华乐物流园“司机之家”，分别于2020年荣获全国合格司机之家荣誉，2021年荣获全国5A级司机之家称号。

2021年，补助下级工会经费共计173.8万元。通过坚持工会经费正确的使用方向，本年五项支出占总支出（扣除资本性支出）比例达65%以上。

下一步，区总工会将持续以习近平新时代中国特色社会主义思想为指导，深入学习贯彻党的十九大和十九届历次全会精神，从实际出发，与时俱进，认真分析当前工会财务工作所面临的新形势、新情况和新问题，进一步增强做好工会财务工作的责任感和使命感，进一步完善工会财务管理机制、创新财务工作思路，使财务工作能够更好地服务工会之大局。

第六章

工会经费支出核算

工会经费支出是指工会依法开展各项工作和活动所发生的各种资金耗费和损失。本章举例介绍职工活动支出、维权支出、业务支出、工会行政费、资本性支出、补助下级支出、对附属单位的支出和其他支出的核算方法。

第一节　工会经费支出概述

一、工会经费支出及其分类

工会经费支出是指工会依法开展各项工作和活动所发生的各种资金耗费和损失，包括职工活动支出、职工活动组织支出、职工服务支出、维权支出、业务支出、行政支出、资本性支出、补助下级支出、对附属单位的支出和其他支出。

职工活动支出指基层工会开展职工教育活动、文体活动、宣传活动、劳模疗休养活动、会员活动等发生的支出。

职工活动组织支出指县级以上工会组织开展职工教育活动、文体活动、宣传活动和劳模疗休养活动等发生的支出。

职工服务支出指工会开展职工劳动和技能竞赛活动、职工创新活动、建家活动、职工书屋、职工互助保障、心理咨询等工作发生的支出。

维权支出指工会用于维护职工权益的支出，包括劳动关系协调、劳动保护、法律援助、困难职工帮扶、送温暖和其他维权支出。

业务支出指工会培训工会干部、加强自身建设及开展业务工作发生的各项支出。

行政支出指县级以上工会为行政管理、后勤保障等发生的各项日常支出。

资本性支出指工会从事建设工程、设备工具购置、大型修缮和信息网络购建等而发生的实际支出。

补助下级支出指县级以上工会为解决下级工会经费不足或根据有关规定给予下级工会的各类补助款项。

对附属单位的支出指工会按规定对所属企事业单位的补助。

其他支出指工会除职工活动支出、职工活动组织支出、职工服务支出、维权支出、业务支出、行政支出、资本性支出、补助下级支出和对附属单位的支出以外的各项支出。

工会经费支出分类以及科目是按照工会支出的职能、任务划分设置，各类支出一级科目所属的二级科目是在职能、分类的基础上，按照工会支出的经济内容分类设置的。

二、工会经费支出的确认

在会计核算中，支出还可以认为是会计主体在一定会计期间所发生的资产的耗费和损失。支出与收入类似，也有一个确认支出的核算问题，即以本期实际耗费和损失的资产为标准还是以本期应耗费和损失资产为标准的问题。前者是以收付实现制为基础，后者是以权责发生制为基础。工会经费支出的核算是以收付实现制为主，以权责发生制为辅的办法确认支出的。具体来讲，就是在核算补助下级支出中，可以按权责发生制，将应补而未补的款项以通知书为依据，通过“应付下级经费”账户过渡后，计入本期的支出。本期计提的增收留成基金、财务专用基金、权益保障金等各项专用基金，可以按权责发生制，依据有关规定和文件，列入本期的支出（其他支出账户等）。除以上情况外，其余各项支出都必须按收付实现制执行，否则就是虚增支出、转移资金，都属于违规的行为。

第二节　工会支出类账户结构及其账务处理

工会支出类账户的结构用 T 形账户一并表示如下。

借方　　支出类账户名称　　贷方

借方	贷方	
本期发生额 增加数	本期发生额 结转数 →	“结余账户”
期末余额　0 （结转后无余额）		

如果需要调减支出类账户发生额，可用红字冲销法在支出类账户借方冲减；如果需要调减收入类账户发生额，可用红字冲销法在收入类账户的贷方冲减。以严格划清收支类账户增加数栏与结账数栏之间的界限，即增加数栏不能记录结转数；结转数栏不能记录增加数。

至于收支类账户期末（月末或季末）余额是否要结转到“余额”账户的问题上，在需要编报月度或季度会计报表的前提下，通过编制记账凭证，如数结转到“结余”账户是十分必要的，结转后收支类账户期末余额为零，这也就是账结法。相对而言的表结法，则指在期末（月末或季末）不结转收支类账户的余额，而是等到年终才编制记账凭证，一次性结转到“结余”账户，此时收支类账户的年末余额才归零。表结法只适用于至今仍不报月报或季报的工会，因为它省去了按月或按季结转收支类账户的烦琐手续。如果采用表结法，在填报某个季度资产负债表的时候应当注意，资产负债表中的“结余”账户的该季度余额，应当加上所有收支类账户该季度末借贷余额相抵后的差额。

随着工会经济管理的不断深入和加强，工会一年只编制一次年报将成为过去，根据新工会会计制度要求，各级工会增加月报或季报是必然趋势。为了编报月报和季报，就得结转收支类账户的余额，使其归零，然后进行月结或季结，最后据以编制月报或季报，所以，账结法更适于要求编制月报和季报的工会。同时，随着工会会计电算化的推广和普及，用电算化手段结转收支类账户余额，并对所有账户进行月结或季结十分便利，所以账结法也适于实行会计电算化的工会。而表结法则适用于日常收支业务频繁、金额重大且尚未采用电算化的工会组织。

一、职工活动支出

职工活动支出是指基层工会开展职工教育活动、文体活动、宣传活动、劳模疗休养活动、会员活动等发生的支出。

本科目应当设置以下明细科目。

职工教育支出：核算基层工会用于开展政治、法律、科技、业务等专题培训和职工技能培训所需的教材资料、教学用品、场地租金等方面的支出，用于支付职工教育活动聘请授课人员的酬金，用于基层工会开展的职工素质提升补助和职工教育培训优秀学员的奖励。

文体活动支出：核算基层工会用于开展或参加上级工会组织的职工业余文体活动所需器材、服装、用品等购置、租赁与维修方面的支出以及活动场地、交通工具的租金支出等，用于文体活动优胜者的奖励支出，用于文体活动中必要的伙食补助费。

宣传活动支出：核算基层工会用于开展重点工作、重大主题和重大节日宣传活动所需的材料消耗、场地租金、购买服务等方面的支出，用于培育和践行社会主义核心价值观，弘扬劳模精神、劳动精神、工匠精神等经常性宣传活动方面的支出，用于基层工会开展或参加上级工会举办的知识竞赛、宣讲、演讲比赛、展览等宣传活动的支出。

劳模职工疗休养支出：核算基层工会用于组织和开展的劳动模范和先进职工疗休养活动的公杂费等补助。

会员活动支出：核算基层工会用于组织会员观看电影、文艺演出、开展春游秋游，为会员购买当地公园年票等的支出；用于基层工会在重大节日（传统节日）和会员生日、婚丧嫁娶、退休离岗的慰问支出。

其他活动支出：核算基层工会用于开展其他活动的各项职工活动支出。

职工活动支出的主要账务处理如下。

（一）发生职工活动支出时，按照实际支付的金额，借记本科目，贷记“库存现金”“银行存款”等科目。支出的款项中有形成库存物品等资产的，应当同时按照确定的成本借记“库存物品”等科目，贷记“资产基金”科目。

（二）期末结转时，将本科目本期发生额中的工会资金专项资金支出转入工会资金结转，借记“工会资金结转—本年收支结转”科目，贷记本科目；将本科目本期发生额中的工会资金非专项资金支出转入工会资金结余，借记“工会资金结余—本年收支结转”科目，贷记本科目。

本科目期末结转后无余额。

账务处理示例如下。

例 1：4 月 10 日，某基层工会举办职工演唱会，发生会场布置杂费 470 元，支取现金。

借：职工活动支出—文体活动费　　470

　　贷：库存现金　　470

例 2：4 月 30 日，某基层工会开展职工普法教育活动，购书籍 400 册，以银行存款支付 3100 元。

借：职工活动支出—职工教育费　　3100

　　贷：银行存款　　3100

例 3：6 月 20 日，某基层工会为职工购买电影票 400 张，以银行存款支付 4000 元。

借：职工活动支出—宣传活动费　　4000

　　贷：银行存款　　4000

例 4：12 月 20 日，某基层工会对特殊困难会员发放补助 5000 元，以现金支付。

借：职工活动支出—其他活动支出　　5500

　　贷：库存现金　　5500

二、职工活动组织支出

职工活动组织支出是指县级以上工会组织开展职工教育活动、文体活动、宣传活动、劳模疗休养活动等发生的支出。

本科目应当按照工会预算管理等规定，参照“职工活动支出”科目设置明细科目。

职工活动组织支出的主要账务处理如下。

（一）发生职工活动组织支出时，按照实际支付的金额，借记本科目，贷记“库存现金”“银行存款”“零余额账户用款额度”等科目。支出的款项中有形成库存物品等资产的，应当同时按照确定的成本借记“库存物品”等科目，贷记“资产基金”科目。

（二）期末结转时，将本科目本期发生额中的财政拨款支出转入财政拨款结转，借记“财政拨款结转—本年收支结转”科目，贷记本科目；将本科目本期发生额中的工会资金专项资金支出转入工会资金结转，借记“工会资金结转—本年收支结转”科目，贷记本科目；将本科目本期发生额中的工会资金非专项资金支出转入工会资金结余，借记“工会资金结余—本年收支结转”科目，贷记本科目。

本科目期末结转后无余额。

三、职工服务支出

职工服务支出是指工会开展职工劳动和技能竞赛活动、职工创新活动、建家活动、职工书屋、职工互助保障、心理咨询等工作发生的支出。

本科目应当设置以下明细科目。

劳动和技能竞赛活动支出：核算工会组织开展合理化建议、技术革新、发明创造、岗位练兵、技术比武、技术培训等劳动和技能竞赛活动支出及其奖励支出。

建家活动支出：核算工会组织建设、建家活动方面的支出。

职工创新活动支出：核算工会开展的劳模和工匠人才创新工作、职工创新工作活动发生的支出。

职工书屋活动支出：核算工会为建设职工书屋而发生的图书购置以及维护的支出。

其他服务支出：核算工会组织和开展会员和职工普惠制服务、心理咨询、互助保障等其他方面的职工服务支出。

职工服务支出主要账务处理如下。

（一）发生职工服务支出时，按照实际支付的金额，借记本科目，贷记“库存现金”“银行存款”“零余额账户用款额度”等科目。

支出的款项中有形成库存物品等资产的，应当同时按照确定的成本借记“库存物品”等科目，贷记“资产基金”科目。

（二）期末结转时，将本科目本期发生额中的财政拨款支出转入财政拨款结转，借记“财政拨款结转—本年收支结转”科目，贷记本科目；将本科目本期发生额中的工会资金专项资金支出转入工会资金结转，借记“工会资金结转—本年收支结转”科目，贷记本科目；将本科目本期发生额中的工会资金非专项资金支出转入工会资金结余，借记“工会资金结余—本年收支结转”科目，贷记本科目。

本科目期末结转后无余额。

四、维权支出

维权支出指工会用于维护职工权益的支出，包括劳动关系协调、劳动保护、法律援助、困难职工帮扶、送温暖和其他维权支出。

本科目应当设置以下明细科目。

劳动关系协调支出：核算工会用于推进创建劳动关系和谐企业活动、加强劳动争议调解和队伍建设、开展劳动合同咨询活动、集体合同示范文本印制与推广等方面的支出。

劳动保护支出：核算工会用于开展群众性安全生产和职业病防治活动、加强群众安全监督检查员队伍建设、开展职工心理健康维护等以促进安全健康生产、保护职工生命安全为宗旨开展的职工劳动保护发生的支出。

法律援助支出：核算工会用于向职工群众提供法律咨询、法律服务等发生的支出。

困难职工帮扶支出：核算工会用于对困难职工提供资金和物质帮助等发生的支出。

送温暖支出：核算工会用于开展春送岗位、夏送清凉、金秋助学和冬送温暖等活动发生的支出。

其他维权支出：核算工会用于补助职工等其他方面的维权支出。

维权支出的主要账务处理如下。

（一）发生维权支出时，按照实际支付的金额，借记本科目，贷记“库存现金”“银行存款”“零余额账户用款额度”等科目。

支出的款项中有形成库存物品等资产的，应当同时按照确定的成本借记“库存物品”等科目，贷记“资产基金”科目。

（二）县级以上工会提取工会干部权益保障金时，按照提取的金额，借记本科目，贷记“专用基金”科目。

（三）期末结转时，将本科目本期发生额中的财政拨款支出转入财政拨款结转，借记“财政拨款结转—本年收支结转”科目，贷记本科目；将本科目本期发生额中的工会资金专项资金支出转入工会资金结转，借记“工会资金结转—本年收支结转”科目，贷记本科目；将本科目本期发生额中的工会资金非专项资金支出转入工会资金结余，借记“工会资金结余—本年收支结转”科目，贷记本科目。

本科目期末结转后无余额。

账务处理示例如下。

例 1：2 月 6 日，某市工会开展劳动争议咨询活动，支付水、电、印刷、餐费等合计 830 元，其中现金支付 470 元，银行存款支付 360 元。

借：维权支出—劳动关系协调费　　830

贷：库存现金 470

银行存款 360

例 2：3 月 4 日，某基层工会举办部分职工劳动保护知识培训，现金支付讲课费 1000 元。

借：维权支出—劳动保护费 1000

贷：库存现金 1000

例 3：6 月 4 日，某市工会干部为一职工进行法律援助，现金支付住宿费 200 元。

借：维权支出—法律援助费 200

贷：库存现金 200

例 4：12 月 25 日，某市工会开展“两节”送温暖活动，慰问困难职工，现金支付 7200 元。

借：维权支出—送温暖费 7200

贷：库存现金 7200

例 5：12 月 26 日，某市工会帮扶 10 名困难职工子女入学，发放现金 30000 元。

借：维权支出—困难职工帮扶费 30000

贷：库存现金 30000

例 6：12 月 31 日，某市工会提取权益保障金 40000 元。

借：维权支出—其他维权支出 40000

贷：专用基金—权益保障金 40000

五、业务支出

业务支出指工会培训工会干部、加强自身建设及开展业务工作发生的各项支出。

本科目应当设置以下明细科目。

培训支出：核算工会用于开展工会干部和积极分子培训发生的支出。

会议支出：核算工会用于工会会员大会或会员代表大会、委员会、常委会、经费审查委员会以及其他专业工作会议的各项支出。

专项业务支出：核算工会用于开展组织建设、专题调研、专项工作、劳模津贴、劳模专项补助、扶贫活动及外事活动的支出。

其他业务支出：核算工会发生的不属于以上业务开支的其他业务支出，如工会用于发放兼职工会干部和专职社会化工会工作者补贴的支出等。

业务支出主要账务处理如下。

（一）发生业务支出时，按照实际支付的金额，借记本科目，贷记“库存现金”“银行存款”“零余额账户用款额度”等科目。

支出的款项中有形成库存物品等资产的，应当同时按照确定的成本借记“库存物品”等科目，贷记“资产基金”科目。

（二）期末结转时，将本科目本期发生额中的财政拨款支出转入财政拨款结转，借记“财政拨款结转—本年收支结转”科目，贷记本科目；将本科目本期发生额中的工会资金专项资金支出转入工会资金结转，借记“工会资金结转—本年收支结转”科目，贷记本科目；将本科目本期发生额中的工会资金非专项资金支出转入工会资金结余，借记“工会资金结余—本年收支结转”科目，贷记本科目。

本科目期末结转后无余额。

账务处理示例如下。

例 1：2 月 10 日，某市工会举办工会财务培训班，银行存款支付食宿费用 30000 元。

借：业务支出—培训费	30000	
贷：银行存款		30000

例 2：7 月 20 日，某市工会召开全市先进工会工作者表彰会议，银行存款支付食宿费 50000 元，奖牌、证书制作费合计 10000 元，银行存款支付。

借：业务支出—会议费	60000	
贷：银行存款		60000

例 3：10 月 20 日，某市工会干部参加省工会组织的出国交流访问，报销差旅费等共计 16000 元，现金支付。

借：业务支出—外事费 16000

贷：库存现金 16000

例 4：11 月 2 日，某市工会印制制度汇编，银行存款支付印刷费用 110000 元。

借：业务支出—专项业务费 110000

贷：银行存款 110000

例 5：12 月 8 日，某市工会开展和谐发展主体调研活动，报销活动费用 42000 元，现金支付。

借：业务支出—其他业务费 42000

贷：库存现金 42000

六、行政支出

行政支出，是指县级以上工会为行政管理、后勤保障等发生的各项日常支出。

本科目应当设置以下明细科目。

工资福利支出：核算工会开支的专职工作人员和长期聘用人员的各类劳动报酬，以及为上述人员缴纳的各项社会保险费等。包括：基本工资、津贴补贴、奖金、社会保障缴费、伙食补助费、住房公积金等。

商品和服务支出：核算工会购买商品和服务的支出（不包括用于购置固定资产、无形资产的支出）。包括：办公费、印刷费、咨询费、手续费、水费、电费、邮电费、物业管理费、公务用车运行维护费（燃料费、维修费、过桥过路费、保险费、安全奖励费用等）、其他交通费用、差旅费（住宿费、城市间交通费、市内交通费、伙食补助费、杂费）、维修（护）费、租赁费、公务接待费、专用材料费、劳务费、委托业务费、工会经费、福利费等。

对个人和家庭的补助支出：核算工会用于对个人和家庭的补助支出。包括：离休费、退休费、退职费、抚恤金、生活补助、医疗费补助等。

其他行政支出：核算不能划分到上述明细科目的其他行政支出。

行政支出的主要账务处理如下。

（一）计算确认当期人员经费时，按照计算确定的金额，借记本科目，贷记“应付职工薪酬”科目。

（二）支出公用经费时，按照实际支付的金额，借记本科目，贷记“库存现金”“银行存款”“零余额账户用款额度”等科目。

支出的款项中有购入库存物品的，应当同时按照确定的成本借记“库存物品”科目，贷记“资产基金”科目。

（三）期末结转时，将本科目本期发生额中的财政拨款支出转入财政拨款结转，借记“财政拨款结转—本年收支结转”科目，贷记本科目；将本科目本期发生额中的工会资金专项资金支出转入工会资金结转，借记“工会资金结转—本年收支结转”科目，贷记本科目；将本科目本期发生额中的工会资金非专项资金支出转入工会资金结余，借记“工会资金结余—本年收支结转”科目，贷记本科目。

本科目期末结转后无余额。

账务处理示例如下。

例 1：3 月 11 日，某县工会发放工资 90000 元，其中在职人员工资 58000 元，离退休人员工资 32000 元（由财政零余额账户用款额度支付）。

提取现金：

借：库存现金	90000	
贷：银行存款		58000
零余额账户用款额度		32000

支付工资：

借：行政支出—工资福利支出	58000	
—对个人和家庭补助		32000

贷：库存现金　　90000

例2：3月15日，某工会以现金支付电费300元，邮电费160元，罚款200元。

借：行政支出—商品和服务支出—电费　　300

—邮电费　　160

—其他行政支出　　200

贷：库存现金　　660

七、资本性支出

资本性支出指工会从事建设工程、设备工具购置、大型修缮和信息网络购建等而发生的实际支出。资本性支出的特点是一次性投入，多期收益。

本科目应当设置以下明细科目。

房屋建筑物购建：核算工会用于购买、自行建造办公用房、仓库、食堂等建筑物（含附属设施，如电梯、通信线路、电缆、水气管道等）的支出。

办公设备购置：核算工会购置纳入固定资产核算范围的办公家具和办公设备的支出。

专用设备购置：核算工会购置具有专门用途、纳入固定资产核算范围的各类专用设备的支出。

交通工具购置：核算工会用于购置各类交通工具的支出（含车辆购置税）。

大型修缮：核算工会各类设备、建筑物等的大型修缮支出。

信息网络购建：核算工会用于信息网络方面的支出。如计算机硬件、软件购置、开发、应用支出等。购建的计算机硬件、软件等不符合固定资产、无形资产确认标准的，不在此科目核算。

其他资本性支出：核算工会其他上述科目中未包括的资本性支出。

资本性支出的主要账务处理如下。

（一）购置、有偿调入固定资产、无形资产等时，按照实际支出的金额，借记本科目，贷记“银行存款”“零余额账户用款额度”“政府补助收入”等科目；同时，按照确定的资产成本，借记“固定资产”“无形资产”科目，贷记“资产基金”科目。

（二）自行建造房屋建筑物等固定资产、对固定资产进行大型修缮等时，按照自行建造过程中发生的实际支出，借记本科目，贷记“银行存款”“零余额账户用款额度”“政府补助收入”等科目；同时，借记“在建工程”科目，贷记“资产基金—在建工程”科目。

（三）发生长期待摊费用时，按照实际支出的金额，借记本科目，贷记“银行存款”“零余额账户用款额度”“政府补助收入”等科目；同时，借记“长期待摊费用”科目，贷记“资产基金—长期待摊费用”科目。

（四）期末结转时，将本科目本期发生额中的财政拨款支出转入财政拨款结转，借记“财政拨款结转—本年收支结转”科目，贷记本科目；将本科目本期发生额中的工会资金专项资金支出转入工会资金结转，借记“工会资金结转—本年收支结转”科目，贷记本科目；将本科目本期发生额中的工会资金非专项资金支出转入工会资金结余，借记“工会资金结余—本年收支结转”科目，贷记本科目。

本科目期末结转后无余额。

账务处理示例如下。

例 1：4 月 17 日，某市工会购置汽车 1 辆，银行存款支付 250000 元。

借：资本性支出—交通工具购置　　250000

　　贷：银行存款　　250000

同时：

借：固定资产　　250000

　　贷：固定基金　　250000

例 2：9 月月 10 日，某市工会大修办公楼，进行抗震加固改造，银行存款预付工程款1000000元。

借：资本性支出—大型修缮　1000000

　　贷：银行存款　1000000

同时：

借：在建工程　1000000

　　贷：在建工程占用资金　1000000

例3：11月30日，工程完工，验收合格，银行存款支付工程尾款240000元。

借：资本性支出—大型修缮　240000

　　贷：银行存款　240000

同时：

借：在建工程　240000

　　贷：在建工程资金占用　240000

结转工程：

借：固定资产　1240000

　　贷：在建工程　1240000

同时：

借：在建工程资金占用　1240000

　　贷：固定基金　1240000

八、补助下级支出

补助下级支出指县级以上工会为解决下级工会经费不足或根据有关规定给予下级工会的各类补助款项。

本科目应当设置以下明细科目。

一般性转移支付补助：核算工会按有关规定对下级未指定用途的补助。

专项转移支付补助：核算工会按有关规定对下级指定专门用途的项目

补助，包括对下级的帮扶困难职工的补助、用于开展向困难职工和家庭送温暖活动的补助、救灾补助等。

补助下级支出的主要账务处理如下。

（一）发生补助下级支出时，按照实际支付的金额，借记本科目，贷记“银行存款”“零余额账户用款额度”等科目。

（二）年末清算时，存在应付未付下级补助款项的，借记本科目，贷记“应付下级经费—应付下级补助”科目。

（三）期末结转时，将本科目本期发生额中的财政拨款支出转入财政拨款结转，借记“财政拨款结转—本年收支结转”科目，贷记本科目；将本科目本期发生额中的工会资金专项资金支出转入工会资金结转，借记“工会资金结转—本年收支结转”科目，贷记本科目；将本科目本期发生额中的工会资金非专项资金支出转入工会资金结余，借记“工会资金结余—本年收支结转”科目，贷记本科目。

本科目期末结转后无余额。

账务处理示例如下。

例：12 月 23 日，某省工会以银行存款补助某市工会文化宫大修款 250000 元，补助困难职工子女上大学 20000 元，送温暖补助 60000 元，总计 330000 元。

借：补助下级支出—专项补助　250000

　　　　　　　　—帮扶补助　20000

　　　　　　　　—送温暖补助　60000

　贷：银行存款　330000

九、对附属单位的支出

对附属单位的支出指工会按规定对所属企事业单位的补助。

本科目应当按照单位设置明细科目。

对附属单位的支出的主要账务处理如下。

（一）发生相关支出时，按照实际支付的金额，借记本科目，贷记“银行存款”“零余额账户用款额度”等科目。

（二）期末结转时，将本科目本期发生额中的财政拨款支出转入财政拨款结转，借记“财政拨款结转—本年收支结转”科目，贷记本科目；将本科目本期发生额中的工会资金专项资金支出转入工会资金结转，借记“工会资金结转—本年收支结转”科目，贷记本科目；将本科目本期发生额中的工会资金非专项资金支出转入工会资金结余，借记“工会资金结余—本年收支结转”科目，贷记本科目。

本科目期末结转后无余额。

账务处理示例如下。

例 1：3 月 31 日，某市工会非独立核算的图书馆报销差旅费 635 元，现金支付。

借：对附属单位支出　　635

　　贷：库存现金　　635

例 2：3 月 31 日，某市工会对独立核算的文化宫拨款 100000 元，用于房屋修缮。

借：对附属单位支出　　100000

　　贷：银行存款　　100000

十、其他支出

其他支出指工会除职工活动支出、职工活动组织支出、职工服务支出、维权支出、业务支出、行政支出、资本性支出、补助下级支出和对附属单位的支出以外的各项支出。如资产盘亏、资产处置净损失、捐赠支出、汇兑损益以及按规定计提有关专用基金等。

其他支出的主要账务处理如下。

（一）每日现金账款核对中如发现现金短缺，属于无法查明原因的部分，报经批准后，借记本科目，贷记“待处理财产损溢”科目。

（二）核销预计无法收回的其他应收款时，报经批准后，借记本科目，贷记“待处理财产损溢”科目。

（三）接受捐赠、无偿调入或对外捐赠、无偿调出实物资产、无形资产时，发生应由本级工会承担的相关税费、运输费等，借记本科目，贷记“银行存款”“零余额账户用款额度”等科目。

（四）报废、毁损的实物资产，处理收支结清时，如果处理收入小于相关费用的，按照相关费用减去处理收入后的净支出，借记本科目，贷记“待处理财产损溢”科目。

（五）对外捐赠支出，借记本科目，贷记“库存现金”“银行存款”等科目。

（六）提取权益保障金以外的专用基金时，借记本科目，贷记“专用基金”科目。

（七）期末确认外币汇兑损益时，借记或贷记本科目，贷记或借记“银行存款”等科目。

（八）期末结转时，将本科目本期发生额中的财政拨款支出转入财政拨款结转，借记“财政拨款结转—本年收支结转”科目，贷记本科目；将本科目本期发生额中的工会资金专项资金支出转入工会资金结转，借记“工会资金结转—本年收支结转”科目，贷记本科目；将本科目本期发生额中的工会资金非专项资金支出转入工会资金结余，借记“工会资金结余—本年收支结转”科目，贷记本科目。

本科目期末结转后无余额。

账务处理示例如下。

例：12 月 30 日，某市工会报废设备一台，发生清理费用 500 元，现金支付。向残联捐款 2000 元，银行支付。计提财务专用基金 42000 元。

借：其他支出　　44500

　　贷：库存现金　　500

　　　　银行存款　　2000

专用基金—财务专用　　42000

十一、安排预算稳定调节基金

安排预算稳定调节基金是核算县级以上工会按照工会预算管理规定使用超收的拨缴经费收入安排的预算稳定调节基金。

安排预算稳定调节基金的主要账务处理如下。

（一）按规定安排预算稳定调节基金时，按照计提的金额，借记本科目，贷记“预算稳定调节基金”科目。

（二）期末，将本科目本期发生额转入工会资金结余科目，借记“工会资金结余—本年收支结转”科目，贷记本科目。

本科目期末结转后无余额。

思考题：

1. 工会经费支出包括哪些方面？
2. 账结法与表结法的特点各是什么？
3. 如何区分各类支出的核算内容？

延伸阅读

烟台市总扎实推进工会财务管理规范化建设

近年来，烟台市总工会紧紧围绕全国总工会深入推进“两个普遍”的工作重点，按照全国总工会、省总工会关于开展工会财务会计管理规范化建设工作的部署和要求，坚持“依法聚财、科学理财、民主管财、有效用财”的工作思路，不断加强财务管理，努力提升为民服务水平，扎实推动工会财会管理规范化建设，取得了明显成效。烟台市总工会连续十年被全国总工会、省总工会评为“工会财务先进单位”。

上好“三堂课”，让工会财务人员做形势任务和政策法规的明白人

随着形势发展，财务工作面临各种机遇、困难和挑战，对经费的使用效益、要求越来越高。对此，市总工会始终将队伍建设作为加强财务管理规范化建设工作的总抓手，在努力建设一支“高效、严谨、求真、务实”的财务管理队伍上下功夫。思想意识是一切工作的基础。经常不间断地进行思想政治教育、廉政教育、爱岗敬业教育，提高会计人员的思想政治素养，确保会计人员队伍的健康发展。要实现会计基础工作规范化，提升财务人员的业务素质是前提。市总工会通过定期开展专业培训、岗位练兵等多种类型培训教育工作，提高全市工会财务人员的业务技能。做好财务工作既需要过硬的业务能力，也需要很强的法律意识作保障。为此，市总工会不定时组织开展法律法规的学习，财务人员的法制观念得到提高，责任意识、大局意识和服务意识明显提升。

办好“三件事”，促进财务管理规范化建设不断实现新发展

工会财务管理规范化是加强工会财务管理、规范财务会计行为、提高资金使用效益、保证资金安全的重要举措。为促进市总工会财务管理规范化建设工作，市总工会注重抓好“三件事”，为财务管理规范化建设工作起到了促进作用。强化财会机构健全内控制度。市总工会本级在设置财务部单独机构的基础上，进一步调整和充实相关职位和专业岗位。市总工会现设财务部长 1 人，共有专职财务人员 4 名，所有财务人员均持有会计从业资格证书，每年都接受继续教育培训。建立完善示范带动机制。组织开展以会计基础工作规范化建设为主要内容的“账表展评”活动，请专家对各单位上报的会计账簿、会计凭证、会计报表等会计资料和档案进行点评。建立健全奖惩激励机制。市总工会围绕工会财务管理规范化建设的有关要求，拟定下发了全市《工会财务会计工作考评办法》，通过考评表彰，促进财务规范化建设各项要求的落实。

把好“五关口”，实现财务管理规范化建设上台阶

财务管理规范化建设工作范围广，涉及面宽。在具体运作实施中，市总突出重点、科学安排，循序渐进、规范运作，确保工作取得实效。规范会计工作制度。根据《工会会计管理规范化》的要求，市总工会先后修订和完善《烟台市总工会预算管理办法》《烟台市总工会经费开支办法》《烟台市总工会财务报销规定》，保证了工会经费使用的效率和财务工作规范化的运转。规范财务预算管理。从细化预算管理、经费使用、财务管理、专项开支等几个大方向入手，结合部门职能提出本部门、本单位预算，充分发挥资金的使用效益，确保各项工作的圆满完成。规范工会经费收缴。市总工会先后与市地税等部门联合下发了《烟台市企事业单位工会经费由地税部门代收的意见》等文件，进一步明确了党政机关、企事业单位工会经费上解标准。规范财务基础建设。市总工会从2004年开始使用全国总工会推荐的新中大财务软件，配备了专门用于账务处理的计算机和其他必要的硬件。规范资产监管运行。市总工会制定下发了《烟台市总工会资产管理暂行规定》，定期对市总工会和县（市区）总工会资产进行摸底和清查盘点，分类核算，规范报批处理程序，保持账实相符。

第七章

工会资产与净资产核算

工会资产是工会拥有或控制的能以货币计量的经济资产。工会资产是通过多种渠道形成的，既有动产也有不动产，是社团法人资产，是工会开展活动的物质基础，应依法受到保护。工会净资产是资产减去负债后的余额。

第一节　工会资产概述

一、工会资产

《工会会计制度》第二十四条规定："资产是工会过去的经济业务或者事项形成的，由工会控制的，预期能够产生服务潜力或者带来经济利益流入的经济资源。服务潜力是指工会利用资产提供公共产品和服务以履行工会职能的潜在能力。经济利益流入表现为现金及现金等价物的流入，或者现金及现金等价物流出的减少。"

《工会会计制度》第二十五条规定："工会对符合本制度第二十四条规定的资产定义的经济资源，在同时满足以下条件时，应当确认为资产：（一）与该经济资源相关的服务潜力很可能实现或者经济利益很可能流入工会；（二）该经济资源的成本或者价值能够可靠地计量。符合资产定义并确认的资产项目，应当列入资产负债表。"

《工会会计制度》第二十六条规定："工会的资产按照国家有关规定依法确认为国有资产的，应当作为国有资产登记入账；依法确认为工会资产的，应当作为工会资产登记入账。"

二、工会资产分类

工会的资产包括流动资产、在建工程、固定资产、无形资产、投资和长期待摊费用等。

（一）流动资产

流动资产是指预计在一年内（含一年）变现或者耗用的资产，主要包括货币资金、应收款项和库存物品等。

货币资金包括库存现金、银行存款等。货币资金应当按照实际发生额入账。

应收款项包括应收上级经费、应收下级经费和其他应收款等。应收上级经费是本级工会应收未收的上级工会应拨付（或转拨）的工会拨缴经费和补助。应收下级经费是县级以上工会应收未收的下级工会应上缴的工会拨缴经费。其他应收款是工会除应收上下级经费以外的其他应收及暂付款项。应收款项应当按照实际发生额入账。

库存物品指工会取得的将在日常活动中耗用的材料、物品及达不到固定资产标准的工具、器具等。库存物品在取得时应当按照其实际成本入账。

（二）在建工程

根据《工会会计制度》第三十四条规定，在建工程是工会已经发生必要支出，但尚未交付使用的建设项目工程。工会作为建设单位的基本建设项目应当按照本制度规定统一进行会计核算。

工会对在建工程应当按照实际发生的支出确定其工程成本，并单独核算。在建工程的工程成本应当根据以下具体情况分别确定。

1. 对于自营工程，按照直接材料、直接人工、直接机械施工费等确定其成本。

2. 对于出包工程，按照应支付的工程价款等确定其成本。

3. 对于设备安装工程，按照所安装设备的价值、工程安装费用、工程试运转等所发生的支出等确定其成本。

建设项目完工交付使用时，工会应当将在建工程成本转入固定资产等进行核算。

（三）固定资产

固定资产是指工会使用年限超过一年（不含一年），单位价值在规定标准以上，并在使用过程中基本保持原有物质形态的资产，一般包括：房屋及构筑物；专用设备；通用设备；文物和陈列品；图书、档案；家具、用具、装具及动植物。通用设备单位价值在1000元以上，专用设备单位价值在1500元以上的，应当确认为固定资产。单位价值虽未达到规定标准，但是使用时间超过一年（不含一年）的大批同类物资，应当按照固定资产进行核算和管理。

（四）无形资产

无形资产是指工会控制的没有实物形态的可辨认非货币性资产，包括专利权、商标权、著作权、土地使用权、非专利技术等。工会购入的不构成相关硬件不可缺少组成部分的应用软件，应当确认为无形资产。无形资产在取得时应当按照其实际成本入账。

（五）投资

投资是指工会按照国家有关法律、行政法规和工会的相关规定，以货币资金、实物资产等方式向其他单位的投资。投资按其流动性分为短期投资和长期投资；按其性质分为股权投资和债权投资。投资在取得时应当按照其实际成本入账。

（六）长期待摊费用

长期待摊费用是工会已经支出，但应由本期和以后各期负担的分摊期限在一年以上（不含一年）的各项支出，如对以经营租赁方式租入的固定资产发生的改良支出等。

二、工会资产的特征

工会资产是受国家法律保护、通过多种渠道形成的，由工会享有所有权和使用权（拥有占有、使用、收益和处分权）的动产与不动产，是工会组织发展壮大的必要条件，是工会开展活动的物质基础，也是工会成为社团法人的基本条件。

工会资产是工会开展活动的物质基础，应依法受到法律的保护。对于工会资产性质的界定，必须以法律为准绳，而不能随意臆断。

工会资产主要有以下特征。

（一）工会资产是通过多种渠道形成的

《工会法》第四十三条规定，工会经费的来源有：（1）工会会员缴纳的会费；（2）建立工会组织的用人单位按每月全部职工工资总额的百分之二向工会拨缴的经费；（3）工会所属的企业、事业单位上缴的收入；（4）人民政府的补助；（5）其他收入。

工会资产来自诸多方面，且工会对这些资产拥有所有权，不论是会员缴纳的会费，或用人单位拨缴的经费以及人民政府的补助，汇合起来成为一个整体，不再划分是会员缴纳的会费或用人单位拨缴的经费，而由工会统一使用与支配。

（二）工会资产既有动产也有不动产

工会完全有权使用自己的经费购置不动产，为开展工会活动提供场所和条件。同时有权处置自己的资金。

（三）工会资产是社团法人资产

工会资产是工会作为社团法人的必备条件，根据《中华人民共和国民法典》的规定，社团法人必须拥有“必要的财产或者经费”以便社团“独立承担民事责任”。

（四）工会资产是工会开展活动的物质基础，应依法受到法律的保护

《工会法》第四十七条规定，工会的财产、经费和国家拨给工会使用的不动产，任何组织和个人不得侵占、挪用和任意调拨。

《中国工会章程》第三十九条规定，工会资产是社会团体资产，中华全国总工会对各级工会的资产拥有终极所有权。各级工会依法依规加强对工会资产的监督、管理，保护工会资产不受损害，促进工会资产保值增值。

第二节　工会资产类账户结构及其账务处理

工会资产类账户借方记各资产的增加数，贷方记减少数，期末余额一般在借方。

一、库存现金

（一）账户结构

本科目核算工会的库存现金。库存现金是工会流动性最强的资产，使用方便，收付频繁，最容易发生丢失、被挪用或侵占，而且不能随保留时间的推移而增值。因此，各级工会应当严格按照国家有关现金管理的规定收支现金。

（二）账务处理

1. 从银行提取现金，借记本科目，贷记“银行存款”科目；将现金存入银行，借记“银行存款”科目，贷记本科目。

例1：某县工会出纳，于3月1日开出现金支票从银行提取现金6000元。

借：库存现金　　　　6000

　　贷：银行存款　　　　6000

2. 因支付内部职工出差等原因所需的现金，借记“其他应收款”科目，贷记本科目；收到出差人员交回的差旅费剩余款并结算时，按实际收回的现金，借记本科目，按应报销的金额，借记“行政支出”等有关科目，按实际借出的现金，贷记“其他应收款”科目。

例2：职工李某于3月23日出差，预借差旅费现金3000元。4月10日，职工李某报销差旅费2800元（其中交通费2000元，伙补800元），退回现金 200 元。

借现金时的会计分录为

借：其他应收款—李某　　3000

　　贷：库存现金　　3000

李某报销差旅费时的会计分录为

借：库存现金　　200

　　行政支出—商品和服务支出—差旅费　　2800

　　贷：其他应收款—李某　　2200

　　　　应付其他个人收入　　800

（说明：出差人员的伙食补助费、市内交通费要通过“应付其他个人收入”反映）

同时记：

借：应付其他个人收入—李某　　800

　　贷：其他应收款—李某　　800

3. 因其他业务收到现金，借记本科目，贷记有关科目；支出现金，借记有关科目，贷记本科目。

例 3：某县工会用现金购买办公用品支出 500 元。

借：行政支出—商品和服务支出—办公费　　500

　　贷：库存现金　　500

4. 本科目应设置“现金日记账”，由出纳人员根据收付款凭证，按照业务发生顺序，逐笔登记，每日终了，应计算当日的现金收入合计数、支出合计数和结余数，并将结余数与实际库存数进行核对，做到账款相符。

5. 有外币现金的工会，按照折算后的人民币金额记账，并设立辅助账登记外币现金的币种、外币金额、即期汇率、折算后的人民币金额及来源简要说明等。

6. 每日终了结算现金收支、财产清查等发现的现金短缺或溢余应当及时查明原因并根据管理权限报经批准后在期末结账前处理完毕：（1）如为现金短缺，属于应由责任人等赔偿的部分，借记“其他应收款”科目，贷记本科目；属于无法查明的其他原因的部分，借记“其他支出”科目，贷记本科目。(2) 如为现金溢余，属于应支付给有关人员或单位的部分，借记本科目，贷记“其他应付款”科目；属于无法查明的其他原因的部分，借记本科目，贷记“其他收入”科目。

本科目期末借方余额，反映工会实际持有的库存现。

二、银行存款

（一）账户结构

1. 本科目核算工会存入银行或其他金融机构的各种款项。包括活期存款、定期存款等。

2. 工会可以根据实际情况在本科目下设置经费集中户等明细科目。设置经费集中户的工会，应当先在经费集中户中归集工会经费，再按规定将属于本级工会的经费转入本级工会基本户，属于上级或下级工会的经费上缴上级工会或转拨下级工会。

3. 工会应当严格按照国家有关支付结算办法的规定正确地办理银行存款收支结算。

（二）账务处理

1. 将现金存入银行，借记本科目，贷记“库存现金”科目。从银行提取现金借记“库存现金”科目，贷记本科目。

例 1：某工会出纳将现金 10000 元存入该工会的银行账户中。

借：银行存款　　10000

　　贷：库存现金　　10000

2. 通过银行转账方式取得工会经费，借记本科目，贷记“拨缴经费收入”“应付上级经费”“应付下级经费”科目。

例 2：5 月 28 日，某市工会收到所属基层工会上缴工会经费 5000 元，其中本级留成经费 3000 元，应上缴省总工会经费 2000 元。

借：银行存款—经费集中户　　5000

　　贷：拨缴经费收入—某基层工会　　3000

　　　　应付上级工会经费　　2000

3. 通过银行转账方式取得相关收入，借记本科目，贷记“上级补助收入”“政府补助收入”“行政补助收入”“附属单位上缴收入”“投资收益”等科目。

例 3：某市工会收到省总工会转来的送温暖补助 10000 元，专项补助 20000 元。

借：银行存款　　30000

　　贷：上级补助收入—送温暖补助　　10000

　　　　　　　　　　—专项补助　　20000

4. 通过银行转账方式支付各项支出，借记“职工活动支出”“维权支出”“业务支出”“行政支出”“资本性支出”“补助下级支出”“对附属单位的支出”“其他支出”等科目，贷记本科目。

例 4：某市总工会召开全市工作会财务工作会议，转账支付会议费 7000 元。

借：业务支出—会议费　　7000

　　贷：银行存款　　7000

5. 收到的银行存款利息，借记本科目，贷记“其他收入”科目。

例 5：某市总工会收到银行存款利息 1000 元。

借：银行存款　　1000

　　贷：其他收入　　1000

6. 各级工会应按开户银行存款种类分别设置“银行存款日记账”，由出纳人员根据收付款凭证，按照业务的发生顺序逐笔登记，每日终了应结出余额。“银行存款日记账”应定期与银行对账，至少每月核对一次，如有差额，应编制“银行存款余额调节表”，调节相符。

本科目期末借方余额，反映工会实际存在银行或其他金融机构的款项。

三、零余额账户用款额度

（一）账户结构

本科目核算在实行财政国库管理制度改革试点的地区，工会根据财政部门批复的用款计划收到的、尚未动用的零余额账户用款额度。

（二）账务处理

1. 在财政授权支付方式下，收到代理银行转来的“授权支付到账通知书”时，根据通知书所列数额，借记本科目，贷记“政府补助收入”科目。实际发生支出时，借记“维权支出”“行政支出”“资本性支出”等科目，贷记本科目。

例 1：2 月 8 日，某市总工会从零余额账户支付送温暖款 500000 元。

借：维权支出—送温暖费　　500000

　　贷：零余额账户用款额度　　500000

2. 从零余额账户提取现金时，借记“库存现金”科目，贷记本科目。

例 2：某市总工会从零余额账户提取现金 1800 元。

借：库存现金　　1800

　　贷：零余额账户用款额度　　1800

3. 年度终了，根据代理银行提供的对账单作注销额度的相关账务处理，借记“财政应返还额度—财政授权支付”科目，贷记本科目。如果工会本年度财政授权支付预算指标数大于零余额账户用款额度下达数，借记“财政应返还额度—财政授权支付”科目，贷记“政府补助收入”科目。

下年初，根据代理银行提供的额度恢复到账通知书作相关恢复额度的账务处理，借记本科目，贷记“财政应返还额度—财政授权支付”科目。如果下年度收到财政部门批复的上年末下达零余额账户用款额度，借记本科目，贷记“财政应返还额度—财政授权支付”科目。

本科目期末借方余额，反映工会尚未支用的零余额账户用款额度。本科目年末应无余额。

四、财政应返还额度

（一）账户结构

1. 本科目核算实行国库集中支付的工会年终应收财政下年度返还的资金额度。

2. 本科目应设置两个明细科目：财政直接支付、财政授权支付，进行明细核算。

（二）账务处理

1. 财政直接支付年终结余资金的账务处理。

年度终了，根据本年度财政直接支付预算指标数与当年财政直接支付实际支出数的差额，借记本科目（财政直接支付），贷记“政府补助收入”科目。

下年度恢复财政直接支付额度后，发生实际支出时，借记“维权支出”“行政支出”“资本性支出”等科目，贷记本科目（财政直接支付）。

2. 财政授权支付年终结余资金的账务处理。

年度终了，根据代理银行提供的对账单注销额度，具体账务处理参见“零余额账户用款额度”。下年度年初根据代理银行提供的额度恢复到账通知书恢复额度，具体账务处理参见“零余额账户用款额度”。

3. 本科目期末借方余额，反映工会应收财政下年度返还的资金额度。

五、借出款

（一）账户结构

本科目核算工会因开展工作或发展工运事业的需要而出借给其他工会或工会所属单位的款项。本科目应按借款单位设置明细账。

（二）账务处理

1. 借出款项时，借记本科目，贷记“银行存款”等科目。

例：某市总工会于5月25日借给下属厂工会10000元，期限一年，转账支付。

该市总工会的账务处理是：

借：借出款—某厂工会　　10000

　　贷：银行存款　　10000

2. 收回借款时，借记“银行存款”等科目，贷记本科目。

借：银行存款　　10000

　　贷：借出款—某厂工会　　10000

3. 逾期三年以上、因借款单位原因尚未收回的借出款，报经批准认定确实无法收回，或者报经批准认定不再要求借款单位还款的，转入相关支出科目，借记“补助下级支出”“附属单位支出”等科目，贷记本科目。

4. 各级工会应对借出款严格控制，健全手续，及时清理，不得长期挂账。

5. 本科目期末借方余额，反映工会尚未收回的借出款项。

六、应收上级经费

（一）账户结构

本科目核算工会应收未收的上级工会应拨付（或转拨）工会经费、建会筹备金和补助。工会可以根据需要在本科目下设置的明细科目有：（1）应收上级补助，核算上级工会应拨付给本级工会的回拨、专项和超收等补助收入。（2）应收上级转拨经费，核算上级工会采用税务代收、财政划拨的形式收缴工会经费的，收缴的金额中应划转给本级工会的部分。（3）应收建会筹备金，核算上级工会采用税务代收、财政划拨的形式收缴建会筹备金的，收缴的金额中应划转给本级工会的部分。

（二）账务处理

1. 根据上级工会回拨、专项和超收等补助通知中的相关金额，借记本科目（应收上级补助），贷记“上级补助收入”科目相关明细科目。

收到上级工会拨来的回拨、专项和超收等补助时，借记“银行存款”科目，贷记本科目（应收上级补助）。

例：2010 年末，某市总工会收到全国总工会通知，全国总工会应拨给该省总工会回拨经费 2000000 元，超收补助 3000000 元，专项补助 4000000 元。截至 12 月 31 日，该省总工会尚未收到款项。

2010 年 12 月 31 日：

借：应收上级经费—应收上级补助	9000000	
贷：上级补助收入—回拨补助		2000000
—超收补助		3000000
—专项补助		4000000

次年收到全总的拨来补助时：

借：银行存款	9000000	
贷：应收上级补助		9000000

2. 根据上级工会经费转拨通知中的相关金额，借记本科目（应收上级转拨经费），按规定属于本级工会的部分，贷记“拨缴经费收入”科目，按规定应转拨下级工会的部分，贷记“应付下级经费—应付下级转拨经费”科目。

收到上级工会转拨的工会经费时，借记“银行存款”科目，贷记本科目（应收上级转拨经费）。

3. 根据上级工会有关建会筹备金转拨通知中的金额，借记本科目（应收建会筹备金），按规定属于本级工会的部分，贷记“拨缴经费收入”，按规定应转拨下级工会或需返还给筹建单位工会的部分，贷记“应付下级经费—应付建会筹备金”等科目。

收到上级工会转拨的建会筹备金时，借记“银行存款”科目，贷记本科目（应收建会筹备金）。

4. 本科目期末借方余额，反映工会应收未收的上级经费、建会筹备金和补助。

七、应收下级经费

（一）账户结构

本科目核算工会按规定应收下级工会的上缴工会经费和建会筹备金。

工会可以根据需要在本科目下设置应收经费、应收建会筹备金等明细科目。

（二）账务处理

1. 根据下级工会经费收缴报告表中的相关金额，借记本科目，按规定属于本级工会的部分，贷记“拨缴经费收入”科目，按规定应上缴上级工会的部分，贷记“应付上级经费”科目。

2. 收到下级工会的上缴经费时，借记“银行存款”科目，贷记本科目。

例 1：2010 年末，某市总工会应收未收本市各基层工会上缴经费共 500000 元，截至 12 月 31 日尚未收到款项。次年 1 月 10 日到账。

2010 年 12 月 31 日：

借：应收下级经费—应收经费　　500000

　　贷：拨缴经费收入　　300000

　　　　应付上级经费—应上缴经费　　200000

次年收到时：

借：银行存款—经费集中户　　500000

　　贷：应收下级经费—应收经费　　500000

例 2：2010 年末，某市总工会收到本市地税部门建会筹备金代收通知，本市尚未建立工会的企业应缴建会筹备金共 200000 元，截至 12 月 31 日尚未收到款项。次年 1 月 10 日到账。

2010 年 12 月 31 日：

借：应收下级经费—应收建会筹备金　　200000

　　贷：拨缴经费收入　　60000

应付上级经费—应上缴建会筹备金 40000

应付下级经费—应付建会筹备金 100000

次年收到时：

借：银行存款—经费集中户 200000

贷：应收下级经费—应收建会筹备金 200000

本科目期末借方余额，反映年末应收未收的下级工会上缴经费。

八、其他应收款

（一）账户结构

本科目核算工会除应收上下级经费以外的其他应收及暂付款项。本科目应按债务人设置明细账，进行明细核算。

（二）账务处理

1. 发生其他应收及暂付款项，借记本科目，贷记“库存现金”“银行存款”等科目。

结算收回或核销转列支出时，按收回的金额，借记“库存现金”“银行存款”等科目，按列入支出的金额，借记有关支出科目，按结算总额，贷记本科目。

2. 逾期三年以上、因债务人原因尚未收回的其他应收款，报经批准认定确实无法收回的，应作为呆账及时进行账务处理，借记“其他支出”科目，贷记本科目。

核销的呆账，应保留备查账簿中登记。

已核销呆账重新收回的，按照实际收到的款项，借记“银行存款”科目，贷记“其他收入”科目。

3. 各级工会应对其他应收及暂付款项严格控制，健全手续，及时清理，不得长期挂账。

4. 本科目期末借方余额，反映尚未收回的其他应收及暂付款项。

九、库存物品

（一）账户结构

本科目核算工会取得的将在日常活动中耗用的材料、物品及达不到固定资产标准的工具、器具等。

本科目应按库存物品的类别、品名设置明细账，并根据出入库单逐笔核算。

（二）账务处理

1. 购入物品时，借记本科目，贷记“银行存款”等科目。

例 1：8 月 9 日，某市总工会购入办公用品一批，转账支付货款 2200 元，已验收入库。

借：库存物品—办公用品　　2200

　　贷：银行存款　　2200

2. 领用物品时，借记“职工活动支出”“维权支出”“行政支出”等科目，贷记本科目。

例 2：某市总工会办公室领用办公用品一批，价款 300 元。

借：行政支出—商品和服务支出—办公费　　300

　　贷：库存物品—办公用品　　300

3. 库存物品每年至少盘点一次，盘盈、盘亏或报废、毁损应查明原因，按规定程序批准后及时处理。

发生盘盈的，借记本科目，贷记“其他收入”科目。

盘亏的库存物品，按照账面余额，借记“其他支出”科目，贷记本科目。

报废、毁损的库存物品，按照库存物品账面余额扣除可以收回的保险赔偿和过失人的赔偿等后的金额，借记“其他支出”科目，按库存物品账面余额，贷记本科目，按照可以收回的保险赔偿和过失人赔偿等，借记“库存现金”“银行存款”“其他应收款”等科目。

4. 本科目期末借方余额反映尚未使用的库存物品的实际价值。

十、投资

（一）账户结构

本科目核算工会按照国家有关法律、行政法规和工会的相关规定，以货币资金实物资产等方式向其他单位投资。

本科目可按投资类别、投资单位等设置明细账，进行明细核算。

（二）账务处理

1. 取得投资时的账务处理。

（1）购入国债等债券，借记本科目，贷记“银行存款”等科目，同时，借记“结余”科目，贷记“投资基金”科目。

例 1：某县工会于 5 月 16 日用现金 2000 元购买一年期国债，假设利率为 2%。

借：投资—国债　　2000

　　贷：库存现金　　2000

同时

借：结余　　2000

　　贷：投资基金　　2000

（2）以货币资金对外进行股权投资，借记本科目，贷记“银行存款”等科目；同时，借记“结余”科目，贷记“投资基金”科目。

例 2：某省总工会于 2010 年 2 月与另一单位共同投资兴办一家公司，资本金 1000000 元，双方各投资 500000 元，风险共担，款已转出。

该省总工会的账务处理是：

借：投资—某公司　　500000

　　贷：银行存款　　500000

同时

借：结余　　500000

贷：投资基金　　500000

（3）以固定资产对外进行股权投资，按固定资产的评估价等，借记本科目，贷记“投资基金”科目；同时，按投出固定资产的账面原值，借记“固定基金”科目，贷记“固定资产”科目。

（4）以库存物品对外进行股权投资，按库存物品的评估价等，借记本科目，按库存物品账面价值，贷记“库存物品”科目，按评估价等与账面价值的差额，借记或贷记“投资基金”科目；同时，按库存物品的账面价值，借记“结余”科目，贷记“投资基金”科目。

（5）实际收到利息股利等投资收益时，借记“银行存款”等科目，贷记：“投资收益”科目。

2. 投资收回时，按照实际收到的价款，借记“银行存款”科目，按照本科目的账面价值，贷记本科目，按照其差额，贷记或借记“投资收益”科目，同时借记“投资基金”科目，贷记“结余”科目。

3. 投资出现损失，报经批准认定确实无法收回的，借记“投资基金”科目，贷记本科目。

已经核销的投资呆账，保留备查账簿，对投资失误者要追查责任。

已经核销的投资呆账，重新收回的，借记“银行存款”等科目，贷记“其他收入”科目，收回实物的，需重新进行评估，按公允价值入账。

本科目期末借方余额，反映工会持有投资的金额。

十一、在建工程

（一）账户结构

本科目核算工会进行在建工程所发生的实际支出。

本科目可按具体工程项目设置明细科目，进行明细核算。

（二）账务处理

1. 预付工程款时，按照实际支付的金额，借记本科目，贷记“在建工程占用资金”科目，同时借记“资本性支出”科目，贷记“银行存款”

科目。

2. 工程完工时，借记“固定资产”科目，贷记本科目，同时借记“在建工程占用资金”科目，贷记“固定基金”科目。

3. 本科目的期末借方余额，反映工会尚未完工的各项在建工程发生的实际支出。

十二、固定资产

（一）账户结构

本科目核算工会拥有或控制的各项固定资产原值。

工会应设置固定资产明细账，按类别、品名进行明细核算。

（二）账务处理

1. 购入、有偿调入固定资产，借记“资本性支出”等科目，贷记“银行存款”等科目，同时借记本科目，贷记“固定基金”科目。

2. 自行建造固定资产，发生基建支出时，借记“在建工程”科目，贷记“在建工程占用资金”科目，同时借记“资本性支出”科目，贷记“银行存款”科目。工程完工时，借记本科目，贷记“在建工程”科目，同时借记“在建工程占用资金”科目，贷记“固定基金”科目。

3. 无偿调入、接受捐赠固定资产，借记本科目，贷记“固定基金”科目。

4. 以固定资产对外进行股权投资，按固定资产的评估价等，借记“投资”，贷记“投资基金”科目；同时，按投出固定资产的账面原值，借记“固定基金”科目，贷记本科目。

5. 出售固定资产，按账面原值，借记“固定基金”科目，贷记本科目，取得的收入扣减相关支出后的净额，借记“银行存款”等科目，贷记“其他收入”科目。

6. 固定资产每年必须盘点一次，对盘盈、盘亏、报废或毁损的，资产监督管理部门应当查明原因，写出书面报告，按规定报经批准认定后及时进行账务处理，同时将有关情况在会计报表说明中加以披露。

盘亏的固定资产，按账面原值，借记“固定基金”科目，贷记本科目。

毁损、报废的固定资产，按账面原值，借记“固定基金”科目，贷记本科目。同时，按清理过程中取得的收入，借记“库存现金”“银行存款”等科目，按清理过程中发生的支出，贷记“库存现金”“银行存款”等科目，按清理净收入（或净支出），贷记“其他收入”科目或借记“其他支出”科目。

7. 工会可以设置专门的辅助账记录各项固定资产的原值、购入时间、预计使用年限、应计提折旧（一般采用直线法计提折旧）、固定资产净值等。

本科目期末借方余额，反映固定资产的原值。

第三节　工会净资产

一、工会净资产

工会净资产是指工会的资产减去负债后的余额。工会净资产是工会财产权利在账面上的体现。

二、工会净资产的分类

根据《工会会计制度》的规定，工会净资产包括资产基金、专用基金、工会资金结转、工会资金结余、财政拨款结转、财政拨款结余和预算稳定调节基金。

资产基金指工会库存物品、固定资产、在建工程、无形资产、投资和长期待摊费用等非货币性资产在净资产中占用的金额。资产基金应当在取得库存物品、固定资产、在建工程、无形资产、投资及发生长期待摊费用时确认。资产基金应当按照实际发生额入账。

专用基金指县级以上工会按规定依法提取和使用的有专门用途的基金。工会提取专用基金时，应当按照实际提取金额计入当期支出；使用专用基金时，应当按照实际支出金额冲减专用基金余额；专用基金未使用的余额，可以滚存下一年度使用。

工会资金结转是指工会预算安排项目的支出年终尚未执行完毕或者因故未执行，且下年需要按原用途继续使用的工会资金。工会资金结余是指工会年度预算执行终了，预算收入实际完成数扣除预算支出和工会结转资金后剩余的工会资金。

财政拨款结转是指县级以上工会预算安排项目的支出年终尚未执行完毕或者因故未执行，且下年需要按原用途继续使用的财政拨款资金。

财政拨款结余是指县级以上工会年度预算执行终了，预算收入实际完成数扣除预算支出和财政拨款结转资金后剩余的财政拨款资金。

预算稳定调节基金是县级以上工会为平衡年度预算按规定设置的储备性资金。

思考题：

1. 工会资产有哪些特征？
2. 固定资产增加、减少的计价及确认标准及依据是什么？
3. 什么是净资产？
4. 工会净资产包括哪些种类？

延伸阅读

盱眙县总工会“四个加大”，提升工会资产管理水平

近年来，盱眙县总工会严格落实全总、省总有关工会资产管理的相关规定，工会资产管理水平得到显著提升。

一是加大教育力度，进一步深化对工会资产内涵与作用认识。对《中华人民共和国物权法》、《中华人民共和国工会法》和新《工会会计制度》等相关法规深入研读，全面认识工会资产的丰富内涵，更加清楚正确运用各种形态工会资产的基本方法和规定，形成有效管理资产提高工会服务基层和职工群众能力、强势推动工运事业发展的共识。

二是加大造势力度，进一步营造加强工会资产管理工作氛围。充分发挥媒体、媒介作用，利用各种形式加大对强化工会资产管理工作的宣传力度，使社会各界、工会干部和广大职工群众都能明白加强工会资产管理工作是增强工会实力、提升组织凝聚力。

三是加大监管力度，进一步促进各级工会提高资产管理质量。县总按照全总和省、市总工会的要求，以加快全县各级基层工会资产管理机构设置为目标，切实加强工会资产监管网络建设，建立健全并严格执行工会资产监督管理工作的系列制度，极大提高工会自主管理经费财产的能力和水平。

四是加大管理力度，进一步打造利于强化资产管理工作环境。进一步明确全县各级工会组织资产管理工作责任，加大工会资产的审查审计监督力度，力促工会资产管理工作步入制度化、规范化、科学化轨道，最大限度地提高工会资产使用效益和资产保值增值，最大限度地发挥工会资产的社会效益和经济效益。

第八章

工会负债核算

工会负债是指工会过去的经济业务或者事项形成的，预期会导致经济资源流出的现时义务。本章举例介绍应付工资（离退休费）、应付上级经费、应付下级经费和其他应付款等经济业务的账务处理。

第一节　工会负债概述

一、工会负债及其分类

（一）工会负债的概念

工会负债是指工会过去的经济业务或者事项形成的，预期会导致经济资源流出的现时义务。现时义务是指工会在现行条件下已承担的义务。未来发生的经济业务或者事项形成的义务不属于现时义务，不应当确认为负债。

根据《工会会计制度》第四十六条规定，工会对于符合本制度第四十五条规定的现时义务，在同时满足以下条件时，应当确认为负债：（一）履行该义务很可能导致含有服务潜力或者经济利益的经济资源流出工会；（二）该义务的金额能够可靠计量。符合负债定义并确认的负债项目，应当列入资产负债表。

（二）工会负债的分类

工会的负债包括应付职工薪酬、应付款项等。

应付职工薪酬是工会按照国家有关规定应付给本单位职工及为职工支付的各种薪酬，包括基本工资、国家统一规定的津贴补贴、规范津贴补贴（绩效工资）、改革性补贴、社会保险费（如职工基本养老保险费、职业年金、基本医疗保险费等）和住房公积金等。

应付款项包括应付上级经费、应付下级经费和其他应付款。

应付上级经费指本级工会按规定应上缴上级工会的工会拨缴经费。

应付下级经费指本级工会应付下级工会的各项补助以及应转拨下级工会的工会拨缴经费。

其他应付款指除应付上下级经费之外的其他应付及暂存款项，包括工会按规定收取的下级工会筹建单位交来的建会筹备金等。

工会的各项负债应当按照实际发生额入账。

第二节　工会负债账户结构及其账务处理

一、应付职工薪酬

（一）账户结构

本科目核算向本单位职工支付各种薪酬，包括基本工资、国家统一规定的津贴补贴、规范津贴补贴（绩效工资）、改革性补贴、社会保险费（如职工基本养老保险费、职业年金、基本医疗保险费等）和住房公积金等。

工会可以根据需要在本科目下设置职工工资、津贴补贴、社会保险费、住房公积金等明细科目。

（二）账务处理

实际支付工资、津贴补贴、社会保险费、住房公积金时，借记“行政支出”等科目，贷记本科目；同时，借记本科目，贷记“银行存款”“零余额账户用款额度”等科目。

本科目期末贷方一般无余额。

二、应付上级经费

（一）账户结构

本科目核算工会按规定应上缴的工会经费及建会筹备金。

工会可以根据需要在本科目下设置应上缴经费、应上缴建会筹备金等明细科目。

（二）账务处理

1. 应上缴经费的处理。(1) 收到工会经费，按下级工会经费收缴报告表中的相关金额或实际收到的总金额，借记“应收下级经费”“银行存款”等科目，按规定属于本级工会的部分，贷记“拨缴经费收入”科目，按规定应上缴上级工会的部分，贷记本科目，按规定应转拨下级工会的部分，贷记“应付下级经费—应付下级转拨经费”科目。(2) 实际上缴工会经费时，借记本科目，贷记“银行存款”科目。

2. 应上缴建会筹备金的处理。(1) 收到建会筹备金，按实际收到的总金额，借记“银行存款”科目，按规定属于本级工会的部分，贷记“拨缴经费收入”科目，按规定应上缴上级工会的部分，贷记本科目，按规定应转拨下级工会或需返还筹建单位工会的部分，贷记“应付下级经费—应付建会筹备金”科目。(2) 实际上缴上级工会的经费，借记本科目，贷记“银行存款”科目。

本科目期末贷方余额，反映工会应缴上级但尚未上缴的经费。

三、应付下级经费

（一）账户结构

本科目核算工会应付下级工会的各项补助以及应转拨下级工会的工会经费和建会筹备金。

工会可以根据需要在本科目下设置的明细科目如下。(1) 应付下级补助：核算工会应拨付给下级工会的回拨、专项和超收等各项补助。(2) 应付下级转拨经费：核算工会采用税务代收财政划拨的形式收缴工会经费的，收缴的金额中应划转给下级工会作为下级工会拨缴经费收入的部分。(3) 应付建会筹备金：核算工会采用税务代收财政划拨的形式收缴建会筹备金的，收缴的金额中应划转给下级工会作为下级工会拨缴经费收入的部分和需返还给筹建单位工会的部分。

（二）账务处理

1. 本级工会年末清算对下级工会的补助时，根据补助通知中的相关金额，借记“补助下级支出”科目，贷记本科目（应付下级补助）。次年，实际拨付补助时，借记本科目（应付下级补助），贷记“银行存款”科目。

2. 采用税务代收、财政划拨方式收缴工会经费的。（1）本级工会通过税务部门代收、财政部门划拨的工会经费，按实际收到的总金额，借记“银行存款”科目，按规定属于本级工会的部分，贷记“拨缴经费收入”科目，按规定应上缴上级工会的部分，贷记“应付上级经费”科目，按规定应转拨下级工会的部分，贷记本科目（应付下级转拨经费）。实际转拨下级工会经费，借记本科目，贷记“银行存款”科目。（2）本级工会收到上级工会通过财政部门划拨、税务部门代收的工会经费，按上级工会经费转拨通知中的金额或实际收到的总金额，借记“应收上级经费—应收上级转拨经费”“银行存款”科目，按规定属于本级工会的部分，贷记“拨缴经费收入”科目，按规定应转拨下级工会的部分，贷记本科目（应付下级转拨经费）。实际转拨下级工会的经费，借记本科目，贷记“银行存款”科目。

3. 采用税务代收、财政划拨方式收取建会筹备金的。（1）本级工会通过税务部门代收、财政部门划拨的建会筹备金，按实际收到的总金额，借记“银行存款”科目，按规定属于本级工会的部分，贷记“拨缴经费收入”科目，按规定应上缴上级工会的部分，贷记“应付上级经费”科目，按规定应转拨下级工会或需返还给筹建单位工会的部分，贷记本科目（应付建会筹备金）。（2）本级工会收到上级工会通过财政部门划拨、税务部门代收的建会筹备金，按上级工会有关建会筹备金转拨通知中的金额或实际收到的总金额，借记“应收上级经费—应收建会筹备金”“银行存款”科目，按规定属于本级工会的部分，贷记“拨缴经费收入”科目，按规定应转拨下级工会或需返还给筹建单位工会的部分，贷记本科目（应付建会筹备金）。（3）对于需要返还基层单位工会的建会筹备金，借记本科目，贷记“银行存款”科目。（4）对于不需返还基层单位的建会筹备金，借记本科目，按规定属于本级工会的部分，贷记“拨缴经费收入”科目，规定应上缴上级工会的部分，贷记“应付上级经费”科目。

本科目期末贷方余额，反映应拨付下级但尚未拨付的经费。

四、其他应付款

（一）账户结构

本科目核算工会除应付上下级经费之外的其他应付及暂存款项。本科目应按对方单位或个人设置明细账，进行明细核算。

（二）账务处理

发生其他应付及暂存款项，借记“库存现金”“银行存款”等科目，贷记本科目。支付款项时，借记本科目，贷记“银行存款”等科目。

本科目期末贷方余额，反映尚未支付的其他应付及暂存款项。

五、代管经费

（一）账户结构

本科目核算党团组织及单位行政委托工会代管的、有指定用途的、不属于工会收入的经费，如代管的党费、团费、职工互助金等。

本科目应按拨入代管经费的项目或单位设置明细账。

（二）账务处理

收到代管的经费时，借记“银行存款”科目，贷记本科目。实际支出时，借记本科目，贷记“银行存款”科目。

本科目期末贷方余额，反映尚未使用的代管经费。

思考题：

1. 什么是工会负债？
2. 工会负债如何分类？
3. 应付职工薪酬的账户结构及账务处理？

4. 应付上级经费的账务怎样处理？

延伸阅读

腾冲市总工会在工会经费预决算中把好党风廉政建设关

近年来，腾冲市总工会全面落实从严治党要求，在全市基层工会经费预决算方面下功夫，以规范工会经费使用为抓手，以监督服务为主线，建立规范有序，权限清晰、责任明确的预决算编审体系，扎实推进工会系统党风廉政建设提质增效。

一是做强宣传促认识。借助调研、工会经费审计、财务检查、业务培训会等方式，着重指导基层工会主席和财务人员吃透《工会会计制度》《工会预算管理办法》《云南省基层工会经费收支管理实施细则》等工会财务管理方面的相关制度规定精神，使基层工会真正认识到预算管理在组织工会收入、管控经费支出、评价经费使用效益、增强基层工会财务保障能力等方面具有重要性。

二是抓好排查明底数。加强与财政、税务等相关部门的沟通对接，及时、足额划拨工会经费，全程跟进，共同研究解决税务代收工会经费遇到的难题，并督促基层将工会的留成经费落实到位；同时认真做好数据核对，全面掌握基层工会组织情况，做到工作对象底数清、数据准、情况明，为全市顺利推进工会财务预决算工作打下坚实基础。

三是强化指导促落实。采取下发文件、网络对接、上门服务等方式指导基层工会完善相关基础财务资料，明确工会经费预决算报批程序，提供详细的工会经费收支预决算编制要点、预决算说明书等相关材料；严格落实中央八项规定精神和党风廉政建设相关规定，严格执行全国总工会关于工会经费使用“八不准”规定等要求，坚决杜绝无预算、超预算支出；讲透讲清工会财务软件、全国工会决算报告信息系统的管理使用，为基层工会答惑释疑，解决工作中存在的问题，确保工作落实到位。

四是严格把关强规范。建立健全工作台账，实时统计、更新各基层工会填报进度详情，督促其按要求推进工作；严格按照相关财务管理规定，对于已填报的基层工会进行审核把关，确保基层工会预决算工作规范填报；在业务培训、经费审计以及财务检查等工作中，将预算编制、审查、批准、执行和调整工作与财务核算工作放在同等重要的位置来考核，不断提高工会经费配置效率和使用效益。

2020 年以来，对全市 130 家基层工会进行工会经费收支情况审计，对 141 家基层工会开展工会财务检查，对检查出的问题及时反馈、及时培训、限期整改；对全市 324 家基层工会强化预算约束，加强决算审核。工会预决算管理的全面推进，将工会经费使用管理过程中产生的问题，解决在初始状态，将廉政风险隐患消除在萌芽状态，确保工会经费使用安全高效，真正服务于职工群众、服务于党政大局。

第九章

工会会计电算化

把电子计算机和现代数据处理技术应用到工会会计工作中，用电子计算机代替人工记账、算账和报账，部分代替人脑完成对会计信息分析、预测、决策的过程，称为会计电算化。其有专有的记账规范、业务流程及工作标准。

第一节　会计电算化概述

一、会计电算化概念

会计电算化有狭义和广义之分。狭义的会计电算化是指以电子计算机为主体的信息技术在会计工作的应用。具体而言，就是利用会计软件，指挥在各种计算机设备替代手工完成或在手工下很难完成的会计工作过程。会计电算化是把电子计算机和现代数据处理技术应用到会计工作中的简称，是用电子计算机代替人工记账、算账和报账，以及部分代替人脑完成对会计信息的分析、预测、决策的过程，其目的是提高各工会财会管理水平和经济效益，从而实现工会会计工作的现代化。广义上来讲就是指与会计工作电算化有关的所有工作，包括会计电算化软件的开发与应用、会计电算化人才的培训、会计电算化的宏观规划、会计电算化制度建设、会计电算化软件市场的培育与发展等。会计电算化是一个人机相结合的系统，其基本构成包括会计人员、硬件资源、软件资源和信息资源等要素，其核心部分则是功能完善的会计软件资源。

目前会计电算化已成为一门融计算机科学、管理科学、信息科学和会计科学为一体的边缘学科，在经济管理的各个领域中处于应用电子计算机的领先地位，正在起着带动经济管理诸领域逐步走向现代化的作用。在各级工会财务工作中，熟练运用会计电算化能极大地减轻工会会计人员的劳动强度，提高工会会计工作的效率和质量，更好地服务于工会经费的收好、管好和用好。随着信息技术的快速发展和管理要求的不断提高，必须培养和造就大批既掌握计算机基本应用、又懂会计业务处理的复合应用型的会计人才。

二、会计电算化的配置原则

配置电子计算机和选择会计软件，是实施会计电算化的前提条件，单位应根据财力状况和今后的发展目标，选择与单位会计电算化工作规划相适应的计算机硬件和会计核算软件及有关配套设备，配备的会计软件应符合财政部《会计核算工作规范》的要求。财政部管理全国的会计电算化工作，地方各级财政部门管理本地区的会计电算化工作，各级工会在遵循国家统一的会计制度和财政部门会计电算化发展规划的前提下，结合本单位具体情况，具体组织实施本单位的会计电算化工作，满足本单位实际工作的需要。

三、实行会计电算化的作用

一是提高会计数据处理的实效性和准确性，提高会计核算的水平和质量，减轻会计人员的劳动强度。

二是提高经营管理水平，使财务会计管理由事后管理向事中控制、事先预测转变，为管理信息化打下基础。

三是推动会计技术方法理论创新和观念更新，促进工会会计工作的进一步发展。

四、会计电算化工作的基本任务

一是制定会计电算化发展规划并组织实施。

二是制定会计电算化法规制度，对会计核算软件及生成的会计资料符合国家统一的会计制度情况实施监督。

三是促进各单位逐步实现会计电算化，组织开展会计电算化人才培训，提高会计工作水平。

五、科目设置

设置会计科目是填制会计凭证、记账、编制报表等各项工作的基础。会计科目的设置必须符合国家会计制度的要求，要适应财务管理的需要，要满足编制会计报表的要求。科目的设置包括定义科目的编码、名称、类型、级次等。

科目编码是指每一个会计科目的代码都是为了反映它所对应的会计科目所包含的一定的经济内容而编制的，即每一个科目代码代表着一个会计科目，编制会计科目代码的目的是使数据的表达方式标准化、长度统一，便于计算机处理。

科目名称是指科目的类型基本上可以按六要素进行分类，即资产类科目、负债类科目、所有者权益类科目、收入类科目、费用类科目、利润类科目。

科目类型是指所有的会计科目都应有会计科目代码与之对应，所有的科目都按统一的编码规则编码，互不相重。科目名称除分属不同明细科目的多栏科目可以重名外，其他科目都不允许重名。

科目级次是指科目级次的含义与总分类、明细分类相关，一级科目的代码级位数按照国家制定的规范，企业根据管理需要设置二级、三级甚至更多级次，每个级次占的位数可根据需要由企业统一规定。

第二节　配备电子计算机和会计软件

一、电子计算机和会计软件是实现会计电算化的重要物质基础

各单位可根据实际情况和今后的发展目标，投入一定的财力，以保证会计电算化工作的正常进行。

二、根据实际情况和财力状况选择相适应的设备

各单位应根据实际情况和财力状况，选择与本单位会计电算化工作规划相适应的计算机机种、机型和系统软件及有关配套设备。实行垂直领导的行业、大型企业集团，在选择计算机机种、机型和系统软件及有关配套设备时，应尽量做到统一，为实现网络化打好基础。具备一定硬件基础和技术力量的单位，可充分利用现有的计算机设备建立计算机网络，做到信息资源共享和会计数据实时处理。

三、用于会计电算化工作的计算机设备的管理

由于财务会计部门处理的数据量大、数据结构复杂，以电子计算机为主体的信息技术在会计工作的应用管理方法要求严格和安全性要求高，各单位用于会计电算化工作的电子计算机设备，应由财务会计部门管理，硬件设备比较多的单位，财务会计部门可单独设立计算机室。

四、选择配备会计软件的方式

配备会计软件是会计电算化的基础工作，选择会计软件的好坏对会计电算化的成败起着关键性的作用。配备会计软件主要有选择通用会计软件、定点开发、通用与定点开发会计软件相结合三种方式，各单位应根据实际需要和自身的技术力量选择配备会计软件的方式。

（一）各单位开展会计电算化初期应尽量选择通用会计软件

选择通用会计软件投资少、见效快，在软件开发或服务单位的协助下易于应用成功。选择通用会计软件应注意软件的合法性、安全性、正确性、可扩充性和满足审计要求等方面的问题，以及软件服务的便利，软件的功能应该满足本单位当前的实际需要，并考虑到今后工作发展的要求。各单位应选择通过财政部或省、自治区、直辖市以及通过财政部批准具有商品化会计软件评审权的计划单列市财政厅（局）评审的商品化会计软

件，在本行业内也可选择国务院业务主管部门推广应用的会计软件。小型企业、事业单位和行政机关的会计业务相对比较简单，应以选择投资较少的微机通用会计软件为主。

（二）定点开发会计软件

定点开发会计软件包括本单位自行开发、委托其他单位开发和联合开发三种形式。

大中型企业、事业单位会计业务一般都有其特殊需要，在取得一定会计电算化工作经验以后，也可根据实际工作需要选择定点开发的形式开发会计软件，以满足本单位的特殊需要。

一般来说，会计电算化初期选择通用会计软件，会计电算化工作深入后，通用会计软件不能完全满足其特殊需要的单位，可根据实际工作需要适时配合通用会计软件定点开发配套的会计软件，选择通用会计软件与定点开发会计软件相结合的方式。

五、配备会计软件要与计算机硬件相适应

配备会计软件要与计算机硬件的配置相适应，可逐步从微机单用户会计软件，向网络会计软件、客户机/服务器会计软件发展。

六、配备会计软件的要求

配备的会计软件应达到财政部《会计核算软件基本功能规范》的要求，满足本单位的实际工作需要。

七、利用现有数据进行会计分析

会计核算电算化成功的单位，应充分利用现有数据进行会计分析和预测，除了选择通用会计分析软件，或定点开发会计分析软件外，还可选择通用表处理软件对数据进行分析。

八、选择外国商品化会计软件的要求

部分需要选用外国会计软件的外商投资企业或其他单位，可选用通过财政部评审的外国商品化会计软件。选用未通过财政部评审在我国试用的外国会计软件，应确认其符合我国会计准则、会计制度和有关规章制度，具有中文界面和操作使用手册，能够按照我国统一会计制度要求，打印输出中文会计账证表，符合我国会计人员工作习惯，其经销单位具有售后服务能力。

第三节　会计电算化试运行规范

试运行是手工和计算机并行完成会计核算和管理工作的阶段，也是会计工作从手工核算向电算化核算的过渡阶段，在会计电算化的实施过程中起着非常重要的作用。

一、试运行的准备工作

（一）规范手工方式下会计业务

规范手工方式下的会计业务主要是对会计业务工作进行一次全面清理。彻底解决遗留问题，为实施电算化方式做好准备。具体应按会计工作达标升级的标准进行，并特别注意与会计电算化关系比较密切的几项内容。（1）会计核算程序化、规范化；（2）凭证规范化，包括凭证编号方式、凭证摘要和凭证内容等；（3）完成各项对账工作，保证各种数据进入电算化系统前账账相符、账实相符；（4）对往来账、银行账进行清理；（5）核算方法规范化。

（二）整理手工会计业务数据

对会计数据按会计软件的要求进行整理和分类。一般来说，试运行应做好两项工作：（1）整理各账户余额及发生额；（2）对原手工数据、资料进行加工。

（三）建立会计账户体系

会计账户体系是会计核算的原则，整个会计核算系统都是以会计账户体系为基础建立的。从一级会计科目开始，逐级向下设置明细科目。设置会计科目应遵循的原则如下。（1）符合会计准则及会计制度的规定；（2）满足本单位会计核算与管理的需求；（3）满足会计报表的要求；（4）保持体系的完整；不能只有下级科目而没有上级科目；（5）保持相对稳定；（6）考虑与子系统的衔接。

（四）做好会计代码工作

会计代码能够准确显示会计科目的内容、性质与意义。包括顺序号、编号、名称。

（五）会计软件初始化

系统初始化是系统首次使用时，根据单位实际情况进行参数设置，并录入基础档案与初始数据的过程。系统初始化是会计软件运行的基础。它将通用的会计软件转变为满足特定单位需要的系统，使手工环境下的会计核算和数据处理工作得以在计算机环境下延续和正常运行。系统初始化在系统初次运行时一次性完成，但部分设置可以在系统使用后进行修改。系统初始化将对系统的后续运行产生重要影响，因此系统初始化工作必须完整且尽量满足单位的需求。

系统初始化的内容包括系统级初始化和模块级初始化。

1. 系统级初始化。系统级初始化是设置会计软件所公用的数据、参数和系统公用基础信息，其初始化的内容涉及多个模块的运行，不特定专属于某个模块。

系统级初始化内容主要包括：（1）创建账套并设置相关信息；（2）增

加操作员并设置权限；（3）设置系统公用基础信息。

2. 模块级初始化。模块级初始化是设置特定模块运行过程中所需要的参数、数据和本模块的基础信息，以保证模块按照企事业单位的要求正常运行。模块级初始化内容主要包括：（1）设置系统控制参数；（2）设置基础信息；（3）录入初始数据。

（六）进行数据转换

把大量的手工数据按初始化设置的要求输入计算机。

（七）检查、验证、修改输入计算机的各种数据

为了保障输入计算机各种数据的正确性、可靠性和有效性，应当对输入计算机的各种数据进行认真检查、验证、修改。

二、试运行阶段应注意的问题

1. 为了全面准确测试会计软件，一般选择一个月至三个月的全部业务数据为试运行数据，试运行的时间应放在年初、年末的特殊会计时期。

2. 计算机与手工并行期间，可采用计算机打印输出的记账凭证替代手工填制的记账凭证，原始凭证应附相关的记账凭证的背面，通过审核并装订成册，作为会计档案保存，并据以登记手工账簿。如果计算机与手工结果不一致，要由专人查明原因并向单位领导书面报告。

3. 在试运行的初期，应以手工核算为主，计算机核算为辅。后期应当逐步转为以计算机核算为主，以手工核算为辅，为甩掉手工账做好准备。

4. 适当安排好实施进度，试运行期间应及时发现问题，并尽快处理。

5. 要保留试运行阶段手工方式下会计核算与计算机方式下会计核算的全部数据与并行记录，便于在出现错误时查对。

6. 计算机会计核算与手工核算并行运行三至六个月，且数据完全一致，可提出甩账申请。

第四节　计算机替代手工记账规范

一、计算机替代手工记账的前提条件

为保证会计电算化后会计的质量，单位在正式采用电子计算机全部替代手工记账之前，应通过上级部门进行验收，具备以下条件。

1. 该单位已获得“会计工作达标证书”。

2. 使用的会计核算软件达到财政部发布的《会计核算软件基本功能规范》的要求。

3. 用电子计算机进行会计核算与手工会计核算同时运行三个月以上，并取得相一致的结果。

4. 有完善的会计电算化内部管理制度，主要内容包括：岗位责任制度、管理制度、硬软件及会计数据管理制度、会计档案管理制度。

二、会计软件的正式运行程序

1. 日常记账凭证的输入工作。

2. 记账凭证的复核和修改。

3. 完成手工方式下各种会计核算业务，并向会计核算的广度和深度拓展。

4. 查询和打印输出各种会计数据资料，为本单位的其他部门和单位管理人员提供数据资料。

5. 记账并输出各种账页。

6. 编制输出各种会计报表。

7. 完成会计软件所提供的其他功能。

三、会计电算化管理应注意的问题

1. 采用计算机打印输出的书面会计凭证、账簿、报表，应当按国家统一会计制度的要求，保存期限按《会计档案管理办法》的规定执行。

2. 在当期所有记账凭证数据和明细分类账数据都存储在计算机内的情况下，总分类账可以从这些数据中产生，因此可以用“总分类账户本期发生额及余额对照表”替代当期总分类账。

3. 现金日记账和银行日记账的打印，由于受到打印机条件的限制，可采用计算机打印输出的活页账装订成册，要求每天登记并打印业务较少，不能满页打印的可按旬打印输出。一般账簿可以根据实际情况和工作需要按月或按季、按年打印。

第五节　会计电算化内部管理制度

一、核算系统人员分工

为适应会计工作电算化后会计工作重点的转移和岗位的变动，需要对财会人员的工作内容和任务以及相互分工作出调整。

会计人员工作岗位划分为：会计主管、系统管理员、系统操作员、制单、复核及审核、会计报表、档案管理、出纳。以上岗位中系统管理员不得兼管出纳工作，出纳人员不得兼任操作人员。

二、核算系统人员组成

核算系统由系统管理员、会计电算化操作员、数据审核员和会计档案管理员等组成。

（一）系统管理员

负责核算系统运行环境的建立，组织协调系统的日常运行操作，提出软件修改的意见；发现和解决操作故障，及时纠正数据差错；负责检查和督促系统各类人员的工作，负责系统的安全保密工作；负责对系统硬件设备的检查及故障处理工作，确保系统的正常运行，负责数据及程序的正确性和适应性的维护。

发生不可处理的错误时，应及时与销售单位技术人员取得联系，及时解决发生的错误。系统管理员一般由计算机专业人员负责。

（二）会计电算化操作员

负责所分管的财会工作，做好分管的原始凭证的汇集和记账凭证编制及预处理工作；负责审查输入凭证的预处理，整理输入凭证、编制记账凭证、进行核算工作；负责系统的操作运行；负责数据登录、打印各种账表数据，严格遵守操作规程，负责数据正确性的校核，发现故障应及时报告系统管理员。同时应做好会计数据的备份。由具有合格证的会计人员负责。

（三）数据审核员

负责对输入凭证的代码及数据的完整性和正确性的审核，保证输出账表数据的完整性和正确性。由不是输入凭证的另一人负责。

（四）会计档案管理员

负责存档数据软盘、程序软盘、账表、凭证和各种资料的保管工作，做好软件、数据及资料的安全保密工作。做好会计数据的备份工作。

需要指出的是，会计主管和出纳员的职责与手工方式下的职责一样，区别在于必须对会计电算化比较了解，并充分利用会计电算化提供的各种会计资料。

三、会计电算化系统各类人员岗位责任制

（一）系统管理员责任制

1. 负责会计电算化系统的日常管理工作，监督并保证系统的正常运行，做到合法、安全、可靠、可审计的要求。在系统发生故障时，应及时到场，并组织有关人员尽快恢复正常运行。

2. 定期检查软、硬件设备的运行情况，负责系统运行中软、硬件故障的消除工作，负责系统的安装和调试工作，按规定的程序实施软件的完整性、适应性和正确性的维护。

3. 协调本系统各类人员之间的工作关系。

4. 检查会计凭证的预处理工作，确保各类输入数据符合系统的要求。

5. 负责计算机输出账表、凭证数据的正确性和及时性检查工作。

6. 负责本系统各有关资源（包括硬件设备、软件、数据及文档资料等）的调用、修改和更新的审批手续。

7. 负责本系统运行的安全性、正确性、及时性检查工作。

8. 做好本系统操作运行情况的总结工作，并提出更新软件或修改软件的需求报告。

9. 负责本系统各类人员的工作质量考评，并提出任免意见。

10. 完善现有的管理制度，并制定岗位责任与经济责任考核制度。

（二）会计电算化操作员责任制

1. 负责系统的数据登录、数据备份和输出账表的打印工作。严格按照输入凭证要求做好数据输入操作，输入完毕进行自检核对工作，核对无误后交审核员复核；在输入操作中，如发现输入凭证有疑问或错误时，应及时向系统管理员或专职会计员反映，不得擅自作废或修改；发现输入数据与凭证不符时，应按凭证数据予以修正。

2. 严格按照系统操作说明进行操作。

3. 当天的日记账数据，做到当天登录。登录后并打印出当天的账表，

做到当日账当日清。日记账输入应做好日清，在月末应将核对无误的明细账和科目汇总表打印输出。

4. 月末打印系统所有的明细账、总分类账、会计报表和自动转账凭证。

5. 每次操作完毕，应及时做好各类备份数据和存档数据。

6. 注意安全保密，各自的操作口令不得随意泄露，备份数据应妥善保管。

7. 系统操作过程中发现故障，应及时向系统管理员报告，并做好故障记录和上机记录等事项。

（三）审核员责任制

1. 负责凭证数据的审核工作，包括各类代码的合法性、摘要的规范性和数据的正确性。

2. 负责输出数据正确性的审核工作。

3. 对不真实、不合法、不完整、不规范的凭证，退还各有关人员更正，补齐后，再行审核。

4. 对于不符合要求的凭证和不正确的输出账表数据不予签章确认。

（四）会计档案管理员责任制

1. 负责本系统各类数据软盘、系统软盘及各类账表、凭证、资料的备份和存档保管工作。

2. 做好各类数据、资料、凭证的安全保密工作，不得擅自出借。

3. 按规定期限，向各类有关人员催交备份数据及存档数据。

（五）专职会计员责任制

1. 按分管的内容汇集材料收发、领退单、销售发票、工资变动及停止发放等各类单据。

2. 在规定的期限内，根据原始凭证准确编制会计记账凭证。

3. 编制会计凭证应符合财会制度的要求。做到内容完整、数据正确；代码要合法、恰当，摘要应简明规范。

4. 如果专职会计人员兼会计电算化系统操作员，则应遵守会计电算化系统操作员的责任制。

四、会计电算化操作管理制度

1. 明确规定上机操作人员对会计软件的操作工作内容和权限，对操作密码要严格管理，指定专人定期更换密码，杜绝未经授权人员操作会计软件。

2. 预防已输入计算机的原始凭证和记账凭证等会计数据未经审核而登记机内账簿。

3. 操作人员离开机房前，应执行相应命令，退出会计软件。

4. 根据本单位实际情况，由专人保存必要的上机操作记录，记录操作人、操作时间、操作内容、故障情况等内容。

五、计算机硬件、软件和数据管理制度

1. 保证机房设备安全和计算机正常运行是进行会计电算化的前提条件，要经常对有关设备进行保养，保持机房和设备的整洁，防止意外事故的发生。

2. 确保会计数据和会计软件的安全保密，防止对数据和软件的非法修改和删除；对磁性介质存放的数据要保存双备份。

3. 对正在使用的会计核算软件进行修改、对通用会计软件进行升版和计算机硬件设备进行更换等工作要有一定的审批手续；在软件修改、升版和硬件更换过程中，要保证实际会计数据的连续和安全，并由有关人员进行监督。

4. 健全计算机硬件和软件出现故障时进行排除的管理措施，保证会计数据的完整性。

5. 健全必要的防治计算机病毒的措施。

六、电算化会计档案管理制度

1. 电算化会计档案，包括存储在计算机硬盘中的会计数据以其他磁性介质或光盘存储的会计数据和计算机打印出来的书面等形式的会计数据；会计数据是指记账凭证、会计账簿、会计报表（包括报表格式和计算公式）等数据。

2. 电算化会计档案管理是重要的会计基础工作，要严格按照财政部有关规定的要求对会计档案进行管理，由专人负责。

3. 对电算化会计档案管理要做好防磁、防火、防潮和防尘工作，重要会计档案应准备双份，存放在两个不同的地点。

4. 采用磁性介质保存会计档案，要定期进行检查，定期进行复制，防止由于磁性介质损坏而使会计档案丢失。

5. 通用会计软件、定点开发会计软件、通用与定点开发相结合会计软件的全套文档资料以及会计软件程序，视同会计档案保管，保管期截止该软件停至使用或有重大更改之后的五年。

第六节　会计电算化业务流程及工作标准

一、会计电算化业务流程

1. 操作员输入凭证。
2. 审核员审核记账凭证。
3. 操作员修改凭证。
4. 审核员记账。
5. 主管查询账簿。

6. 出纳进行银行对账。

7. 打印输出账、证、表。

8. 结账。

9. 编制会计报表。

10. 备份。

二、会计电算化工作标准

（一）原始凭证审核

1. 内容完整：要有凭证名称、填制日期、填制单位或填制人姓名、接收单位名称、经济业务内容、数量、单价、金额，盖有填制单位公章。

2. 数据准确：大、小写金额要相符。

3. 手续完善。

4. 使用规范：一式几联的原始凭证要注明付款单位的一联作报销依据；必须用双面复写，原始凭证不得涂改挖补。

（二）填制记账凭证

1. 程序正确、归类确切；

2. 凭证内容完整、手续健全；

3. 更正凭证及时；

4. 摘要简明扼要，科目使用正确。

（三）审核记账凭证

具体审核内容如下。

1. 内容是否真实：记账凭证是否有原始凭证为依据，所附原始凭证或记账凭证汇总表的内容与记账凭证的内容是否一致。

2. 项目是否齐全：记账凭证各项目的填写是否齐全，如日期、凭证编号、摘要、会计科目、金额、所附原始凭证张数及有关人员签章等；出纳人员在办理收款或付款业务后，是否已在原始凭证上加盖“收讫”或“付讫”的戳记。

3. 科目是否正确：记账凭证的应借、应贷科目以及对应关系是否正确。

4. 金额是否正确：记账凭证所记录的金额与原始凭证的有关金额是否一致，计算是否正确。

5. 如果是手工账，看书写是否正确：记账凭证中的记录是否文字工整、数字清晰，是否按规定进行更正等。

（四）登记账簿

1. 账簿设置要完整。
2. 启用账簿要规范。
3. 数据备份要及时。
4. 定期按时记账结账。

（五）对账

（六）编制报表

（七）收集档案

（八）档案管理

思考题：

1. 什么是会计电算化？会计电算化的作用有哪些？
2. 配备电子计算机和会计软件的要求是什么？
3. 如何做好会计电算化的内部控制？
4. 怎样做好会计电算化的会计档案的管理？
5. 会计电算化工作标准是什么？

延伸阅读（一）

江南区总工会会计电算化内部管理规定

第一条 为规范工会会计电算化工作，确保电算化系统的安全、有效、正常运行，根据财政部《会计电算化管理办法》和《会计电算化工作规范》的有关规定及应用软件的具体要求，结合我会实际情况，特制定本制度。

第二条 计算机硬件、软件和会计数据管理

1. 计算机硬件管理

（1）会计电算化硬件设备是指专门用于会计电算化的计算机及其配套设备。用于账务处理的计算机应保证财务会计工作专用，不能联入单位局域网及互联网，保证财务数据的安全。

（2）计算机必须固定存放在安全的地点，由专人使用、保养和管理。其他人员未经许可，严禁操作会计软件。

2. 计算机软件的管理

（1）统一使用上级工会指定的财务软件及其相关软件。及时更新财务软件版本，并妥善保管软件密钥。

（2）配备优良的杀毒软件，以预防、检测、清除计算机病毒，并定期进行病毒库的升级及版本的更新。

（3）做好会计核算软件、会计数据的安全与保护工作，会计核算软件、光盘必须放在通风、干燥、防磁的场所，及时做好会计资料的备份工作，确保系统的正常运行。

第三条 计算机操作人员的管理

1. 操作员要严格遵守各项规章制度，保证会计数据资料和会计核算软件的安全，严禁对数据的非法修改和删除。

2. 操作员必须严格按照工作程序操作。每个操作人员根据自己的权限操作计算机。

3. 操作员应定期更改登录密码，软件中各系统的密码口令不得向无关人员泄露。软件数据未经工会主席批准，不得拷贝给外单位。

4. 如计算机运行发生故障，操作员不得擅自打开主机及其他设备，应及时报告计算机管理人员进行必要的处理，以确保计算机系统安全。

5. 操作员不得任意打开数据库，不得修改系统软件，如需对软件进行维护，应向工会主席汇报，同意后方可由系统维护人员处理。

6. 防止计算机病毒的破坏，健全必要的防止计算机病毒的措施，确保账务系统的正常运行。

第四条 会计电算化岗位责任制

1. 系统管理员

（1）负责系统运行的组织管理及维护工作。按照会计电算化内部控制制度要求，规定、设置系统用户组的权限，便于分清责任，保证系统的安全、正常运行。

（2）负责系统软件、硬件的安全、维护工作，建立计算机病毒防护措施，及时消除系统运行故障，如自己不能处理的，应及时与有关软件公司联系，以便得到尽快解决。

（3）及时做好各种系统初始化备份，做好账务处理、报表处理等电子数据定期备份。

（4）负责年初做好系统的调整设定工作。

（5）必须做到熟练使用财务软件，在此基础上要不断学习掌握计算机方面的新知识，负责操作人员培训辅导工作。

2. 记账凭证输入人员

根据审核无误的原始凭证编制记账凭证，正确使用会计科目，做到摘要简明、数字准确、传递及时，严格按照系统操作程序逐笔编制并输入记账凭证。

3. 审核人员

审核输入计算机的会计数据（记账凭证和原始凭证等）的合法性、正确性和完整性，拒绝不符合会计制度要求的记账凭证登记入账。

4. 记账人员

（1）定期核对会计数据，在确保账账相符的前提下做好记账、结账等工作。

（2）定期打印纸质会计资料，及时打印会计凭证；按年打印总分类账和明细分类账；按会计制度规定的报表时间打印会计报表。

上述各种岗位可以一人一岗，也可一人多岗，但凭证输入员和审核员不得同一个人兼任。

第五条　电算化会计档案管理

1. 电算化会计档案包括纸质和用存储介质保存的会计数据，其中备份会计资料U盘或光盘，交会计档案保管人保管，设专柜存放。保管期限按《会计档案管理制度》规定执行。

2. 会计档案必须手续齐全，报表、账簿、凭证等均应由相关人员签章并加盖公章方可有效，档案存放应做到存入有序，查找方便。

3. 档案管理员应根据存储介质的不同情况定期对备份存储介质进行可用性检查，发现缺损或备份数据丢失的，应立即补充备份。对重要会计数据更新或修改后应及时进行备份，会计年度结束后及时进行刻录备份。计算机内的会计数据遭到非法操作和毁损等需要恢复时，在经会计主管同意后，必须使用最新的正式备份。

4. 会计档案保管期满，需要销毁时，档案管理人员提出销毁意见，会同工会财务人员共同鉴定，严格审查，并编制销毁清册。

5. 电算化会计档案必须严格执行安全和保密制度，会计档案不得随意摆放，严防毁损、散失和泄密。各种会计资料（包括纸质和用存储介质保存的会计数据），一般不得外借，如有特殊需要，经工会主席批准后，可提供查阅或者复制。查阅或者复制会计档案的人员，严禁在会计档案上涂画、折封和抽换。

第六条　本制度由江南区总工会负责作出解释。

第七条　本制度自发布之日起执行。

延伸阅读（二）

重庆市总工会“突出公益、聚焦主业”规范资产管理强化服务功能

2021年，重庆市总工会聚焦工会资产的公益性和服务性，不断加强服务阵地建设、功能提升和作用发挥，通过找准发力点、深化监管线、提档服务面等方式，妥善处置了机关房产不动产权办理难、固定资产长期账物不符、区县工会资产处置事项存疑等工会固定资产问题，实现了工会资产管理工作的守正创新。

重庆市总工会资产监督管理部相关负责人介绍，市总在某大厦有110个车位，但未能办理车位不动产权证。市总资产监督管理部通过协调渝中区政府等相关单位，确保车位二次交易时不再缴纳土地收益金，维护了工会的合法权益。

针对固定资产存在账物不符问题，重庆市总对现有固定资产进行全面清理登记，逐一落实资产去向，并提出资产处置建议，形成清理报告。同时，运用固定资产管理系统，采用信息化手段，对固定资产卡片进行智能化管理，做到有物必登，登记到人，一物一卡，不重不漏。

重庆市总坚持深化监管线和提档服务面。市总对区、县以上各级工会及工会所属企事业单位占有、使用、管理的工会资产服务阵地，包括工会行政性资产、事业资产和企业资产进行统计摸底，在支持区县工会服务阵地做大做强的同时，帮助区县工会建立起科学的管理机制。此外，重庆市总稳步推进劳模职工和技术工人疗休养工作。一方面指导疗养院主动对接区县、产业，切实维护职工疗休养权益；另一方面，充实和完善疗休养基地，高质量服务劳模和技术工人。

据悉，2022年，重庆市总将按照“突出公益、聚焦主业、自主经营、依法监督”的要求，进一步强化工会资产服务职工、服务基层功能。其中，计划组织劳模、职工和技术工人疗休养1.2万人次。

第十章

工会财务报表

工会财务报表是反映各级工会财务状况、业务活动和预算执行结果的书面文件。工会财务报表是各级工会领导、上级工会及其他财务报表使用者了解情况、掌握政策、指导工作的重要资料。工会财务报表包括会计报表和附注。编制工会财务报表对了解工会财务状况、加强财务管理具有十分重要的意义。

第一节　工会财务报表概述

一、工会财务报表的概念和分类

工会财务报表是反映各级工会财务状况、业务活动和预算执行结果的书面文件。工会财务报表是各级工会领导、上级工会及其他财务报表使用者了解情况、掌握政策、指导工作的重要资料。编制财务报表是各级工会会计必须掌握的专业技能。

工会财务报表包括会计报表和附注。

工会会计报表可以从编制时间、范围、内容等方面进行不同的分类。

按内容划分，会计报表分为主表和附表。主表包括资产负债表和收入支出表，附表包括财政拨款收入支出表、国有资产情况表和成本费用表。资产负债表，是反映工会某一会计期末全部资产、负债和净资产情况的报表。收入支出表，是反映工会某一会计期间全部收入、支出及结转结余情况的报表。财政拨款收入支出表，是反映县级以上工会某一会计期间从同级政府财政部门取得的财政拨款收入、支出及结转结余情况的报表。国有资产情况表，是反映县级以上工会某一会计期间持有的国有资产情况的报表。成本费用表，是反映县级以上工会某一会计期间成本费用情况的报表。

按报送时限划分，会计报表分为年度会计报表和中期会计报表。年度会计报表是以整个会计年度为基础编制的会计报表，中期会计报表是以短于一个完整会计年度的期间（如半年度、季度和月度）编制的会计报表。

按范围划分，会计报表分为个别报表和汇总报表。

附注是对在资产负债表、收入支出表等报表中列示项目所作的进一步说明，以及未能在这些报表中列示项目的说明。

二、财务报表的作用

编制财务报表是各级工会的一项法定义务，也是明确会计工作责任的重要依据。《会计法》第四条规定单位负责人对本单位的会计工作和会计资料的真实性、完整性负责。其中单位负责人是指单位法定代表人或者法律、行政法规定代表单位行使职权的主要负责人。具体到工会就是各级工会的法定代表人工会主席或者行使职权的主要负责人如常务副主席等。《工会会计制度》第六十三条规定："工会要负责对所属单位财务报表和下级工会报送的年度财务报表进行审核、核批和汇总工作，定期向本级工会领导和上级工会报告本级工会预算执行情况。"因此重视财务报表的编制和管理工作，既是法律的要求也是会计报表作用的体现。

（一）有助于工会工作的宏观管理

工会的基本职责是维护职工合法权益、竭诚服务职工群众，要履行好这一职责，既需要党政和社会的广泛支持，同时更需要工会的"主动作为、源头参与、依法履职、主动维权"。财务报表作为各级工会报告期间业务活动的综合反映，可以通过对其分析来了解各级工会的资金使用以及各项工作的开展情况，尤其是各地方工会是否按照全国总工会的统一要求，集中财力服务服从于各项重点工作，从而有利于各级工会从总体上对当年工作的开展情况及其经费管理作出总体性评价。

（二）是确保工会经济行为合法合规的重要依据

根据《工会法》第四十五条规定，工会应当根据经费独立原则，建立预算、决算和经费审查监督制度。但《工会法》也同时指出"工会经费的使用应当依法接受国家的监督"。这说明工会经费的独立是法律规定的权利，而依法接受国家监督也是法律规定的义务。所以各级工会必须牢固树立工会财务工作和会计核算的财经纪律观念，确保工会经费依法使用、合理使用、有效使用。而工会财务报表所反映的内容无疑可以为工会内部的民主监督和外部监督提供重要的载体，并对各级工会财经纪律的执行情况进行判定。

（三）为各级工会的决策提供依据

报表的基本功能就是决策的有用性，如果报表提供的财务信息失去了决策的意义，那么会计报表本身也将不会存在。所以，工会提供的会计报表，不仅要格式统一、内容明确、数据准确，而且要做到专业人员能熟悉、非专业人员能看懂，为工会领导开展决策、部署工作重点提供依据。

（四）为与工会相关的利益相关者提供信息

工会是中国共产党领导的职工自愿结合的工人阶级群众组织。随着职工队伍的不断变化，与工会有关的利益相关者群体也将越来越多。在工会系统内部，职工有权知道工会经费的使用情况，这既是制度的要求，也是工会民主理财的基本原则；与此同时，相关规定也明确了政府、用人单位行政对工会的补助，但如何补助、补助多少、什么时候补助必须是一本“明白账”，如果这些信息不能向利益相关者说明白，很难得到资金支持。

三、财务报表的编制要求

为了充分发挥工会财务会计报表的作用，必须保证财务报表的质量。《工会会计制度》第六十四条规定：“工会财务报表要根据登记完整、核对无误的账簿记录和其他有关资料编制，做到数字准确、内容完整、报送及时。工会财务报表应当由各级工会的法定代表人和主管会计工作的负责人、会计机构负责人（会计主管人员）签名并盖章。”工会财务报表编制的基本要求可概括如下。

（一）数字准确

要求工会财务报表如实反映工会财务状况，数字真实可靠。在编制报表之前，本期发生的所有账务必须全部登记入账，并以账簿记录为依据编制，不能以预算数代替实际数，不能弄虚作假，隐瞒谎报。

（二）内容完整

财务报表是一套完整指标体系，报表内容要严格按《工会会计制度》

规定的统一种类、格式、内容编制，不得随意对格式和内容进行增减，以有利于工会报表数据的汇总和报表使用者的阅读。

（三）报送及时

财务报表的时间性很强，如果不及时编制就会失去会计报表应有的作用，不利于各级工会领导了解情况、掌握政策、指导工作。因此，各级工会必须按上级规定的时间和期限及时编制会计报表。

（四）要素齐全

为明确会计报表的责任，报表的编制要素必须齐全，包括封面、编制单位、编制日期、填表人、审核人和财务负责人以及单位公章等。

本级工会要负责对所属单位会计报表和下级工会报送的年报进行审核、核批和汇总工作，定期向本级工会领导和上级工会报告本级工会预算执行情况。

工会财务报表应当由各级工会的法定代表人和主管会计工作的负责人、会计机构负责人（会计主管人员）签名并盖章。

四、财务报表的编制程序

会计信息是对经济业务的综合记录和反映，也是评价报表主体经济活动的重要依据。不同报表编制的具体程序虽然存在差异，但在基本程序方面基本一致。工会财务报表的编制程序一般分三个阶段。（1）准备阶段，这一阶段首先是要检查记账的完整性；其次，进行财产清查保证账实相符；最后通过对账，确保账账相符。（2）编制阶段，要求统一格式，内容明确，数据准确，钩稽清晰。（3）报送阶段，首先由财务机构审核；其次同级经审会审查；最后由工会委员会或常委会决定后上报。

工会财务报表的格式如表 10-1 所示。

表 10-1　会计报表格式

编号	会计报表名称	编制期	编制主体
工会 01 表	资产负债表	月度、年度	各级工会
工会 02 表	收入支出表	月度、年度	各级工会
工会附 01 表	财政拨款收入支出表	年度	县级以上工会
工会附 02 表	国有资产情况表	年度	县级以上工会
工会附 03 表	成本费用表	月度、年度	县级以上工会

第二节　资产负债表

资产负债表是反映工会某一特定日期所拥有资产及这些资产分布情况，由各项负债、净资产构成情况的报表。基层工会资产负债表的结构采用“资产+支出=负债+净资产+收入”的会计等式为依据，该表分为左右两部分，左右平衡，此等式既是资产负债表的编制基础，也是整个会计核算的基础。在单位的所有信息中，会计信息之所以能够得到各方所公认和接受，一个重要的因素就在于会计信息所反映的经济业务按照该等式进行编制和提供，反映了经济、业务的来龙去脉和不同经济业务之间的逻辑关系。

一、资产负债表的作用

编制资产负债表是各级工会的法定义务。各级工会必须按照工会会计制度的要求，编制和提供资产负债表。从性质上看，资产负债表反映的数据都是“余额数”，是静态的，即截止到报告日工会的资产余额、负债余额和净资产余额，因此，资产负债表属于“静态报表”，是反映特定时点工会财务状况的报表。资产负债表有以下作用。

（一）反映工会资产的结构

根据“资产=负债+净资产”等式，各级工会资产的来源有两个渠道。一是通过负债形成；二是通过净资产形成。净资产的形成又有两个渠道。一是不涉及当期收支的净资产增加而导致的资产增加，如各级工会的固定资产购建、对外投资等；二是与当期收支有关的净资产增加，即结余。一般情况下，在其他因素不变的情况下，当期结余的增减变动在影响净资产的同时也会影响到资产的变化。所以，通过资产负债表，可以为工会领导和上级工会以及其他报表使用者了解报告日工会资产的总额及其结构，为评价资产的安全性提供依据。

（二）是了解工会资产结构，评估其流动性和风险性的重要依据

从大类上，工会资产分为流动资产和长期资产，两者的最大区别在于：流动资产的流动性较强，使用期限较短；而长期资产则流动性较差，变现能力较弱。因此，工会工作和工运事业的发展，必须在资产的结构方面取得平衡。

工会资产存在总额较大，但流动性不足的问题，这也是实际工作中强调工会经费的重要原因。与此同时，工会在日常活动中还可能产生一些债务，如工会创办学校，为筹集办学经费不同程度地以某种方式的抵押来换取办学资金，因此，其潜在财务风险是存在的。而解决问题的关键就要求各级工会要对这些实体的财务结构进行监管，以确保合理的资产结构和债务规模，确保资产结构与债务结构的适配性，最大限度防范和维护工会资产的安全和完整。

（三）是考核工会资产保值增值的重要依据

对任何组织而言，其资源不可能无限提供，工会组织也一样。因此，对于工会的资产，一方面需要开源，但更重要的是如何在开源的基础上，对资产进行有效利用。为加强工会资产的管理，提高工会资产的使用效率，全国总工会办公厅于 1995 年就制定了《工会资产保值增值考核试行办法》。在这份总工办发〔1995〕56 号的通知中要求，工会资产保值增值

率是报告期末的净资产与报告期初净资产的比值，在不考虑物价变动的情况下，如果期末净资产等于期初净资产，工会资产保值；如果期末净资产小于期初净资产，工会资产减值；如果期末净资产大于期初净资产，工会资产增值。并且，在保值增值率的具体计算时，还应扣除报告期间因客观因素而导致的净资产变动，如接受捐赠、上级补助等，以客观反映工会资产保值增值情况。而资产负债表的净资产项目无疑为这一目标提供了依据。

另一方面，随着工会资产出资人制度的建立，可以预见，对工会资产保值增值的考核将得到越来越多的重视，与考核相关的资产负债表将被更加严格要求。

二、资产负债表的基本格式

为便于资产负债表的阅读，降低报表使用者的成本，《工会会计制度》对工会资产负债表提供了统一的编制格式，各级工会应在规定的时间按此格式进行编报，不得随意增减编报项目。具体格式如表 10-2 所示。

表 10-2　资产负债表

工会 01 表

编制单位：　　　　____年____月____日　　　　单位：元

资产	年初余额	期末余额	负债与净资产	年初余额	期末余额
一、资产			二、负债		
流动资产			应付职工薪酬		
货币资金			应付上级经费		
零余额账户用款额度*			应付下级经费		
财政应返还额度			其他应付款		
应收上级经费			代管经费		
应收下级经费			负债合计		

续表

资产	年初余额	期末余额	负债与净资产	年初余额	期末余额
其他应收款					
库存物品			三、净资产		
流动资产合计			资产基金		
投资			专用基金		
在建工程			工会资金结转		
固定资产原值			工会资金结余		
减：累计折旧			财政拨款结转		
固定资产净值			财政拨款结余		
无形资产原值			预算稳定调节基金		
减：累计摊销			净资产合计		
无形资产净值					
长期待摊费用					
待处理财产损溢					
资产总计			负债与净资产总计		

注：“＊”标识项目为中期报表项目，年报中不需列示。

三、资产负债表的编制

资产负债表反映工会某一特定日期全部资产、负债和净资产的情况。工会至少应当编制月度、年度资产负债表，可以根据需要编制季度、半年度资产负债表。编制资产负债表应当注意以下几点。

（一）编制年度资产负债表时，将“期末余额”栏改为“年末余额”栏。

（二）本表“年初余额”栏内各项目，应当根据上年度资产负债表“年末余额”栏内各对应项目数字填列。

（三）本表“期末余额”栏各项目的内容和填列方法。

1. 资产类项目。

（1）“货币资金”项目，反映工会期末库存现金、银行存款的合计数。本项目应当根据“库存现金”“银行存款”科目的期末余额的合计数填列。

（2）“零余额账户用款额度”项目，反映县级以上工会期末尚未支用的零余额账户用款额度金额。本项目仅在中期报表中列示，年度报表中不列示。本项目应当根据“零余额账户用款额度”科目的期末余额填列。

（3）“财政应返还额度”项目，反映县级以上工会期末财政应返还额度的金额。本项目应当根据“财政应返还额度”科目的期末余额填列。

（4）“应收上级经费”项目，反映工会期末应收未收的上级工会应转拨（或拨付）的工会拨缴经费及补助金额。本项目应当根据“应收上级经费”科目的期末余额填列。

（5）“应收下级经费”项目，反映县级以上工会期末应收未收的下级工会应上缴的工会拨缴经费金额。本项目应当根据“应收下级经费”科目的期末余额填列。

（6）“其他应收款”项目，反映工会期末尚未收回的其他应收款金额。本项目应当根据“其他应收款”科目的期末余额填列。

（7）“库存物品”项目，反映工会期末存储的库存物品的实际成本。本项目应当根据“库存物品”科目的期末余额填列。

（8）“流动资产合计”项目，反映工会期末流动资产的合计数。本项目应当根据本表中“货币资金”“零余额账户用款额度”“财政应返还额度”“应收上级经费”“应收下级经费”“其他应收款”和“库存物品”项目金额的合计数填列。

（9）“投资”项目，反映工会期末持有的投资账面余额。本项目应当根据“投资”科目的期末余额填列。

（10）“在建工程”项目，反映工会期末所有的建设项目工程的实际成本。本项目应当根据“在建工程”科目的期末余额填列。

（11）“固定资产原值”项目，反映工会期末固定资产的原值。本项目应当根据“固定资产”科目的期末余额填列。

“累计折旧”项目，反映工会期末固定资产已计提的累计折旧金额。本项目应当根据“累计折旧”科目的期末余额填列。

“固定资产净值”项目，反映工会期末固定资产的账面价值。本项目应当根据“固定资产”科目期末余额减去“累计折旧”科目期末余额后的金额填列。

（12）“无形资产原值”项目，反映工会期末无形资产的原值。本项目应当根据“无形资产”科目的期末余额填列。

“累计摊销”项目，反映工会期末无形资产已计提的累计摊销金额。本项目应当根据“累计摊销”科目的期末余额填列。

“无形资产净值”项目，反映工会期末无形资产的账面价值。本项目应当根据“无形资产”科目期末余额减去“累计摊销”科目期末余额后的金额填列。

（13）“长期待摊费用”项目，反映工会期末已经支出，但应由本期和以后各期负担的分摊期限在 1 年以上（不含 1 年）的各项支出金额。本项目应当根据“长期待摊费用”科目的期末余额填列。

（14）“待处理财产损溢”项目，反映工会期末尚未处理完毕的各种资产的净损失或净溢余。本项目应当根据“待处理财产损溢”科目的期末借方余额填列；如“待处理财产损溢”科目期末为贷方余额，以“-”号填列。

（15）“资产总计”项目，反映工会期末资产的合计数。本项目应当根据本表中“流动资产合计”“投资”“在建工程”“固定资产净值”“无形资产净值”“长期待摊费用”和“待处理财产损溢”项目金额的合计数填列。

2. 负债类项目。

（1）“应付职工薪酬”项目，反映县级以上工会期末按有关规定应付给职工及为职工支付的各种薪酬金额。本项目应当根据“应付职工薪酬”科目的期末余额填列。

（2）“应付上级经费”项目，反映工会期末应缴未缴上级的工会拨缴经费金额。本项目应当根据“应付上级经费”科目的期末余额填列。

（3）“应付下级经费”项目，反映县级以上工会期末应付未付下级的转拨（或拨付）工会拨缴经费及补助金额。本项目应当根据“应付下级经费”科目的期末余额填列。

（4）“其他应付款”项目，反映工会期末尚未支付的其他应付及暂收款项金额。本项目应当根据“其他应付款”科目的期末余额填列。

（5）“代管经费”项目，反映工会期末受托代管的其他组织的资金金额。本项目应当根据“代管经费”科目的期末余额填列。

（6）“负债合计”项目，反映工会期末负债的合计数。本项目应当根据本表中“应付职工薪酬”“应付上级经费”“应付下级经费”“其他应付款”和“代管经费”项目金额的合计数填列。

3. 净资产类项目。

（1）“资产基金”项目，反映工会期末库存物品、投资、在建工程、固定资产、无形资产、长期待摊费用等非货币性资产在净资产中占用的金额。本项目应当根据“资产基金”科目的期末余额填列。

（2）“专用基金”项目，反映县级以上工会期末累计提取但尚未使用的专用基金余额。本项目应当根据“专用基金”科目的期末余额填列。

（3）“工会资金结转”项目，反映工会累计滚存的除财政拨款外的工会经费结转金额。本项目应当根据“工会资金结转”科目的期末余额填列。

（4）“工会资金结余”项目，反映工会累计滚存的除财政拨款外的工会经费结余金额。本项目应当根据“工会资金结余”科目的期末余额填列。

（5）“财政拨款结转”项目，反映县级以上工会累计滚存的财政拨款结转金额。本项目应当根据“财政拨款结转”科目的期末余额填列。

（6）“财政拨款结余”项目，反映县级以上工会累计滚存的财政拨款结余金额。本项目应当根据“财政拨款结余”科目的期末余额填列。

（7）“预算稳定调节基金”项目，反映县级以上工会累计滚存的预算稳定调节基金金额。本项目应当根据“预算稳定调节基金”科目的期末余额填列。

（8）“净资产合计”项目，反映工会期末净资产合计数。本项目应当根据本表中“资产基金”“专用基金”“工会资金结转”“工会资金结余”“财政拨款结转”“财政拨款结余”和“预算稳定调节基金”项目金额的合计数填列。

（9）“负债与净资产总计”项目，应当根据本表中“负债合计”和“净资产合计”项目金额的合计数填列。

第三节　收入支出表

工会收入支出表是反映工会某一会计期间全部收入、支出及结转结余情况的报表。通过本表反映收支预算执行结果，反映工会本年度经费结余及滚存经费结余情况，为各级工会领导提供收支结算信息，以满足领导和管理上的需要。

和资产负债表一样，收入支出表也是各级工会必须编制和提供的基本报表之一，但与其所不同的是，收入支出表中的数据是报告期间的累计数而不是时点数，因此，是动态的，是反映工会在报告期间收支总额的会计报表。

一、收入支出表的作用

（一）为各级工会及相关报表使用者了解工会经费的来源、构成提供依据

工会会计信息具有明显“专款专用”的特质，各级工会在取得相关收入和支出后，都应按规定的用途进行收取和使用，以维护财经纪律的严肃性。与此同时，报表使用者通过该表还可以了解到工会活动的经费收入和

使用情况，评价各级工会资金配置的重点和使用效率。

（二）为工会预决算的编制提供依据

工会预决算制度是工会经费管理的重要依据，也是衡量各级工会预算编制和执行质量的重要标准。各级工会必须严格按照“量入为出、保证重点、服务职工、面向工会”的原则，编制相关预算。在预算编制时，也应结合以前年度预算执行情况并结合本年度的工作重点和内容进行科学预测，做到预算的科学性、严谨性和可执行性，确保预算在经费管理中的“刚性约束”。而工会收支表无疑可以帮助实现这一目的。

（三）为考核工会工作绩效提供依据

工会是中国共产党领导的职工自愿结合的工人阶级群众性组织，其经费的收取和使用都应将职工的需求和权益的维护作为工作重点，而工会是否围绕这一重点开展工作，一个重要的依据就是看其经费的配置情况，这也是《工会会计制度》将职工活动支出、职工服务支出、维权支出放在工会所有支出前三位的重要原因。

二、工会收入支出表的格式

和资产负债表一样，《工会会计制度》对工会收入支出表也规定了统一的格式和填报的内容（见表10-3）。其关系式如下。

本年经费结余=本年收入合计+本年支出合计

表10-3　收入支出表

工会02表

编制单位：　　　　　　　　____年____月____日　　　　　　　　单位：元

项　目	本月数	本年累计数
一、年初资金结转结余		
（一）年初资金结转		
（二）年初资金结余		
二、资金结转结余调整及变动		

续表

项　目	本月数	本年累计数
三、收入合计		
（一）会费收入		
（二）拨缴经费收入		
（三）上级补助收入		
（四）政府补助收入		
（五）行政补助收入		
（六）附属单位上缴收入		
（七）投资收益		
（八）其他收入		
（九）动用预算稳定调节基金		
四、支出合计		
（一）职工活动支出		
（二）职工活动组织支出		
（三）职工服务支出		
（四）维权支出		
（五）业务支出		
（六）行政支出		
（七）资本性支出		
（八）补助下级支出		
（九）对附属单位的支出		
（十）其他支出		
（十一）安排预算稳定调节基金		
五、本期收支差额		
六、年末资金结转结余		
（一）年末资金结转		
（二）年末资金结余		

三、工会收入支出表的编制

（一）本表反映工会某一会计期间全部收入、支出和结转结余的情况。工会至少应当编制月度、年度收入支出表，可以根据需要编制季度、半年度收入支出表。

（二）编制年度收入支出表时，将“本月数”栏改为“本年数”栏，将“本年累计数”栏改为“上年数”栏。

（三）本表“本月数”栏内各项目，根据本月各项目的实际发生额填列。年度收入支出表“本年数”栏内各项目，根据本年度各项目的实际发生额填列。

本表“本年累计数”栏内各项目，根据自年初至本期期末各项目的累计实际发生额填列，也可以根据上月收入支出表“本年累计数”加上本月收入支出表‘本月数”后的金额填列。

年度收入支出表“上年数”栏内各项目，根据上年度收入支出表“本年数”栏内各对应项目数字填列。

（四）本表“本月数”栏各项目的内容和填列方法。

1. “年初资金结转结余”项目及其所属各明细项目，反映工会本年初所有资金结转结余的金额。本项目及其所属各明细项目，仅在编制年度收入支出表时填列。

“年初资金结转结余”项目根据各明细项目的合计数填列。“年初资金结转”项目根据“工会资金结转”“财政拨款结转”科目年初余额的合计数填列。“年初资金结余”项目根据“工会资金结余”“财政拨款结余”科目年初余额的合计数填列。

本项目及其所属各明细项目的数额，应当与上年年度收入支出表中“年末资金结转结余”中各项目的金额相等。

2. “资金结转结余调整及变动”项目，反映工会因发生需要调整以前年度各项资金结转结余的事项导致各项资金结转结余发生变动的金额。本项目根据“工会资金结转”“工会资金结余”“财政拨款结转”“财政拨款结余”科目下“年初余额调整”“归集上缴”科目本期发生额的合计数填列。若为负数，以“-”号填列。

3. 收入类项目。

（1）“收入合计”项目，反映工会本期收入总额。本项目应当根据本表中“会费收入”“拨缴经费收入”“上级补助收入”“政府补助收入”“行政补助收入”“附属单位上缴收入”“投资收益”“其他收入”和“动用预算稳定调节基金”项目金额的合计数填列。

（2）“会费收入”项目，反映基层工会收到的工会会员会费的金额。本项目应当根据“会费收入”科目的本期发生额填列。

（3）“拨缴经费收入”项目，反映工会收到的基层单位行政拨缴、下级工会按规定上缴及上级工会按规定转拨的工会拨缴经费中归属于本级工会的经费金额。本项目应当根据“拨缴经费收入”科目的本期发生额填列。

（4）“上级补助收入”项目，反映工会收到的上级工会给予的补助金额。本项目应当根据“上级补助收入”科目的本期发生额填列。

（5）“政府补助收入”项目，反映县级以上工会收到的各级人民政府按照《工会法》和国家的有关规定给予工会的补助金额。本项目应当根据“政府补助收入”科目的本期发生额填列。

（6）“行政补助收入”项目，反映基层工会收到的所在单位行政方面按照工会法和国家的有关规定给予工会的补助金额。本项目应当根据“行政补助收入”科目的本期发生额填列。

（7）“附属单位上缴收入”项目，反映工会收到的所属企事业单位按规定上缴的金额。本项目应当根据“附属单位上缴收入”科目的本期发生额填列。

（8）“投资收益”项目，反映工会收到的对外投资发生的损益金额。本项目应当根据“投资收益”科目的本期发生额填列；如为投资净损失，以“-”号填列。

（9）“其他收入”项目，反映工会收到的各类其他收入的金额。本项目应当根据“其他收入”科目的本期发生额填列。

（10）“动用预算稳定调节基金”项目，反映县级以上工会按照工会预算管理规定动用的预算稳定调节基金金额。本项目应当根据“动用预算稳定调节基金”科目的本期发生额填列。

4. 支出类项目。

（1）“支出合计”项目，反映工会本期支出总额。本项目应当根据本表中“职工活动支出”“职工活动组织支出”“职工服务支出”“维权支出”“业务支出”“行政支出”“资本性支出”“补助下级支出”“对附属单位的支出”“其他支出”和“安排预算稳定调节基金”项目金额的合计数填列。

（2）“职工活动支出”项目，反映基层工会开展职工教育活动、文体活动、宣传活动、劳模疗休养活动、会员活动等发生的支出金额。

本项目应当根据“职工活动支出”科目的本期发生额填列。

（3）“职工活动组织支出”项目，反映县级以上工会组织开展职工教育活动、文体活动、宣传活动、劳模疗休养活动等发生的支出金额。本项目应当根据“职工活动组织支出”科目的本期发生额填列。

（4）“职工服务支出”项目，反映工会开展职工劳动和技能竞赛活动、职工创新活动、建家活动、职工书屋、职工互助保障、心理咨询等工作发生的支出金额。本项目应当根据“职工服务支出”科目的本期发生额填列。

（5）“维权支出”项目，反映工会用于维护职工权益的支出金额。本项目应当根据“维权支出”科目的本期发生额填列。

（6）“业务支出”项目，反映工会培训工会干部、加强自身建设及开展业务工作发生的支出金额。本项目应当根据“业务支出”科目的本期发生额填列。

（7）“行政支出”项目，反映县级以上工会为行政管理、后勤保障等发生的各项日常支出金额。本项目应当根据“行政支出”科目的本期发生额填列。

（8）“资本性支出”项目，反映工会从事建设工程、设备工具购置、大型修缮和信息网络购建而发生的实际支出金额。本项目应当根据“资本性支出”科目的本期发生额填列。

（9）“补助下级支出”项目，反映县级以上工会为解决下级工会经费不足或根据有关规定给予下级工会的各类补助金额。本项目应当根据“补助下级支出”科目的本期发生额填列。

（10）“对附属单位的支出”项目，反映工会按规定对所属企事业单位的补助金额。本项目应当根据“对附属单位的支出”科目的本期发生额填列。

（11）“其他支出”项目，反映工会发生的各项其他支出的金额。本项目应当根据“其他支出”科目的本期发生额填列；如为贷方发生额，以“-”号填列。

（12）“安排预算稳定调节基金”项目，反映县级以上工会按照有关规定使用超收的拨缴经费收入安排的预算稳定调节基金金额。本项目应当根据“安排预算稳定调节基金”科目的本期发生额填列。

5. “本期收支差额”项目，反映工会本期发生的各项资金收入和支出相抵后的余额。本项目应当根据本表中“收入合计”项目金额减去“支出合计”项目金额后的余额填列。如为负数，以“-”号填列。

6. “年末资金结转结余”项目及其所属各明细项目，反映工会本年各项资金结转结余的年末余额。本项目及其所属各明细项目，仅在编制年度收入支出表时填列。

“年末资金结转结余”项目根据各明细项目的合计数填列。“年末资金结转”项目根据“工会资金结转”“财政拨款结转”科目年末余额的合计数填列。“年末资金结余”项目根据“工会资金结余”“财政拨款结余”科目年末余额的合计数填列。

第四节　财政拨款收入支出表

一、财政拨款收入支出表的概念

财政拨款收入支出表，是反映县级以上工会某一会计期间从同级政府财政部门取得的财政拨款收入、支出及结转结余情况的报表。人民政府给同级工会的补助，是工会的经费来源之一。本表反映县级以上工会本年财政拨款的收入、支出和结转结余的情况。县级以上工会应当按年度编制财政拨款收入支出表。不从同级政府财政部门取得财政拨款的县级以上工会，不填列本表。

财政拨款收入支出表编制主体均为县级以上工会。

二、财政拨款收入支出表格式

《工会会计制度》对财政拨款收入支出表也规定了统一的格式和填报的内容（见表10-4）。

表10-4　财政拨款收入支出表

工会附01表

编制单位：　　　　____年　　　　单位：元

项目	年初财政拨款结转结余		调整年初财政拨款结转结余	本年归集上缴	单位内部调剂		本年财政拨款收入	本年财政拨款支出	年末财政拨款结转结余	
	结转	结余			结转	结余			结转	结余
基本支出：										
1. 人员经费										
2. 公用经费										

续表

项目	年初财政拨款结转结余		调整年初财政拨款结转结余	本年归集上缴	单位内部调剂		本年财政拨款收入	本年财政拨款支出	年末财政拨款结转结余	
	结转	结余			结转	结余			结转	结余
项目支出:										
1. ××项目										
2. ××项目										
……										
总计										

三、财政拨款收入支出表编制

(一) 本表“项目”栏内各项目，应当根据县级以上工会取得的财政拨款分项设置。其中“项目支出”项目下，根据每个项目设置。

(二) 本表各栏及其对应项目的内容和填列方法。

1. “年初财政拨款结转结余”栏中各项目，反映县级以上工会年初各项财政拨款结转结余的金额。各项目应当根据“财政拨款结转”“财政拨款结余”科目及其明细科目的年初余额填列。本栏中各项目的数额应当与上年度财政拨款收入支出表中“年末财政拨款结转结余”栏中各项目的数额相等。

2. “调整年初财政拨款结转结余”栏中各项目，反映县级以上工会对年初财政拨款结转结余的调整金额。各项目应当根据“财政拨款结转”“财政拨款结余”科目下“年初余额调整”明细科目及其所属明细科目的本年发生额填列；如调整减少年初财政拨款结转结余，以“-”号填列。

3. “本年归集上缴”栏中各项目，反映县级以上工会本年按规定实际上缴的财政拨款结余资金金额。各项目应当根据“财政拨款结余”科目下“归集上缴”科目及其所属明细科目的本年发生额，以“-”号填列。

4. “单位内部调剂”栏中各项目，反映县级以上工会本年财政拨款结转结余资金在工会内部不同项目等之间的调剂金额。各项目应当根据“财政拨款结转”和“财政拨款结余”科目下的“单位内部调剂”明细科目及其所属明细科目的本年发生额填列；对工会内部调剂减少的财政拨款结余金额，以“-”号填列。

5. “本年财政拨款收入”栏中各项目，反映县级以上工会本年从同级政府部门取得的财政预算拨款金额。各项目应当根据“政府补助收入”科目下“财政拨款收入”明细科目及其所属明细科目的本年发生额填列。

6. “本年财政拨款支出”栏中各项目，反映县级以上工会本年发生的财政拨款支出金额。各项目应当根据除“安排预算稳定调节基金”科目以外的各支出类科目下“财政拨款”明细科目及其所属明细科目的本年发生额填列。

7. “年末财政拨款结转结余”栏中各项目，反映县级以上工会年末财政拨款结转结余的金额。各项目应当根据“财政拨款结转”“财政拨款结余”科目及其所属明细科目的年末余额填列。

第五节　国有资产情况表

一、国有资产情况表概念

国有资产情况表，是反映县级以上工会某一会计期间持有的国有资产情况的报表。本表反映县级以上工会年末持有的国有资产情况。县级以上工会应当按年度编制国有资产情况表。

二、国有资产情况表格式

《工会会计制度》也对国有资产情况表规定了统一的格式和填报的内容（见表 10-5）。

表 10-5　国有资产情况表

工会附 02 表

编制单位：　　　　　　　　　　____年　　　　　　　　　　单位：元

项　目	年初余额	年末余额
流动资产		
货币资金		
财政应返还额度		
库存物品		
流动资产合计		
非流动资产		
在建工程		
固定资产原值		
减：累计折旧		
固定资产净值		
无形资产原值		
减：累计摊销		
无形资产净值		
长期待摊费用		
非流动资产合计		
资产总计		

三、国有资产情况表编制

（一）本表“年初余额”栏各项目金额，应当根据上年度国有资产情况表“年末余额”栏内各对应项目数字填列。

（二）本表“年末余额”栏各项目的内容和填列方法。

1. “货币资金”项目，反映县级以上工会年末库存现金及银行存款中财政拨款的合计数。本项目应当根据“库存现金”“银行存款”科目下“国有资产”明细科目年末余额的合计数填列。

2. “财政应返还额度”项目，反映县级以上工会年末财政应返还额度的金额。本项目应当根据“财政应返还额度”科目的年末余额填列。

3. “库存物品”项目，反映县级以上工会年末存储的财政拨款形成的库存物品的实际成本。本项目应当根据“库存物品”科目下“国有资产”明细科目的年末余额填列。

4. “流动资产合计”项目，反映工会期末流动资产中国有资产的合计数。本项目应当根据本表中“货币资金”“财政应返还额度”“库存物品”项目金额的合计数填列。

5. “在建工程”项目，反映县级以上工会年末所有的建设项目工程中国有资产部分的实际成本。本项目应当根据“在建工程”科目下“国有资产”明细科目的年末余额填列。

6. “固定资产原值”项目，反映县级以上工会年末固定资产中国有资产部分的原值。本项目应当根据“固定资产”科目下“国有资产”明细科目的年末余额填列。

“累计折旧”项目，反映县级以上工会年末固定资产中国有资产部分已计提的累计折旧金额。本项目应当根据“累计折旧”科目下“国有资产”明细科目的年末余额填列。

“固定资产净值”项目，反映县级以上工会年末固定资产中国有资产部分的账面价值。本项目应当根据“固定资产原值”项目减去“累计折旧”项目后的金额填列。

7. “无形资产原值”项目，反映县级以上工会年末无形资产中国有资产部分的原值。本项目应当根据“无形资产”科目下“国有资产”明细科目的年末余额填列。

“累计摊销”项目，反映县级以上工会年末无形资产中国有资产部分已计提的累计摊销金额。本项目应当根据“累计摊销”科目下“国有资产”明细科目的年末余额填列。

“无形资产净值”项目，反映县级以上工会年末无形资产中国有资产部分的账面价值。本项目应当根据“无形资产原值”项目减去“累计摊销”项目后的金额填列。

8. “长期待摊费用”项目，反映县级以上工会年末已经支出的，应由本期和以后各期负担的分摊期限在 1 年以上（不含 1 年）的财政拨款支出。本项目应当根据“长期待摊费用”科目下“国有资产”明细科目的年末余额填列。

9. “非流动资产合计”项目，反映县级以上工会年末非流动资产中国有资产的合计数。本项目应当根据本表中“在建工程”“固定资产净值”“无形资产净值”“长期待摊费用”项目金额的合计数填列。

10. “资产总计”项目，反映县级以上工会年末国有资产的合计数。本项目应当根据“流动资产合计”项目与“非流动资产合计”项目金额的合计数填列。

第六节　成本费用表

一、成本费用表概念

成本费用表，是反映县级以上工会某一会计期间成本费用情况的报表。本表反映县级以上工会某一会计期间内的成本费用情况。

县级以上工会至少应当编制月度、年度成本费用表，可以根据需要编制季度、半年度成本费用表。

二、成本费用表格式

《工会会计制度》也对成本费用表规定了统一的格式和填报的内容（见表 10-6）。

表 10-6 成本费用表

工会附 03 表

编制单位：　　　　　　　　＿＿年＿＿月　　　　　　　　单位：元

项　目	本月数	本年累计数
职工活动组织费用		
职工服务费用		
维权费用		
业务费用		
行政费用		
补助下级费用		
对附属单位的费用		
折旧及摊销费用		
其他费用		
调整事项		
费用总计		

三、工会费用表编制

（一）编制年度成本费用表时，将“本月数”栏改为“本年数”栏，将“本年累计数”栏改为“上年数”栏。

（二）本表“本月数”栏内各项目，根据本月各项目的实际发生额填列。年度成本费用表“本年数”栏内各项目，根据本年度各项目的实际发生额填列。

本表“本年累计数”栏内各项目，根据自年初至本期期末各项目的累计实际发生额填列，也可以根据上月成本费用表“本年累计数”加上本月成本费用表“本月数”后的金额填列。

年度成本费用表“上年数”栏内各项目，根据上年度成本费用表“本年数”栏内各对应项目数字填列。

（三）本表“本月数”栏各项目的内容和填列方法。

1.“职工活动组织费用”项目，反映县级以上工会组织开展职工教育活动、文体活动、宣传活动、劳模疗休养活动等所发生的费用。本项目根据“职工活动组织支出”科目的本期发生额填列。

2.“职工服务费用”项目，反映县级以上工会开展职工劳动和技能竞赛活动、职工创新活动、建家活动、职工书屋、职工互助保障、心理咨询等工作发生的费用。本项目根据“职工服务支出”科目的本期发生额填列。

3.“维权费用”项目，反映县级以上工会用于维护职工权益的费用。本项目根据“维权支出”科目的本期发生额填列。

4.“业务费用”项目，反映县级以上工会培训工会干部、加强自身建设及开展业务工作发生的费用。本项目根据“业务支出”科目的本期发生额填列。

5.“行政费用”项目，反映县级以上工会为行政管理、后勤保障等发生的各项费用。本项目根据“行政支出”科目的本期发生额填列。

6.“补助下级费用”项目，反映县级以上工会补助下级发生的费用。本项目根据“补助下级支出”科目的本期发生额填列。

7.“对附属单位的费用”项目，反映县级以上工会按规定对附属企事业单位补助发生的费用。本项目根据“对附属单位的支出”科目的本期发生额填列。

8.“折旧及摊销费用”项目，反映县级以上工会应承担的折旧、摊销及待摊费用。本项目根据“累计折旧”“累计摊销”“长期待摊费用”科目本期贷方发生额的合计数填列。

9.“其他费用”项目，反映县级以上工会发生的除以上费用项目外的其他费用。本项目根据“其他支出”科目的本期发生额填列。

10.“调整事项”项目，反映由于会计核算基础差异导致的费用调整金额。本项目根据本期调整事项的实际发生额填列，若为调减事项，以“–”号填列。

11.“费用总计”项目，反映县级以上工会发生的成本费用合计数。本项目根据本表中“职工活动组织费用”“职工服务费用”“维权费用”“业务费用”“行政费用”“补助下级费用”“对附属单位的费用”“折旧及摊销费用”“其他费用”和“调整事项”项目金额的合计数填列。

（四）调整事项。

1. 调整库存物品对当期费用的影响。当期购入库存物品的支出，不作为当期费用；当期领用、发出库存物品对应的支出，作为当期费用。县级以上工会应当将“库存物品”科目期初余额减去期末余额后的差额，作为当期费用的调增金额。

2. 调整在建工程对当期费用的影响。建设项目竣工验收并交付使用时，县级以上工会应当将在建工程中“待核销基建支出”明细科目的本期发生额计入当期费用，作为当期费用的调增金额。

3. 调整其他事项对当期费用的影响。存在其他事项因核算基础不同导致当期费用与支出存在差异的，比照上述原则进行处理。

第七节　工会事业单位会计报表的编制

工会事业单位会计报表是以日常核算资料为主要依据，总括反映工会事业单位在一定时期内财务状况和收支状况的书面文件，是上级单位了解情况、掌握政策、分析检查单位预算、指导工作的重要资料，也是编制下年度单位财务收支计划的基础。

一、会计报表的种类及编报要求

（一）会计报表的种类

工会事业单位会计报表按报送的时间，可分为月报、季报和年报。《工会事业单位会计制度》规定的报表有：资产负债表（事会 01 表）、收入支出表（事会 02 表）、支出明细表（事会 03 表）。

（二）会计报表的编制要求

编制会计报表要根据登记完整、准确的账簿记录和其他有关资料编制。编制报表要做到数字准确、内容完整、报送及时，具体要做到以下几点。

1. 会计报表应按照《工会事业单位会计制度》规定的格式、内容和期限向主管工会编制报送。

2. 应当加强日常会计核算工作。会计报表数字要根据审核无误的会计账簿记录列报，切实做到账表相符，不得以任何形式弄虚作假。

3. 要做好报表汇总工作。事业单位要在编制本级报表的基础上，与审核过的所属单位会计报表进行汇总。

4. 要根据主管部门有关决算的编制要求编制年度会计报表，并编写收支情况说明书。

5. 会计报表的指标体系必须口径一致，相互衔接。上期项目分类和内容与本期不一致的，应将上期数按本期数进行调整，使之有可比性。

6. 事业单位收到上级单位对其决算批复后，要与上报的决算数再进行一次核对，如有不符，查明原因，按上级单位批复进行相应财务处理。

二、会计报表的编制

（一）资产负债表的编制

资产负债表是反映工会事业单位某一特定日期财务状况的会计报表。它是根据会计要素，即资产、负债、净资产、收入、支出之间相互关系，按照一定分类标准和一定的顺序，把事业单位在一定日期内的资产、负债、收入、支出、净资产各项目予以适当排列，并对一定时期工作中形成的大量数据进行高度浓缩整理以后编制而成的。资产负债表能够综合反映事业单位资产、负债、收入、支出和净资产的组成情况。

通过对该表的分析，可以了解单位的财务实力、短期偿债能力和支付能力，若把前后期的资产负债表加以对照分析，可以看出事业单位资产负债变化情况、财务状况、发展趋势。

1. 资产负债表的格式及内容。资产负债表的格式，左方为资产部类，包括资产类、支出类。右方为负债部类，包括负债类、净资产类、收入类。工会事业单位资产负债表的格式如表10-7所示。

表10-7　资产负债表

事会01表

编制单位：　　　　　　　　　　____年____月____日　　　　　　　　单位：元

科目编号	资产部类	年初数	期末数	科目编号	负债部类	年初数	期末数
	一、资　产				二、负　债		
101	现金			201	借入款项		
102	银行存款			202	应付票据		
105	应收票据			203	应付账款		
106	应收账款			204	预付账款		
				205	代管经费		
108	预付账款			207	其他应付款		
110	其他应收款			210	应缴税金		
112	待摊费用			211	应缴上级款		
113	库存商品			212	应付工资		
114	减：进销差价			213	应付福利费		
115	材料			214	预提费用		
117	对外投资				负债合计		
					三、净资产类		
120	固定资产			301	事业基金		
124	无形资产			302	固定基金		
	资产合计			303	专用基金		
				306	事业结余		
	五、支出类			307	经营结余		
503	专项支出			308	结余分配		
504	事业支出				净资产合计		
505	经营支出				四、收入类		
516	上缴上级支出			402	补助收入		

续表

科目编号	资产部类	年初数	期末数	科目编号	负债部类	年初数	期末数
517	对附属单位补助			404	拨入专款		
520	结转自筹基建			405	事业收入		
				409	经营收入		
	支出合计			412	附属单位缴款		
				413	其他收入		
					收入合计		
	资产部类合计				负债部类总计		

单位负责人： 财务负责人： 制表：

2. 资产负债表的编制法

工会事业单位资产负债表编制的依据是资产、负债、收入、支出及净资产类中各会计科目的期末余额。编制某一特定日期的资产负债表，就是将这一特定日期内各会计科目的余额填制在资产负债表的各相应科目中。

当资产负债表为月报时，表中“期初数”为上月各项目的累计金额，“期末数”为当月各账户余额。

年度资产负债表分为结账前和结账后两种，资产负债表结账前“期初数”为上年转入本年初的各账户余额，“期末数”为 12 月 30 日各账户累计余额。结账后的资产负债表“期初数”与结账前“期初数”相同。收入、支出账户余额年终转入“事业结余”或“经营结余”，结账后一般无余额。由于结余年度终了全数转入“结余分配”，一般也无余额，经营结余如亏损则不转入“结余分配”。由缴所得税业务的单位计算应缴所得税额转入“应缴所得税”科目，剩余部分按规定转入“事业基金”“专用基金”科目，结转后“结余分配”科目无余额。

资产负债表编制好后，应检查资产部类总计与负债部类总计数额是否一致，如不一致，必须查明原因并进行调整。

（二）收入支出表的编制

收入支出表，是综合反映事业单位在经营期间财务收支结余及其分配情况的报表，通过收支表可以判断事业单位的经营成果业绩，它是由事业单位一定时期的收入支出结余及其分配数据填制而成的。

1. 收入支出表的格式及内容。工会事业单位收入支出表的格式由收入、支出、结余及分配三部分组成，基本结构是按收入、支出结余的顺序分细项目列示。在收入支出表“项目”一栏中，收支项目是指单位一定期间的收支构成；“结余”一栏是指事业单位一定期间结余及分配状况。工会事业单位收入支出表的格式如表 10-8 所示。

表 10-8　工会事业单位收入支出表

事会 02 表

编制单位：　　　　　　　　____年____月____日　　　　　　　　单位：元

类别	收入				支出				结余			
	项目	预算数	本期发生数	累计完成数	项目	预算数	本期发生数	累计完成数	项目	预算数	本期发生数	累计完成数
事业部分	补助收入				上缴上级支出				事业结余 1. 正常收支结余； 2. 收回以前年度事业支出			
	附属单位缴款				对附属单位补助							
	事业收入				事业支出							
	其他收入				结转自筹基建							
小计												

续表

类别	收入				支出				结余			
	项目	预算数	本期发生数	累计完成数	项目	预算数	本期发生数	累计完成数	项目	预算数	本期发生数	累计完成数
经营部分	经营收入				经营支出				经营结余减以前年度经营亏损			
	其中：				其中：							
其他	拨入专款				专款支出				结余分配：1. 应缴所得税；2. 提取专用基金；3. 转入事业基金；			
	其中：				其中：							
	合计				合计				其他			

单位负责人：　　　　财务负责人：　　　　制表：　　　　编制日期：

注：结余分配=事业结余+经营结余

（当经营结余为负数时，经营结余不转入结余分配科目，不参与当年分配）

2. 收入支出表的填制方法。收入支出表各单位可根据实际情况和需要确定月报和季报。表中各栏编制的依据是：收入、支出。“预算数”按上级单位核定的数字填列，“本期发生数”按当期发生额合计数填列。结余一栏为收入减支出的实际数。结余分配是事业结余与经营结余之和，经营结余为负数时，不转入结余分配。

当年没有完成的专项工程或专项业务，其发生的支出及相关的收入，结转下年使用，等完工后再结算。

3. 支出明细表的编制。工会事业单位支出明细表包括事业支出和经营支出两部分，它是收入支出表的附表。事业支出明细表的格式应按各明细表项目列示，如基本工资、补助工资、设备购置等。表中事业支出、经营支出需要按支出的资金来源和经营业务的种类填制，具体可参照以下方法。（1）事业支出，可按支出资金的不同来源统计填写，如对上级单位有指定用途的资金应按指定用途分解统计填写。可按核定的预算数填写，事业单位在编制综合财务计划时，将有关支出提前进行安排。填制各项支出时，参照预算执行结果统计填写。（2）经营支出，可按经营业务的种类填制。（3）事业支出、经营支出行中各明细支出项目按明细账中有关数据统计填写。支出明细表的格式如表 10-9 所示。

表 10-9　工会事业单位支出明细表

事会 03 表

编制单位：　　　　＿＿年＿＿月＿＿日　　　　单位：元

类别	项目	基本工资	补助工资	其他工资	职工福利	社会保障费	公务费	业务保障费	设备购置费	修缮费	业务费				其他	合计
	列次	1	2	3	4	5	6	7	8	9	10	11	12	13	14	15
事业支出	事业支出															
	其中：															
	1. 上级工会拨款支出															
	2. 自有资金支出															
	3. 事业支出															
经营支出	经营支出															
	其中：															
	1.															
	2.															
	3.															
合计																

单位负责人：　　　　财务负责人：　　　　制表：　　　　编制日期：

注：1“事业支出”的“其中”各栏，按资金不同来源统计填列。

2“经营支出”的“其中”各栏，可按经营业务的种类分别填列。

思考题：

1. 工会会计报表有哪些作用？
2. 工会会计报表的编制要求有哪些？
3. 简述工会收入支出表的编制方法。

延伸阅读

金堂县总工会三举措做好财务管理工作

金堂县总工会将进一步完善财务制度，加大经费收缴力度，优化经费支出结构，收好、管好、用好经费，依法依规监管工会资产，全面提升财务及资产管理工作水平，为新形势下工会工作高水平发展奠定坚实的物质基础。

一、依法收缴经费，努力完成工会经费收缴任务

加强工会经费宣传解释工作，依法加强工会经费收缴的管理和监督，进一步完善工会财务管理四方联动工作体系，加强与税务、财政、人行沟通协调，合力提高工会经费的收缴率，努力达到工会经费收缴逐年递增的目标。

二、加强工会资产监督管理，提高服务职工群众能力

一是提高政治站位，切实增强做好工会资产工作的政治责任感和历史使命感。二是坚持公益性、服务性，始终保持工会资产工作的正确方向。三是聚焦发展工会资产三大服务领域，促进服务职工体系的健全完善。依法依规监管工会资产，提高工会资产监管工作水平。

三、加强队伍建设，不断提高工会财务干部整体素质

加强工会财务干部的培训，不断提升工会财务人员的政治素质和业务水平。通过组织参加省总、市总的培训及自行组织的培训，全方位提升工会财务人员服务大局、服务职工的理念，提高廉洁自律意识和业务能力水平。

第十一章

工会经费审查概述

工会经费审查是工会根据经费独立原则而建立的工会经费审查监督制度，是工会工作的重要组成部分，具有建设性的促进推动作用和防护性的监督制约作用。工会经费审查委员会依法独立行使经费审查监督职权，审查对象是同级工会组织和下级工会组织及其直属企事业单位的经费支出和资产管理情况。

第一节　工会经费审查的目的和性质

一、工会经费审查的目的

（一）工会经费审查工作的含义

工会经费审查监督是各级工会经费审查委员会依照党的方针政策、国家法律法规和工会的有关规章制度对各项经费收支和财产管理进行审查监督工作。

《工会法》第四十五条规定，各级工会经费收支情况应当由同级工会经费审查委员会审查，并且定期向会员大会或者会员代表大会报告，接受监督。中国工会十七大报告指出，加大工会经费、资产监督管理力度，构建国家审计、工会经审、社会审计、职工会员监督相结合的经费审查监督体系。

（二）工会经费审查工作的目的

工会经费审查工作的目的在于保证工会经费的合理使用和财务收支计划的实现，促进工会各项工作任务的顺利完成。

（三）工会经费审查工作是工会工作的重要组成部分

1. 经费审查工作是坚持工会民主办会的重要标志。工会坚持民主办会，那么职工在劳动中创造的经费在管理上必须体现民主，这是工会的一大特点。

2. 经费审查工作是工会依法治会的重要途径。工会应依法治会，通过日常监督使工会活动控制在法律的范围内。

3. 经费审查工作是办好工会企事业单位的重要手段。工会所属的企事业单位在经营管理、财务管理方面存在薄弱环节，需要通过审计加以改善。

4. 经费审查工作是工会干部反腐倡廉的重要保证。近年来，工会干部违法违纪现象、违反财经纪律的现象时有发生，通过审计监督，可以促进工会组织保持良好的形象，使工会干部保持清醒的头脑，促进工会系统党风廉政建设。

5. 经费审查工作是当前工会体制改革中规范工会会计工作的迫切需要。

二、工会经费审查工作的性质

工会经费审查工作的性质主要体现在它的群众性、相对独立性、政策性和权威性方面。

（一）工会经费审查监督工作的群众性

工会经费审查监督工作的群众性，主要表现在各级工会经费审查组织成员不是委派、任命的，而是由会员大会或会员代表大会民主选举产生的。各级工会经费审查组织的成员，大部分来自职工群众和下级工会组织，他们代表着不同方面的职工群众，组织上具有广泛的群众性。同时，工会经费审查工作的群众性也表现在经费审查工作的公开性上，工会经费审查的结论、意见、建议，以及全部经费审查工作，要向会员（代表）大会报告，大会闭会期间向工会委员会报告，接受群众的批评监督。工会经费审查组织提出的审查结论、意见、建议，要征求被审计单位、人员的意见，如有不同意见，可向上级工会组织和经费审查组织反映。

（二）工会经费审查工作的相对独立性

工会经费审查工作和其他审计工作一样，是由审查人、审查授权人或委托人、被审查人三方面构成审查关系。工会经费审查委员会及其办事机构的人员是审查人；会员大会或会员代表大会是审查授权人或委托人；工会组织和工会举办的企事业单位及经营管理者是被审查人；工会委员会既是代表大会闭会期间的经费审查的授权人或委托人，又是工会经费和资产管理者（被审查人）。工会经费审查工作是受会员大会或会员代表大会的委托，代表会员群众对工会各项经费和资产管理进行审查监督，是向会员（代表）大会负责的。经费审查委员会对工会委员会负责，负责工会经费的收支，并有资产管理者身份，它是审查与被审查、监督与被监督的关系。工会经费审查工作对于经费管理工作来说，具有相对独立性。工会经费审查委员会及其办事机构和人员，处于超然地位，不参与被审查人（单位）的经济活动，和被审查人没有经济利害关系。它能保持独立地工作，秉公进行审核核查；在审查过程中，不受外来或内在因素的影响和干扰，作出客观、公正的判断和结论并向会员大会或会员代表大会、工会委员会报告。

（三）工会经费审查工作的政策性

党和国家的方针政策体现工人阶级的根本和长远利益，在经费审查工作中，要严格遵照党和国家的方针政策和财经法纪，是经费审查工作的根本标准和基本要求。要把维护全国人民总体利益和更好地表达和维护职工群众的具体利益有机结合起来，而且要善于把国家的财经政策和工会工作的实际结合起来。

（四）工会经费审查工作的权威性

工会经费审查工作的权威性主要体现在经费审查委员会是由会员大会或各级工会代表大会选举产生的，是由会员（代表）大会或各级工会代表大会授权对同级工会组织及所属企事业单位的经费使用和资产管理，执行国家财经法纪情况进行审查监督的组织，并能对被审查单位的问题独立作审计结论或审计决定。

第二节　工会经费审查工作的职能和作用

一、工会经费审查工作的职能

（一）工会经审工作的基本职能

工会经费审查工作的基本职能是监督。工会经费审查工作的监督职能，就是通过对工会组织及所属企事业单位会计编制的凭证、账簿、报表及有关资料进行审核检查，搞清财务收支、资产管理、经营管理、经济效益等全部经济活动的真实情况，对照国家的财经政策、纪律、法规和工会的财务工作方针、规章制度等，划清是非界限，明确支持、改正、禁止的内容，监督被审查单位按规定的政策范围和有关规章制度，开展正常的经济活动。要发挥经审工作的监督职能，一是要有严格的客观标准，明确的是非界限，以便能够合规操作；二是要取得会员代表大会或工会委员会的支持。

（二）工会经审监督职能的具体内容

工会经费审查监督职能具体体现在评价、鉴证和建议三个方面。评价是指通过对工会组织或其所属企事业单位的会计记录等有关资料的审核检查，对它的经济决策、财务收支预算、决算的编制和执行、各项经济活动和内部控制度等作出公正、客观的评价。鉴证是通过对工会或所属企事业单位的经济活动的审核、检查，鉴定其各项经费的收入、管理、使用和资产管理的凭证、账簿、报表及有关的会计资料是否真实、合法、合理，有无错误和舞弊行为。建议是指针对审查出来的问题，提出去弊存利、改善经营管理、挖掘潜力、提高经济效益、完善规章制度等方面的改进建议，从而达到实行监督的目的。

二、工会经费审查工作的作用

工会经费审查工作的作用，是通过对工会组织及其所属企事业单位经济活动的审核、检查，并对其经济活动作出全面评价、鉴证，提出改进建议，完成了审查任务后而体现出来的。从总体上讲，工会经费审查工作具有建议性的促进推动作用和防护性的监督制约作用。

（一）促进工会组织执行国家的财经纪律、法规和财务制度

社会主义市场经济条件下，党和国家的方针政策，集中体现了人民的利益。工会的经济活动必须遵守党和国家的财经政策，而且要充分体现为职工服务的宗旨。工会经费审查监督工作是以党和国家的政策、法规和工会财务规章制度为准则来审查工会的经济活动的，通过审查监督工作，促进工会组织认真贯彻执行党和国家的财政法纪和保证工会经费的合理使用。

（二）促进工会经费的收缴工作

按时足额收好工会经费，是工会财务部门的重要任务，收足、收齐、收好工会经费，也是工会经审组织进行审查监督的一项重要事项。工会经审组织通过对工会经费收缴工作的审查，对经费收缴、上解工作作出评价，提出意见和建议，促进工会经费的收缴工作。

（三）帮助工会领导民主、科学地决策

工会领导要做到民主、科学地决策，必须充分听取各方面意见和要求。工会经审组织是工会经济活动方面意见和要求来源的重要渠道，它通过对工会经费收支的审查监督活动，可以收集到大量准确的工会经费收支、资产管理和企事业经营管理方面的情况资料，及时提供给工会领导，为工会领导民主、科学地决策提供依据。同时，在实施决策中，通过经审工作，又能把对决策的反馈，以及实施中的情况和问题，及时向领导反映，以便不断修订完善决策，推动工会组织的群众化民主化。

（四）促进工会组织的清正廉洁

工会经审组织通过对工会及其所属企事业单位财务收支、经营活动的审查，可以发现一些存在的问题，针对这些存在的问题，及时向工会组织或企事业单位提出改进意见和建议，严重的要建议工会组织作出处理，以纠正一些不正之风和制止一些腐败问题的发生，从而促进工会组织的廉政建设。

（五）督促、改善经营管理，促进工会企事业的发展

工会经审会通过对工会企事业单位财务收支以及社会和经济效益的审查，可以对企事业单位的经营管理、内部控制度等，作出评价、鉴证，指出存在的问题，并为完善制度、改善经营管理提出一定的意见，提高经营管理水平，推动工会企事业的发展。

第三节　工会经费审查委员会的任务和工作职责

一、工会经费审查委员会的任务

依据《工会各级经费审查委员会组织通则》的规定，工会经费审查委员会主要任务如下。(1) 审查同级工会及其所属企业、事业单位的预算、决算编制执行是否符合国家规定，是否准确合理地反映了工会工作的需要。(2) 督促同级工会定期公布账目，发扬财务民主，实行财务公开；检查工会对会员大会或会员代表大会关于工会财务工作决议的贯彻执行情况，以及对经费审查委员会的建议或决议的执行情况。(3) 深入实际，调查研究，总结经验，对经费收支和财产管理，提出切实可行的改进意见或建议，以保证工会财务工作更好地为职工群众服务，为工会建设服务，为“两个文明”建设服务。(4) 宣传党和国家财经方针政策，协助和督促同

级工会在经费开支和财产管理上，经常同铺张浪费、私分钱物、贪污盗窃、侵占国家财物等违反财务制度和财经纪律的现象进行斗争。对模范执行财务制度，在财务工作方面取得显著成绩的，建议同级工会给予表扬和奖励。

二、工会经费审查委员会工作职责

根据《中国工会章程》第十三条规定，经费审查委员会负责审查同级工会组织及其直属企业、事业单位的经费收支和资产管理情况，监督财经法纪的贯彻执行和工会经费的使用，并接受上级工会经费审查委员会的指导和监督。工会经费审查委员会向同级会员大会或会员代表大会负责并报告工作；在大会闭会期间，向同级工会委员会负责并报告工作。上级经费审查委员会应当对下一级工会及其直属企业、事业单位的经费收支和资产管理情况进行审查。

具体来说，工会经费审查委员会工作职责主要包括以下几点。(1) 代表会员群众对工会经费收支和财产管理情况进行审查监督；(2) 对基层工会经费收支和财产管理情况进行审查监督；(3) 建立健全以审计为基础的经费审查监督机制；(4) 维护国家财经法纪，促进收好、管好、用好工会经费；(5) 促进工会财产管理，促进工会经济活动规范运作，促进工会系统党风廉政建设；(6) 加强基层经审组织建设，坚持做到组建工会换届选举时，经审会与同级工会委员会“同时考察、同时选举、同时报批”三同时；(7) 加强基层工会经审干部审计专业理论审查实务培训，全面提高审计质量水平；(8) 坚持依法审计，健全审计程序，建立经审台账，经审工作逐步达到规范化、制度化、经常化。

第四节　工会经费审查委员会审查监督的对象

一、工会经费审查委员会审查监督的对象

（一）审查监督同级及下一级工会经费收支情况

审查同级和下一级工会经费收支预算和决算。工会经费收支预算的审查重点是审查预算的编制是否贯彻国家的法律法规和方针政策；是否体现工会经费更好地为基层为职工服务的精神；是否贯彻了“收好、管好、用好”工会经费的方针；是否贯彻了“统筹兼顾、突出重点、勤俭节约、讲求效益、量入为出、留有后备”的原则等。对工会经费收支决算的审查，重点是审查决算编报的真实性和合法性。检查经费收入、支出是否真实，财务收支活动中有无弄虚作假、虚假支出等违纪行为和损害国家、职工利益的问题。

（二）审查工会资金管理状况

工会资金管理按管理方式划分，包括预算内资金管理和预算外资金管理。对预算内资金管理的审查，主要是审查其是否严格执行预算，有无超计划、超预算的支出等问题；对预算外资金管理的审查，主要是审查其是否按规定使用预算外资金，是否将预算外收入私自存入“小金库”和未经批准但将专项资金挪作他用等。

（三）审查同级工会组织的资产管理情况

工会资产是工会开展活动和兴办企事业的物质基础。对工会资产管理的审查监督，是为了维护工会资产的安全完整和资产的合理使用，充分发挥工会资产的使用价值，使其更好地服务于广大职工和工会事业。工作重点是对工会资产管理的审查监督，是对资产管理制度和财产的购置、保管

和使用、报废以及财产维护、保养情况的审查。督促资产管理部门和单位最大限度地发挥工会资产的作用。

（四）审查同级和下一级工会所属企事业的财务收支、经营管理和经济效益等经济活动情况

工会兴办的企业、事业，经济业务广泛，经营项目繁多，行业不同，情况复杂。因此，对工会企业、事业单位的审查，要根据企事业的不同特点进行监督，在了解企事业经济活动的基本情况后，重点应放在对企事业的社会效益、经济效益、专项投资效益、经济合同履行效果和企事业单位主要负责人的离任审计上。

此外，上级工会经费审查委员会有权审查下级工会及其直属企业、事业单位的经费收支和资产管理情况。

二、工会经费审查委员会在国家审计体系中的地位

我国《会计法》确立了国家审计、内部审计和社会审计三大体系。工会经审工作属于内部审计范畴。

工会审计作为一种内部审计，同国家审计的关系比较紧密，接受国家审计的指导。从工会审计的实际需要来说，它也离不开国家审计的指导，只有在国家审计的指导下，用国家审计统一的标准和要求来规范工会的审计工作，才能有利于加强工会审计的建设，才能有效地发挥工会审计的作用。当然，在接受国家审计的指导和国家审计在指导工会审计时，应充分考虑工会组织的内部审计与其他单位的内部审计所具有的不同特点和条件。

（一）工会经费审查的特点

1. 依法独立管理自己的经费。工会经费的性质和收缴形式有别于其他单位和组织的经费，工会经费主要是依照《工会法》直接从建有工会组织的用人单位中按职工资总额的一定比例收缴，在成本中列支的一种特殊形式的资金。按照《工会法》规定的工会经费独立的原则，工会早已建立了

独立的财务管理制度和民主监督制度。工会实行内部审计，并把民主监督同审计监督结合起来，其内部审计监督制度必须同独立的财务管理制度及民主监督制相适应，由工会依据党和政府的财经政策、纪律、法规及工会财务工作方针、规章制度，对工会经费独立地进行审查监督。

2. 有较高层次的经费审查委员会。工会的经费审查委员会（以下简称经审会）建立在独立管理经费的全国各级工会组织中，形成体系，具有组织力量；它由同级会员大会或会员代表大会选举产生，主要职责是审查、监督同级工会经费收支及其经济活动，在工会系统内具有较高层次的权威性。

（二）工会经审与其他内部审计的不同点

工会经审虽然是内部审计，但又不同于一般意义上的内部审计。

一是工会经审组织和单位内审机构产生的程序不同。工会经审会是经会员大会或会员代表大会选举产生的一级组织，而内审机构的设置及其人员的任命由本单位行政领导人决定。

二是工会经审和单位内审拥有的权力不同。工会经审会审查工会及所属企事业单位的财务收支和经济活动有其独立性，具体体现在：经审会拟订审计计划和实施具体审计项目，有其独立性，不受同级工会的干预。经审会在拟订审计计划时要征求工会领导意见。内审必须在单位领导人的授权下才能实施。

三是对审计结论执行的力度不同。经审会在审计实施过程中，对被审计单位违反财经法纪的行为和问题，可以依据问题的性质、程度作出审计结论或审计决定。被审计单位对经审会所作的审计决定，应无条件执行，如不服，可向上一级工会提出申请复议。而单位内审只能提出审计意见，不能作出审计决定。

思考题：

1. 什么是工会经费审查？工会经费审查工作的性质是什么？
2. 工会经费审查工作有什么作用？
3. 工会经费审查委员会的任务是什么？

4. 工会经费审查委员会的工作职责是什么？

5. 工会经审与其他内部审计的不同点有哪些？

延伸阅读

临泽县总工会：加强基层工会经费审查审计监督促进工会经费高效使用

近年来，临泽县总工会坚持“依法审计、服务大局、突出重点、注重实效”的工作理念，充分发挥经费审查委员会职能作用，通过有效的审计和监督，有力促进了基层工会经费的高效使用。

以审促收，堵塞经费收缴漏洞。通过审计监督，对各基层工会存在的随意扩大工会经费使用范围、经费支出附件资料缺失不全、会员会费收缴不规范等问题及时进行反馈和指导，提出审计意见和建议；加强审计回访，监督问题整改，对被审单位审计问题整改情况进行跟踪回访，切实推动审计整改制度落到实处；通过审计，进一步核实基层工会会员人数、工资基数及会费收缴情况，督促基层工会及时足额收缴会员会费，切实维护广大会员的切身利益。

以审代训，促进基层工作规范化。坚持审计与服务相结合原则，发挥“审、帮、促”的职能作用，在对机关、企事业单位开展工会经费审查的同时，以《中国工会审计条例》《甘肃省总工会实施〈中国工会审计条例〉办法》《甘肃省基层工会经费收支管理实施细则（暂行）》等政策法规为核心，结合近年来县总工会在开展基层工会经费审计工作中存在的共性及个性问题，对工会财务人员进行业务指导培训，督促其提高经审业务能力和水平，规范财务操作规程，督导基层工会健全完善财务制度，进一步规范工会经费收支，科学合理使用工会经费。

以审肃纪，推动工会党风廉政建设。把经费审查审计作为推动工会系统党风廉政建设的重要手段，通过开展对基层工会经费收支的审查，及时发现问题，及时督促整改，以便基层工会经费更好地服务广大职工群众；

在具体工作中，对发生不合理开支和超范围使用等问题的基层工会下达审计意见书，提出建议，明确整改时限，督促整改到位；广泛开展延伸审计、优秀审计项目、论文评选等活动，强弱项、补短板，激发基层经审工作活力；通过以会代训的形式，多层次、全方位加大基层工会经审工作力度，将审计整改情况作为工作督查考核的重要内容，逐步从组织建设、制度建设、经审人员素质提高以及审查审计职责的全面履行上规范和完善，推动经审工作持久深入地发展，确保经审监督职能的正常履行。

第十二章

工会经费审查委员会的组织建设

工会经费审查委员会是代表会员群众对工会各项经费的收支和财产管理的真实、完整、合法及效益进行审查监督的组织。加强各级工会经费审查委员会组织建设，对加强工会经费审查监督工作、促进工运事业发展有着非常重要的意义。

第一节　工会经费审查监督组织的机构设置

《中国工会章程》第十三条规定："各级工会代表大会选举产生同级经费审查委员会。"凡为一级财务管理的工会组织，在组建工会或换届选举时，经费审查委员会与同级工会委员会应同时考察、同时选举产生、同时报批。经费审查委员会向同级工会会员大会或者会员代表大会负责并报告工作；大会闭会期间，向同级工会委员会负责并报告工作。上级经费审查委员会对下级经费审查委员会进行业务指导和督促检查。

一、经费审查委员会的常务机构

经费审查委员会闭会期间，代其行使职能的常务机构是经费审查委员会常务委员会。

根据《中国工会章程》规定，中华全国总工会和省、自治区、直辖市总工会以及独立管理经费的全国产业工会经费审查委员会，应当设常务委员会。经费审查委员会主任按同级工会副职级配备，纳入同级工会领导干部序列。地（市）级以上工会经费审查委员会主任应当专职配备。经费审查委员会主任的任免，应当事先书面征求上一级经费审查委员会的意见。

二、经费审查委员会的办事机构

经费审查委员会的办事机构统称经费审查委员会办公室，列入同级工会委员会机关部门的正职级序列（编制），负责处理经费审查委员会的日常工作，完成经费审查委员会交办的各项任务。

三、经费审查委员会的人员配备

经费审查委员会委员由政治素质高、业务能力强、具有相关专业知识的工会干部和会员担任，并经民主选举产生。县级以上工会经费审查委员会委员人数不少于同级工会委员会委员人数的20%，最低不少于5人。经费审查委员会委员中具有审计、财会专业知识的人员一般不少于三分之二。

工会主席、分管财务和资产的副主席、财务和资产管理部门的人员，不得担任同级工会经费审查委员会委员。

经费审查委员会办公室主任、副主任列入同级工会机关部门正、副职级领导职数，其职务任免需事先征求同级工会经费审查委员会主任的意见。

工会审计人员应当具备与其从事审计业务相适应的专业知识和职业能力。

经费审查委员会根据工作需要，可以委托具有相应资质的社会中介机构对有关事项进行审计；可以聘请具有审计、财会等专业资格和职业能力的人员作为特邀审计员参与审计工作。

经费审查委员会的审计结果作为同级工会、上级工会及其有关部门评选先进和工作考核的重要依据。

四、工会审计人员的职责、义务

（一）工会审计人员的职责

工会审计人员的基本职责是对工会经费收支和资产管理等全部经济活动进行审计监督。通过对同级工会及所属企事业单位的经费收支、资产管理及相关经济活动的审查审计，监督其贯彻执行党和国家的财经法规、财经纪律及工会有关财务制度的情况，从而协助同级工会收好、管好、用好工会各项经费，促进工会资产管理和工会经济活动规范运作，促进工会的党风廉政建设，使工会经费得到更合理、更有效的使用，使工会的企事业不断改善经营管理，提高社会效益和经济效益，更好地为职工群众服务，为工运事业的健康、持续发展服务。

（二）工会审计人员的义务

工会审计人员应在履行职责的过程中忠于职守，坚持原则，扎实工作，勤政廉洁，依法规范自身行为。工会审计人员不得从事被审计单位的经济管理活动；在办理审计事项中，与被审计单位或者审计事项有利害关系的应当回避；对被审计单位需要保密的事项负有保密义务。

第二节　工会经费审查组织的权利义务

一、工会经费审查组织的权利

工会经费审查组织的权利主要体现在三个方面。一是审查监督权。二是知情权。三是建议权。只要是与工会经费和资产相关的经济活动，经费审查委员会都有权了解情况，进行审查监督。具体权利如下。

（一）经费审查委员会有权对同级工会各项经费收支、资产管理、基本建设和维修改造工程、专项资金和直属企事业单位的财务收支及经营管理情况进行审计，必要时可以委托审计，委托审计由经费审查委员会或经费审查委员会办公室负责实施。

（二）上级工会经费审查委员会有权对下一级工会经费的收缴、管理、使用情况进行审计，必要时对下一级工会有投资、拨款补助的直属企事业单位的财务收支、资产管理情况进行审计；对经费计拨以及撤并工会组织的财务清算等进行审计。

（三）工会经费收支预算、决算，重大经费开支事项、预算调整等，必须经同级工会经费审查委员会审查同意并签署意见，未经审查同意的不得执行。

（四）经费审查委员会有权按照同级工会党组的要求，接受同级工会组织部门的委托，会同有关部门对工会领导干部和直属企事业单位负责人实施经济责任审计，审计结果将作为考核、任用和奖惩干部的重要依据。

（五）各级工会经费审查委员会在审查工作中遇有重大问题，或与同级工会组织发生意见分歧，有权向上级工会和经费审查委员会反映。

（六）经费审查委员会负责人没有进入同级工会常委会班子的，有权列席同级工会常委会有关研究经费和资产的会议。经费审查委员会委员有权列席同级工会委员会全体会议。经费审查委员会负责人或经指定人员，有权参加同级工会有关财务工作的会议。

（七）同级工会组织及其所属企事业单位，应按审计工作要求及时报送经费收支预算（财务收支计划）、决算和会计报表等有关资料。

（八）上级工会有关财经政策、法规、制度及对预算批复等文件，应同时发给下级工会经费审查委员会。

二、工会经费审查组织的义务

（一）对同级工会送达的年度经费收支预算、决算和预算的重大调整、追加，临时重大项目和有关经济责任事项等，应按规定的审查方式、程序，及时进行审查。

（二）对每项审查项目审查完毕后，应出具书面审查结果和处理意见，征求被审查部门、单位意见后，报送同级工会委员会。

（三）在履行职责和执行任务时，应切实对会员和本级会员代表大会（或会员大会）负责，在会员代表大会闭会期间对同级工会委员会负责，并报告工作。

（四）应与政府审计机关保持联系，接受业务指导；加强与工会财务部门和其他有关部门的联系，互相协作配合。

（五）学习掌握党和国家的财经方针政策和财务工作的规章制度，不断提高理论政策水平和思想业务水平。

（六）贯彻执行党和国家的财经法纪和财务制度，严格依法进行审查监督。

（七）遵守审计职业道德和审计纪律，坚持原则，秉公办事，不徇私情，尽职尽责。

三、工会经费审查委员会工作制度

（一）经费审查委员会与同级工会同时按规定的民主程序改选换届。

（二）经费审查委员会负责人有权列席同级工会常委会会议，参加该工会有关财务工作会议；经费审查委员会委员列席同级工会委员会全体会议。

（三）经费审查委员会每年要按时审议财务预、决算。计划外开支（包括重大开支）要事先审议。

（四）经费审查委员会每年召开一次年度工作会议，总结本年工作情况，制订下年工作计划。

（五）经费审查委员会每年进行一次财务收支的审计并填写经费收支定期审计表。

（六）经费审查委员会每季召开一次工作例会，必要时可召开专题会议，应认真填写经审工作手册，做好会议记录，审计方式和程序按《中国工会审计条例》《基层工会经费审查委员会工作条例》等有关规定办理。

（七）经费审查委员会应定期审查工会经费的计拨上解情况。

（八）经费审查委员会每半年检查一次经审会年度工作计划落实情况。

（九）经费审查委员会专项审查工作结束后要填写审查报告。

（十）经费审查委员会按《中国工会章程》及有关规定，向会员代表大会报告工作，闭会期间定期向工会委员会报告工作。

（十一）在审议中，如遇需要暂时保密的事宜，经费审查人员要遵守保密纪律。

第三节　基层工会经费审查委员会

一、基层工会经费审查委员会的概念及组成

（一）基层工会经费审查委员会的概念

基层工会经费审查委员会是代表会员群众对基层工会及所属企业、事业单位经费收支和财产管理的真实、完整、合法及效益进行审查监督的组织，由同级工会会员大会或会员代表大会选举产生。基层工会内部审计职权由基层工会经费审查委员会行使。

基层工会经费审查委员会向同级工会会员大会或会员代表大会负责并报告工作；在大会闭会期间，向同级工会委员会负责并报告工作。

（二）基层工会经费审查委员会的组织和成员

凡建立一级工会财务管理的工会基层组织，必须在选举工会基层委员会的同时，选举产生经费审查委员会。工会基层委员会下辖的管钱管物、举办企业、事业的车间工会，可经车间工会会员大会或会员代表大会选举产生经费审查小组或经费审查委员。

基层工会经费审查委员会一般由三至十一名委员组成。大型企业可根据需要适当增加委员名额。经费审查委员会成员，应选举坚持四项基本原则，密切联系群众，热心工会经审工作，懂得财经政策，能坚持原则、求实公正、廉洁奉公的会员担任。

为有利于代表会员群众进行有效的审查监督，委员中一般应包括工会干部、财会或审计人员和其他会员群众代表。本级工会委员会主持财务工作的负责人及其管钱、管物人员不得兼任本级工会经费审查委员会的成员。

基层工会经费审查委员会设主任一人，负责召集经费审查委员会会议，主持经费审查委员会的日常工作。工作需要时，设副主任一至二人，协助主任工作。主任、副主任由经费审查委员会全体会议选举生产。选举结果，报上一级工会委员会批准。

基层工会经费审查委员会的任期与基层工会委员会相同。在任期内，如有成员出缺，由同级会员大会或会员代表大会补选。其主要负责人的任免，要征得上一级工会委员会的同意，履行民主程序。

二、基层工会经费审查委员会的工作任务

根据《基层工会经费审查委员会工作条例》规定，基层工会经费审查委员会主要任务如下。

（一）对基层工会及所属企业、事业经费收支和财产管理的下列事项进行审查监督。（1）经费收入、上解和支出预算的制定、执行和决算；（2）与工会经费收支有关的经济、技术活动及其效益；（3）经费专项基金的提取、使用；（4）工会财产的安全、完整；（5）工会内部控制度的建立、健全、有效；（6）国家财经法规、条例和工会财务制度、纪律的执行情况；（7）国家和上级工会规定的其他审查事项。

（二）基层工会经费审查委员会有责任检查工会会员大会或会员代表大会关于工会财务工作决议的执行情况，督促和审查工会委员会定期向会员群众公布账目和向会员大会或会员代表大会报告财务收支情况；检查对经费审查委员会全体会议决议的执行情况。

（三）深入实际，深入群众，调查研究，总结经验，对收好、管好、用好各项经费和加强工会财产管理，提高所属企业、事业单位的效益，提出意见和建议。

（四）宣传党和国家的财经方针政策，支持工会财务人员依法履行职责，对模范执行财务制度、纪律，在财务工作方面取得显著成绩的单位、人员，建议会员大会或会员代表大会给予表彰和奖励；同铺张浪费、私设小金库和私分钱物、贪污盗窃、侵占国家和工会财物等现象进行斗争。

（五）在基层工会组织机构变动和财务、财产管理负责人调动工作时，负责监督做好交接工作。

三、基层工会经费审查委员会的主要职权

基层工会经费审查委员会委员列席同级工会委员会全体会议。在设工会基层委员会常务委员会的基层工会，不是常务委员会成员的该工会基层经费审查委员会的主任、副主任有权列席常务委员会会议。主任、副主任或经指定人员参加各该基层工会有关财务工作的会议。

基层工会经费审查委员会的审查权有：（1）要求基层工会及所属企业、事业单位按时报送有关的计划、预算、决算、会计报表和文件资料，听取他们的汇报；（2）检查凭证、账表、决算、资金和财产，查阅有关的文件和资料；（3）对审查中发现的问题，向被审查单位和有关人员调查并取得证明材料；（4）对正在进行的严重违反财经法纪、严重损失浪费行为，提请同级工会委员会或上级工会及时制止，并对已造成的损失作出处理决定；（5）遇有阻挠、破坏审查工作时，有权采取封存账册、印鉴和资财等临时措施，并提出追究有关人员的责任的意见。

基层工会经费审查委员会对基层工会及其所属企业、事业单位违反财经法纪的有关责任人员，有权建议同级工会委员会或上级工会给予纪律处分或经济制裁，触犯刑律者，提请司法机关依法追究刑事责任。

基层工会委员会向上级工会报送预算、决算，向会员和上级工会报告经费收支情况时，预算、决算报告必须经同级工会经费审查委员会审查、签署、盖章。

基层工会经费审查委员会对审查工作中的重大事项，有权向上级工会委员会、经费审查委员会反映。

四、基层工会经费审查委员会的工作制度和工作方法

基层工会经费审查委员会实行集体领导制、民主集中制。讨论问题

时，应充分发扬民主，决定问题时，由全体委员的过半数通过。日常工作，委员会各有分工，并根据实际情况建立学习、会议、审查、调研、计划、总结等制度。

基层工会经费审查委员会要认真贯彻执行党的群众路线，广泛听取和定期征求会员群众的意见、要求，宣传党和国家的财经方针政策，依靠广大会员群众和积极分子做好工作。

基层工会经费审查委员会应加强与基层工会委员会及其财务工作委员会的经常联系，加强同本单位行政财务、劳资、内审等部门的联系、沟通情况，取得支持和帮助，密切协作，做好工作。

基层工会经费审查人员（含积极分子）要认真学习和贯彻执行党、政府和上级工会的有关方针、政策、制度、规定，坚持原则，忠于职守，秉公办事，尽职尽责，自觉接受会员群众监督。工作表现突出的优秀经费审查人员应受到同级工会或上级工会委员会、经费审查委员会的表彰、奖励。

经费审查人员行使职权受国家法律和工会章程的保护，任何单位及人员不得给予不公正对待甚至打击报复。当发生这种错误做法时，基层工会和上级工会应当进行干预，加以纠正，并对打击报复者严肃处理。

上级工会有关财经法规、政策制度、纪律及对预算、决算的批复等文件，应同时发给基层工会经费审查委员会；基层工会经费审查委员会开展工作必需的工作时间、办公用品、活动经费等应得到保证。

思考题：

1. 工会经费审查监督组织的权利有哪些？
2. 工会经费审查监督组织的义务有哪些？
3. 基层工会经费审查委员会怎样建立？
4. 基层工会经费审查委员会的工作任务是什么？
5. 基层工会经费审查委员会的主要职权有哪些？

延伸阅读（一）

上海推进“四位一体”经费审查监督体系建设

上海工会改革指向新的领域——工会经费管理。6月14日，上海市总工会出台意见，将构建工会内部审计、国家审计、社会审计和职工会员监督“四位一体”的立体经费审查监督体系。工会界人士指出，此举意在打破工会内部审计封闭运行、内部循环、自我监管的状况，运用外部监督的力量，让工会的资产和经费使用管理在阳光下运行。

“工会的经费、资产来自职工会员，如果工会经费管理使用出了问题，将会极大损害工会组织的影响力公信力。”6月14日，上海市总工会召开工会经费审查工作改革推进会，部署工会经费审查改革工作，并出台《关于构建工会内部审计、国家审计、社会审计和职工会员监督“四位一体”的立体经审监督体系的意见》（以下简称《意见》）。

《意见》明确，各级工会要健全工会经费审查工作机构。各区总工会以及年拨缴经费收入超过3000万元的局（产业）工会应设置经费审查办公室，年拨缴经费收入小于3000万元的局（产业）工会应配备专职经费审查干部。因编制受限暂时无法配备专职经费审查干部的，应选派挂职干部、兼职干部或志愿者承担工作。各区局（产业）工会可将会员中政治素质高、业务能力强、具有相关专业知识的党务、纪检、内审、财务人员以及一线职工代表纳入工会经费审查工作队伍，开展经费审查工作，也可聘请社会中介机构专业技术人员参与工会审计。

《意见》要求，要加强与国家审计机关的沟通协作。市、区总工会经审工作要依法接受国家审计机关的监督检查和业务指导，积极与审计机关建立会商和通报制度，同时建立向被审计单位同级党组织进行通报的制度。

同时，《意见》还强调要积极引入社会审计监督，建立购买社会审计服务制度，探索引入社会中介机构对本级工会及直属企事业单位、下属工会的预算执行和财务收支情况、基本建设、实事项目、经济责任等进行审计。

《意见》要求，各级工会要健全完善工会财务状况和经费审查工作定期向同级工会会员大会（会员代表大会）、全委会、常委会报告制度，建立重大项目安排、大额度资金使用等重大事项集体决策制度，进一步提高工会经费审查委员会中基层委员的比例，拓宽下级工会监督上级工会经费资产使用管理情况的渠道。

《意见》要求，工会主席要切实履行好本级工会审计整改第一责任人的责任，对出具审计报告的问题整改要“对账销号”。工会经审组织要通过发放整改意见书、约谈被审计单位负责人等方式督促审计问题及时整改纠正。

延伸阅读（二）

市审计局采取三项举措开展市总工会财务收支审计

为提高工会经费使用效益，促进工会经费资产更好地服务职工群众，保障工会经济活动规范有序进行，南昌市审计局采取三项举措开展市总工会财务收支审计。

一是选好审计项目。市总工会主要负责全市工会经费的收缴、管理和使用，长期以来主要接受工会系统内部审计监督，同级国家审计机关已有多年未对市总工会开展审计监督。市审计局按照“推进审计全覆盖”的思路，将市总工会财务收支审计列入年度审计项目计划，加强了对工会经费的国家审计监督，促进工会经费审计监督创新发展。

二是开好审计进点见面会。进点见面会上，市审计局党组成员、副局长张根全强调了国家审计机关对工会经费进行审计监督的重要性，指出：党中央、国务院对审计工作提出审计全覆盖的新要求，审计要做到应审尽审；《工会法》、《审计法》和历年来全国总工会出台的相关文件精神，明确规定工会经费的管理使用情况应当依法接受国家审计监督。审计进点见面会提高了被审计单位人员思想认识，消除了因工会经费不属于财政性资金不属于国家审计监督范围的错误观念。

三是抓好审计重点。审计过程中，审计组定期或不定期召开业务讨论会，对审计发现的情况和问题进行集体分析讨论，集思广益。在掌握市总工会财务收支和财务管理总体情况的基础上，针对市总工会资产多，出租多的特点，将审计重点放在工会经费及资产的效益发挥、资产管理使用、资产出租环节决策程序等方面，为审计工作开展找准方向。

第十三章

工会审计实务

工会审计是一项政策性、业务性很强的工作。为了规范工会审计行为，提高审计质量，防范审计风险，充分发挥工会审计作用，工会审计人员应当认真学习、熟练掌握工会审计的有关知识、政策、规定，不断提高自身素质。

第一节　工会审计概述

一、工会审计的概念

工会审计是指各级工会经费审查委员会依照法律和《中国工会章程》规定的职责、权限和程序，对工会经费收支、资产管理等全部经济活动的真实、合法与效益实施的审计监督。

审计是一项具有独立性的经济监督活动，独立性是审计区别于其他经济监督的重要特征。审计的基本职能是监督，而且是经济监督，是以第三者的身份所实施的监督。

《中国工会章程》第三十九条规定："工会经费、资产的管理和使用办法以及工会经费审查监督制度，由中华全国总工会制定。"

为加强工会审计工作，规范工会审计行为，提高工会经费使用效益，维护工会资产安全，2011 年 4 月全国总工会根据《工会法》《审计法》和《中国工会章程》的规定，制定了《中国工会审计条例》（以下简称《条例》），《条例》共八章六十条，针对审计机构和人员、审计职责、审计权限、审计程序、工作保障、相关责任等方面进行了详细规定。《条例》对于规范工会审计行为，提高审计质量，防范审计风险，确保工会资产安全具有重要意义。

二、工会审计的工作体制

根据《条例》规定，工会审计实行统一领导、分级管理、分级负责、下审一级的工作体制。

三、工会审计的工作方针

工会审计应遵循“依法审计、服务大局、突出重点、注重实效”的工作方针。

四、工会的审计主体、审计对象

工会的审计主体是各级工会经审会和它派出或者委托的人员。

工会的审计对象是被审计单位的财务收支及其他经济活动，不仅包括会计信息及其所反映的财务收支活动，还包括其他经济信息及其所反映的其他经济活动。

五、经费审查委员会开展审计监督的权限

经费审查委员会有权要求被审计单位按时提供会计报表、会计账簿、会计凭证、会计电算化数据以及与其经济活动相关的计划、批文、合同等其他资料。

经费审查委员会有权审查被审计单位的会计报表、会计账簿、会计凭证、会计电算化数据以及其他与财务收支相关的资料、资产。

经费审查委员会有权对审计涉及的相关事项，向被审计单位和有关人员进行调查并取得相关文件、资料和证明材料。

经费审查委员会有权对可能被转移、隐匿、篡改、毁弃的会计报表、会计账簿、会计凭证以及其他与财务收支相关的资料，采取暂时封存的措施。

经费审查委员会有权对正在进行的违反财经法律法规的行为予以制止，在职权范围内作出审计决定。

经费审查委员会有权对审计结果以适当方式进行通报。

经费审查委员会对审计中发现的重大违法违规、重大资产损失等问题，有权向同级工会委员会和上一级经费审查委员会报告。

第二节　工会审计的职责

一、工会审计的主要职责

经费审查委员会的主要职责是：依照法律和《中国工会章程》独立履行审计监督职责，被审计单位及其有关人员不得拒绝和阻碍工会审计人员执行公务，不得打击报复工会审计人员。

根据规定，经费审查委员会对同级工会及其所属企事业单位和下一级工会及其所属企事业单位的审计事项为：(1) 经费预算执行情况和财务状况；(2) 经费计提和拨缴情况；(3) 专项资金的筹措、拨付、管理和使用情况；(4) 资产的管理、使用和处置情况；(5) 基本建设和维修改造工程；(6) 对外投资情况；(7) 财务管理和相关内部控制制度情况；(8) 经费使用效益和资产经营效益情况；(9) 撤并时的财务清算情况；(10) 工会管理和委托其他单位管理的社会捐赠资金、各类基金的收支情况；(11) 其他需要审计的有关事项。

以上事项，必要时可以进行延伸审计。

二、经费审查委员会对相关负责人的经济责任审计

经费审查委员会在接受同级工会干部管理部门提出书面委托的情况下，对同级工会涉及经费、资产及有关经济活动管理的内设机构和所属企事业单位的主要负责人进行经济责任审计。

三、经费审查委员会对特定事项的专项审计

经费审查委员会应当在审计职责范围内对特定事项进行专项审计调

查，并向同级工会委员会和上一级经费审查委员会报告审计调查结果。

四、经费审查委员会应当配合协助上级经费审查委员会开展各项审计工作

上级经费审查委员会对下级经费审查委员会进行业务指导和督促检查，下级经费审查委员会配合协助上级经费审查委员会开展各项审计工作。

第三节　工会审计程序

工会审计程序是指工会经费审查对某项审计业务从开始到结束应做的各项工作及其顺序。通常包括准备阶段、实施阶段和报告阶段。

运用恰当、有效的审计程序，不仅有利于工会审计人员有条不紊地进行审计工作，提高审计工作效率，而且有利于审计人员充分实施各项审计工作，确保工作到位，减少工作的失误，保证审计的质量，促使工会经费审查工作逐步走上制度化、规范化的轨道。

一、经费审查委员会制订年度审计工作计划的依据、内容

（一）制订年度审计工作计划的依据

经费审查委员会依照“经费独立原则，建立预算、决算和经费审查监督制度”的规定，根据同级工会委员会的工作部署和上级经费审查委员会的要求，制订年度审计工作计划。

（二）制订年度审计工作计划的内容

经费审查委员会制订年度审计工作计划，应根据法定的审计职责和审计管辖范围编制，围绕中心，服务大局，突出重点，合理安排审计资源，

防止不必要的重复审计。

内容主要包括：(1) 审计项目名称；(2) 审计目标，即实施审计项目预期要完成的任务和结果；(3) 审计范围，即审计项目涉及的具体单位、事项和所属期间；(4) 审计重点；(5) 审计项目组织和实施单位；(6) 审计资源。

二、审计准备阶段的具体步骤

经费审查委员会根据年度审计工作计划确定步骤为：(1) 确定审计项目；(2) 成立审计组；(3) 制订审计实施方案；(4) 发放审计通知书；(5) 发出被审计单位基本情况自报表。

三、审计通知书的主要内容、送达时间

(一) 审计通知书的主要内容

审计通知书的主要内容包括：(1) 被审计单位及审计项目的名称；(2) 审计的目的及审计范围；(3) 审计时间；(4) 被审计单位应提供的具体资料和协助事项；(5) 审计小组名单；(6) 通知书发出日期和落款。

(二) 审计通知书的送达时间

经费审查委员会应当于实施审计 3 日前，向被审计单位送达审计通知书。

四、可以直接持审计通知书实施的审计

遇有特殊情况，报经费审查委员会主任批准后，可以直接持审计通知书实施审计。这些特殊情况有：(1) 需要及时处理领导批办、协助查证以及信访举报等重大紧急或者有时限要求的审计事项；(2) 有证据或者迹象表明，被审计单位及其有关人员有转移、隐匿、篡改、毁弃会计凭证、会计账簿、财务会计报告以及其他与财务收支有关的资料；(3) 被审计单位转移、隐匿违法取得的资产；(4) 有串通提供伪证等行为。

五、被审计单位应向审计组提供的相关资料

（一）被审计单位应向审计组提供的相关资料

被审计单位应向审计组提供的相关资料有：（1）被审计单位银行开户许可证、全部账户；（2）财务管理制度、会计凭证、账簿、报表；（3）与审计内容有关的收据、合同、协议；（4）经费收缴相关资料等。

（二）对被审计单位提供的相关资料的规定

对被审计单位提供的相关资料的规定有：（1）被审计单位应当对所提供审计资料的真实性和完整性作出书面承诺，如实填写《被审计单位基本情况自报表》；（2）法人代表、财务主管应对本表的真实性、完整性负责；（3）若有账外情况，应附页说明具体情况。

（三）被审计单位应向审计组提供的必要条件

被审计单位应向审计组提供的必要条件有：（1）预算或者财务收支计划、预算执行情况、决算、财务会计报告；（2）运用电子计算机储存、处理的财务收支电子数据和必要的电子计算机技术文档；（3）开立银行账户的情况；（4）社会审计机构出具的审计报告；（5）其他与财务收支有关的资料；（6）实施审计需要的办公场地和设备等。

六、审计方式

审计方式多种多样，按审计的不同内容和要求，可以有不同的划分。

按照审计形式及场所划分，可分为报送审计、就地审计和巡回审计等。

按照审计的组织形式划分，可分为自查、委托审计和联合审计。

按照审计的范围划分，可分为全面审计、局部审计、专项审计和重点审计。

按照审计介入时间划分，可分为事前审计、事中审计和事后审计。

按审计工作时间划分，可分为定期审计和不定期审计。

第四节　审计实务

一、审计实施阶段的工作

首先，听取被审计单位的情况介绍；其次，取得审计证据，做好审计记录；最后，编制审计工作底稿。

二、审计组获取审计证据的基本要求、方式

（一）审计组获取审计证据的基本要求

对审计发现的问题，要采用审核、监盘、询问、计算等方法获取审计证据；将获取的审计证据完整地记录在工作底稿中；获取的审计证据，如有必要，应当由证据提供者签名或盖章。

（二）审计组获取审计证据的方式

审查财务资料、有关文件和会议记录；核实现金、实物、有价证券；向有关单位和个人进行调查。

三、凭证、账簿的审查及核查有形资产的举例

例一：现金收付凭证的审查

（一）现金收支凭证的内部控制是否健全（有效性审查）

1. 是否专人负责现金收支凭证的购置、保管、发放、使用和登记。

2. 外购收据、支票等凭证是否真实、合法，并如数记入登记簿；有无购置、使用虚假凭证的问题。

3. 自制收据等是否有严格的盖章、编号等内部控制措施。

4. 稽核员是否经常进行收支票据的盘点并与登记簿核对相符，短少的

收付凭证是否及时查找和处理。

5. 发放凭证是否办理了严格的审批和交接手续。

6. 是否经常稽核和定期审计。

（二）现金收支凭证的填制是否规范（正确性审查）

1. 填制的项目是否齐全，签章手续是否齐备。

2. 是否按顺序填制，手工凭证是否一次复写。

3. 事先有连续编号的凭证填错后是否加盖作废章，并妥善保管。

4. 凭证中的数量、单价、金额、合计等是否正确，金额大小写是否规范、一致。

（三）现金收款凭证的入账是否足额（及时性审查）

现金收款凭证（收据）及时、足额入账，对于遏制“账外账”“小金库”，防范贪污、挪用，具有关键性的作用。

（四）现金支出凭证记录的业务是否真实（合理性审查）

1. 所有支出凭证是否都经过严格的审批、复核，有关签章是否齐全，是否存在白条抵库问题。

2. 有关费用开支是否符合预算，有关支出是否符合国家规定的开支标准和单位规定的定额，有无开支无度、支出虚高、支出虚假等问题。

3. 支出报销凭证所记录的经济业务与被审计单位的业务是否相关，有无报销个人物品购置、上级单位或关联单位个人费用的问题。

例二：现金日记账审阅

（一）日记账记录的是否正确、规范

1. 日记账是否由出纳员专门记录。通过辨认笔迹等，查明有无别人代理记录的问题。

2. 日记账是否逐笔、逐日记录。通过核对入账凭证等，查明有无几笔收支合并记录、坐支的问题，有无颠倒日期掩盖超限额、挪用等问题。

3. 日记账是否逐日结出余额，并与库存现金核对相符，通过监盘和对账，查明有无账实不符、贪污、挪用等问题。

（二）日记账记录的收支是否正确、真实

方法：将日记账中记录的每笔收支事项与据以入账的原始凭证、记账凭证进行核对。审查内容如下。

1. 日期是否相符，现金收支截止期是否正确。

2. 摘要反映的内容是否合理、合法。

3. 金额是否超过现金开支范围的规定。

4. 账务处理是否正确，有无记错账的问题。

（三）日记账记录的收支是否合理、合法

1. 日记账中每日余额是否超过库存现金限额。

2. 日记账中记录的每笔收支的金额是否超过现金结算限额。

3. 日记账中记录的各项收支业务是否超过现金开支范围规定。

4. 日记账中记录的现金收入是否及时、足额送存银行，有无坐支现金收入的问题。

例三：银行存款日记账核对

（一）审计目标

1. 是查明存款余额真实性的重要方法。

2. 是查明存款收支真实、合法性的重要方法。

（二）审计范围

一般应当详细核对银行账。在银行存款相关内控制度较好，银行开户较多，收支业务较多时，也可进行抽样审查。

（三）审计步骤

1. 按人行规定进行归集清理银行开户，督促整理银行账户记录。

2. 核对日记账与对账单。

3. 编制调节表，分析调节结果。

（四）银行账核对的准备工作

1. 评价相关内部控制，为确定审查方法提供依据。

2. 清理银行账户开立情况，弄清银行开户数量。

3. 要求出纳员和记账员将银行存款收付凭证全部登记入账，结出余额，并自行与银行过去送来的对账单核对相符；如不符，应查明原因，进行处理。

（五）银行账核对的具体方法

一般情况下，审计人员应当向所有开户银行索取对账单，进行详细审阅与核对，编制调节表。在相关内部控制较好的情况下，审计人员也可利用出纳员保管的对账单，在确认对账单真实、完整的情况下，抽取部分开户银行的对账单进行审阅与核对，编制调节表。

核对时不但要找出全部未达账项，而且要注意未达账项是否正常。

不正常未达账项主要有以下几种。

1. 长期送存未达账项

特征：单位送存银行存款，银行长期未收到入账，单位入账凭证中无送款回单。可能存在假送款，实际上挪用、贪污的问题。

2. 期末大额送存未达账项

特征：期末发生，数额较大，没有送款回单。可能存在人为调节期末资产和损益的问题。

3. 提前入账存款未达账项

特征：期末发生，数额较大，送款回单的日期为第二年初。可能存在人为调节期末资产和损益的问题。

4. 大额收款企业未达账项

特征：数额较大，凭证齐全，但拖延未入账。可能存在隐瞒借款问题。

（六）银行账核对结果的分析评价

1. 如果调节后，若结果不相符，说明被审计单位与其开户银行之间有一方或双方记账错误，应立即查明，予以更正。

2. 如果调节后，结果相符，且不存在不正常未达账项，则可推断银行存款余额基本真实。

因为，对账单的作用是对账，而不是证明存款余额的真实性，不是原始凭证。要确定银行存款余额（对账单上的余额）的真实性，还需要向被审计单位开户银行进行函证。尽管如此，银行账核对仍然是重要的。

例四：核查有形资产

核查有形资产是指审计人员对资产实物进行审查，通常称为监盘，即审计人员实地监督被审计单位管理当局盘点实物资产并进行适当的抽查复点。它可以为实物资产存在性提供可靠的审计证据。

核查有形资产的方法主要用于库存现金监盘和存货监盘，此外还可以用于有价证券监盘、重要凭证监盘等。

（一）库存现金监盘

监盘库存现金，即审计人员现场监督被审计单位出纳员盘点库存现金并进行全面复查的审计程序。

监盘库存现金与盘点库存现金不同：一是主体不同，监盘库存现金的是审计人员，而盘点库存现金的则是出纳人员；二是目的不同，审计人员监盘库存现金是为了查明库存现金余额的真实性，而出纳人员盘点库存现金则是为了保证库存现金的安全完整；三是性质不同，审计人员监盘库存现金是必需的审计程序，而出纳人员盘点库存现金则是重要的内控程序要求。

（二）监盘库存现金的步骤和方法

1. 要求出纳员将现款、有价证券、未入账的收付凭证、白条等分类整理存入保险柜。必要时予以封存。

2. 要求出纳员复核现金日记账的记录并结出余额，由审计人员将余额填入“库存现金盘点情况表”，并注明余额的时点。

3. 在会计主管、出纳员、审计人员三方同时在场的情况下，先由出纳员对保险柜中的现款等进行分类清点，然后由审计人员全面复点，直到双方清点的结果相符为止。

4. 在双方清点结果相符的情况下，审计人员将清点结果记入“库存现金盘点情况表”，经另一名审计人员复核无误后，由会计主管、出纳员、审计人员共同签字认可。

5. 将库存现金盘点结果与日记账账面应存额（盘点时账面余额、加未入账的收款凭证，减未入账的付款凭证〈不包括白条〉）进行核对。如有差异，应要求出纳员作出书面说明，以便进一步审查。

6. 根据监盘确认的库存现金实存额，调节会计报表日库存现金实有额，并与记入“资产负债表”“货币资金”项目中的库存现金数额进行核对。如有不符，应要求会计报表编制人员作出书面说明，并追查清楚原因，作出适当处理。

（三）监盘库存现金应注意的问题

1. 监盘库存现金一般应突击和封闭进行。

2. 现金存放在多处且无法同时监盘时，应先封存。

3. 封存时不得收缴出纳员的保险柜钥匙。

4. 会计主管、出纳员、审计人员必须同时在场。

5. 监盘应选择在当日营业开始之前，也可选择在当日营业终了之后。

6. 白条不能抵充库存现金，有价证券、未入账收付凭证应同时清点。

（四）监盘库存现金结果的处理

现金监盘结果的审计处理如下。

1. 库存现金超限额：敦促被审计单位及时送存银行或建议调整限额。

2. 白条借款：业务真实合法的，敦促补办手续及时入账；其他白条应建议及时追缴相关款项。

3. 现金短款：应建议由出纳员追缴或赔偿，数额较大的还应建议追究出纳员责任。

4. 记账不及时：应教育被审计单位出纳员以后要及时记账。

四、审计工作底稿的主要内容、要求

（一）审计工作底稿

审计工作底稿是审计人员在审计过程中获取的审计证据和形成的全部工作记录。它可以纸质、电子或其他介质形式存在。

（二）审计工作底稿的作用

审计工作底稿是形成审计结论，发表审计意见的直接依据；是考评审计质量，明确审计责任的主要依据；是考核审计人员能力和工作业绩的重要依据；是规划未来审计工作，进行审计研究的参考。

（三）审计工作底稿的要素

审计工作底稿的要素是指：（1）被审计单位名称；（2）审计项目名称；（3）审计项目的时点或时期；（4）审计前的情况；（5）审计过程，索引号及页次；（6）编制人姓名及完成该项审计工作的日期；（7）被审计单位对审计工作底稿中所记录事实的认定及部门主管人员签字；（8）审计结论：即审计查出问题及其依据；（9）复核人姓名及复核的日期和范围。

（四）编制审计工作底稿的基本要求

编制审计工作底稿的基本要求有：（1）内容完整，格式规范；（2）标识一致，索引规范；（3）记录清晰，结论明确。

（五）获取审计工作底稿的基本要求

获取审计工作底稿的基本要求为：（1）要注明资料的来源、编号索引号；（2）要实施必要的审计程序，如核对原件等；（3）要形成相应的审计记录并签名。

（六）审计工作底稿的复核

为了减少审计误差，提高审计质量，恰当考评审计人员的业绩和能力，审计工作底稿需要由编制底稿之外的审计人员进行复核。

复核的内容包括：引用的审计标准是否可靠适用；获得的审计证据是否充分适当；作出的审计判断是否有理有据；得出的审计结论是否恰当明确。

复核的要求包括：做好复核记录，复核人要签署姓名和复核日期，要书面表达复核意见，并督促编制人更正。

五、审计报告

审计报告是审计人员按照审计准则《条例》的要求，实施了必要的审计程序后出具的，用于对被审计单位会计报表等信息发表审计意见的书面文件。

（一）审计终结阶段的主要工作

审计终结阶段的主要工作包括：（1）整理审计工作底稿；（2）形成审计报告征求意见稿；（3）征求被审计单位意见；（4）向经费审查委员会提交审计报告。

（二）审计报告基本要素

审计报告基本要素包括：（1）标题；（2）文号；（3）被审计单位名称；（4）审计项目的名称；（5）内容；（6）出具单位；（7）签发日期。

（三）审计报告的内容

审计报告的内容包括：（1）审计依据，如相关法律法规、内部控制制度；（2）被审计单位的基本情况；（3）被审计单位的会计责任；（4）实施审计的基本情况；（5）审计评价意见；（6）对需要整改的事项提出审计意见和建议。

（四）被审计单位对审计报告的处理

1. 被审计单位对审计报告如有异议，审计组应当核实，如有必要，应当修改审计报告，并将采纳或未采纳的主要理由等记录在审计组关于审计报告回复意见的采纳情况表中。

2. 被审计单位自接到审计组的审计报告之日起 10 日内，向审计组回复书面意见，逾期不回复的，视同无异议。

3. 被审计单位自收到经费审查委员会的审计报告或者审计决定之日起 30 日内，以书面报告的形式向出具审计报告或审计决定的经费审查委员会报告整改落实情况。

4. 被审计单位或者相关责任人员对经费审查委员会作出的审计决定不服的，自收到审计决定之日起 60 日内，以书面形式，向出具审计决定的上一级经费审查委员会申请复审。

上一级经费审查委员会应当自收到书面复审申请之日起 60 日内作出复审决定。

在复审期间原审计决定有效，被审计单位应执行原审计决定。

第五节　审计报告、决定的执行及审计档案管理

一、审计报告、审计决定的生效时间

（一）审计报告的生效时间

被审计单位自接到审计组的审计报告之日起10日内，应当向审计组回复书面意见，逾期不回复的，视同无异议。

（二）审计决定的生效时间

经费审查委员会按照规定的程序对审计组的审计报告进行审议，研究被审计单位就审计报告提出的意见，对违反国家规定的财务收支行为，依法给予处理、处罚的，在法定职权范围内作出审计决定。审计决定是加强审计监督，维护经济秩序，促进廉政建设，保障工会事业健康发展的重要工具。它对违反有关规定的财务收支行为，具有实行惩戒与教育的直接效力。

审计决定自送达之日起生效。

二、可以变更或者撤销下一级经费审查委员会的审计决定的情况

经费审查委员会发现下一级经费审查委员会作出的审计决定违反国家有关规定或者有重大错误的，应当责成下一级经费审查委员会予以变更或者撤销，必要时可以直接作出变更或者撤销的决定。可以变更或者撤销下一级经费审查委员会的审计决定的情况有：（1）审计决定主要事实不清、证据不足；（2）适用法律、法规、规章和国家其他有关规定错误；（3）违反法定程序，超越或者滥用职权等情况，应责成其变更或撤销。

三、经费审查委员会每年向同级工会委员会报告制度

经费审查委员会应当每年向同级工会委员会报告审计结果和整改落实情况，能够让各级工会领导了解、掌握审计情况；有利于分析和研究协调解决疑难问题，推进审计整改工作。

四、审计整改督查制度

经费审查委员会应当建立审计整改督查制度，对被审计单位进行审计回访，督促其落实整改意见，执行审计决定。

（一）审计整改督查制度的主要内容

审计整改督查制度的主要内容包括：（1）审计整改报告制度。要求被审计单位在规定的期限里，向审计单位报送整改情况；（2）审计整改回访制度。审计单位对整改情况进行跟踪督促检查，重点督促检查被审计单位整改执行情况；（3）整改结果通报制度。采用召开会议和简报等形式，通报审计情况，强化警示教育，促进审计整改落实。

（二）审计回访的工作程序、内容、形式

1. 审计回访的工作程序。审计回访应当由实施审计项目的工会经费审查组织，在审计终结 3 个月后的半年内实行。实施书面审计回访应当向回访的被审计单位发出《审计回访函》。实施审计回访应当组成 2 人以上的审计回访组，在指定时间内到被审计单位具体实施。

2. 审计回访主要的检查内容。检查审计报告、审计决定书的执行情况；针对整改工作存在的问题，提出意见和建议；发现并纠正审计工作中存在的问题；征求被审计单位对审计工作的意见和建议。

经费审查委员会不仅要规范审计，更要注重整改，通过审计回访，督促其落实整改意见，确保审计结果落实，维护工会经费审查工作的严肃性、权威性和实效性。

3. 审计回访的工作形式。审计回访可以根据重要性原则采取书面回访

和实地访问两种形式。对审计发现问题和审计意见重要性程度较低的审计项目，可以采取书面回访形式；对发出审计决定和审计发现问题及审计意见重要性程度较高的审计项目，应当采取实地回访的形式。

五、审计档案的建立及要求

经费审查委员会办理审计项目、专项审计调查、审计复审、审计回访时产生的公文和资料需建档，需建档的公文和资料包括：（1）审计通知书；（2）被审计单位基本情况自报表；（3）审计工作底稿；（4）审计报告征求意见书；（5）审计小组关于审计报告回复意见的采纳情况表；（6）审计报告；（7）若该审计项目有审计决定或复议受理程序的，还应包括审计决定或复议申请、复议决定等；（8）审计回访记录。

审计文书资料归档应按照工会审计业务公文处理规定和审计档案管理规定建立档案，相关要求为：（1）一个审计项目立一个卷；（2）跨年度的审计项目，在项目审计终结的年度立卷；（3）审计案卷内每份或每组之间的排序为：结论性的材料、证明性的材料、立项性的文件材料。

第六节　工会经费审查工作保障及相关责任

经费审查工作保障包括制度保障、权责保障、经费保障、人员素质保障、绩效评价保障，各级工会领导班子应当自觉接受审计监督，支持工会审计工作机构和人员依法履行职责。被审计单位和个人、审计人员有不良行为的，根据情节轻重承担相应责任。

一、工作保障

各级工会领导班子自觉接受审计监督是由工会经费独立原则决定的。

自觉接受审计监督不仅能以身作则、率先垂范，而且能确保经费审查组织充分履行审计监督职责，保障工会资产安全、完整、高效运转，使工会经费更好地为广大职工和工运事业服务。

（一）工作保障制度

1. 制度保障。各级工会领导班子应当自觉接受审计监督，支持工会审计机构和人员依法履行职责。应当听取经费审查委员会的审计结果报告；按照审计报告或者审计决定的要求，明确责任，制定措施，落实整改。

2. 权责保障。经费审查委员会主任应当参加（或者列席）工会主席办公会议、常委会议和研究工会重大经济活动的会议；经费审查办公室主任应当参加（或者列席）涉及工会经费、资产和相关经济活动的会议。

3. 经费保障。各级工会应当为经审会及其经费审查办公室开展审计工作提供必要的物质保障和工作条件，按规定比例安排经费审查专用经费，纳入本级工会年度经费预算。

4. 人员素质保障。各级工会应当加强工会审计人员队伍建设，落实工会经费审查委员会主任任期培训制度和工会审计人员培训规划，做好工会审计人员的配备、使用、考核和管理工作。

5. 绩效评价保障。各级工会应当支持经费审查委员会加强审计工作规范化建设，健全审计工作运行机制，完善审计质量评价体系，实施工会审计人员业绩评价和奖惩制度。

上级经费审查委员会应当加强对下级经费审查委员会的业务指导和工作支持，对在工会审计工作中作出突出成绩的单位和个人给予表彰和奖励。

（二）工会审计工作规范化建设

1. 工会审计工作规范化建设的内容。工会审计工作规范化建设是规范审计行为、提高审计质量、明确审计责任的重要保证。其主要内容是组织建设、规章制度、审查审计、业务建设、经费设备和工作创新。通过规范化建设，健全审计工作运行机制，完善审计质量评价体系。

2. 工会审计队伍建设。提高审计人员解决实际问题的能力。工会审计人员培训原则为“以人为本、按需施教，统筹规划、分级负责，全员培训、突出重点，联系实际、学以致用”。工会审计人员培训内容主要包括政治理论培训、工会经费审查理论和实务审计知识培训、内部审计上岗资格和继续教育培训、经费审查工作台账化管理培训、审计职业道德教育等。

二、相关责任

（一）被审计单位和个人的相关责任

单位和个人有下列行为之一的，由经费审查委员会根据情节轻重，向同级工会提出批评、处罚或者处分等建议，同级工会应当及时予以处理；构成犯罪的，依法追究刑事责任。

1. 拒绝或者故意拖延提供与审计事项有关的文件、会计资料和证明材料的。

2. 转移、隐匿、篡改、毁弃有关文件和会计资料的。

3. 转移、隐匿所持有的违反国家规定取得的财产的。

4. 弄虚作假、隐瞒事实真相的。

5. 授意、指使、强令审计人员违反国家法律法规和审计规定的。

6. 阻挠工会审计人员行使职权，抗拒、破坏监督检查的。

7. 拒不执行审计决定的。

8. 报复陷害审计人员或者检举人员的。

（二）审计人员的相关责任

工会审计人员有下列行为之一的，由其所在工会根据有关规定给予批评、处罚或者处分；构成犯罪的，依法追究刑事责任。

1. 利用职权谋取私利的。

2. 弄虚作假，徇私舞弊的。

3. 玩忽职守，给国家和工会造成重大损失的。

4. 泄露相关秘密并造成严重后果的。

三、不断提高工会经费审查工作质量和水平

（一）提高创新能力

认真对照《中国工会审计条例》规定，对原有的工会审计理念、审计手段、审计方式方法等进行修订调整，努力实现高效、务实、全面的审查审计监督。

（二）提高分析问题的能力

工会经费审查干部要通过对带有普遍性问题的分析、总结和提炼，从中找出带有规律性的问题以及存在问题的原因，从制度、体制和管理层面提出解决问题的意见和建议。

（三）提高审计人员素质

要通过集中培训、专题讲座、优秀审计成果评选、审计技能及专业知识竞赛等多种形式，不断提升工会经费审查人员的综合素质和业务能力。

（四）提高审计工作质量

要始终把提高审计质量当作头等大事、当作审计生命线抓紧抓好。采取切实措施加强审计管理，认真抓好审前调查、审计实施、审计处理和审计回访等关键环节的管理，建立健全科学规范的审计质量控制体系，切实提高审计工作的质量和水平，保障工会经济活动的规范、安全和效益。

思考题：

1. 工会审计遵循的工作方针是什么？
2. 工会审计的职责是什么？
3. 经费审查委员会审计的程序有哪些？
4. 工会审计方式有哪些？
5. 工会审计监督如何保障？
6. 工会审计相关责任是什么？

7. 如何提高工会经费审查工作的质量和水平？

延伸阅读

持续强化工会经费使用监督管理力度

核心提要 工会经费主要用于职工维权、困难帮扶、文体活动以及专项工作等方面。规范工会经费使用管理已成为当前工会系统党风廉政建设的关键所在，也是腐败风险防控的重要风险点，已经引起了各级工会组织的高度重视。近年来，张湾区总工会落实全面从严治党要求，促进党风廉政建设主体责任、监督责任落地生根，以规范工会经费使用为抓手，以监督服务为主线，在预算审查、经费审计和干部业务素质培训等方面下功夫，持续强化工会经费使用监督管理力度，确保工会经费真正服务于职工、服务于发展和壮大工运事业，服务于党政大局。

积极争取支持，工会经费收支管理更加严格

张湾区总工会将管好用好工会经费作为提高工会凝聚力、向心力、战斗力的一个重要因素，作为工会履职尽责，确保工会各项重点工作开展、增强工会服务职工工作物质基础、更好地发挥工会在党和国家工作大局中的作用的重要抓手。积极争取区委、区政府对工会工作支持力度，将加强和规范基层工会经费收支管理纳入工会系统落实党要管党全面从严治党的重要内容，作为对各级工会执纪问责的突破口；工会经费收缴实现了稳步增长，2018 年将全区行政事业单位职工工会经费按人均 1450 元列入财政预算，保证了职工能均等享受工会福利待遇；工会经费支出结构得到进一步优化，严格按全国总工会印发的《基层工会经费收支管理办法》和湖北省总工会印发的《基层工会经费收支管理实施细则》执行支出；工会经费的监督管理更加严格，每年区总工会经审办组织专班对全区各基层工会的经费收支情况进行审计监督，及时发现问题，及时提醒整改，确保支出无违纪违规。

严把监管关口，工会经费廉政风险有效防范

适应新形势新要求的工会经费新政策。按照“统一领导、分级管理”的管理体制，区总工会负责对本级和下一级工会经费收支与使用管理情况的监督检查。通过预算审核、事前监督、专项审计等，严把关口，将工会经费使用管理过程中产生的问题，解决在初始状态，将廉政风险隐患消除在萌芽状态，防患于未然。一是把好预算关，严格执行《工会预算管理办法》，坚持每年年初对年度工会经费预算情况进行审核把关，作为年终决算审查审计的重要依据，实现经费使用监督管理关口前移，切实提高工会经费使用的合理性、合法性和高效性；二是把好审核关，对每项专项工作经费划拨严格审核，明确经费使用标准、使用范围、使用时限等具体事项，做到专款专用；三是把好审计关，每年对乡镇街办、机关事业单位工会经费收支使用情况进行专项审计，确保经费收支的合法性、真实性，对审计中发现的管理漏洞、不合理开支等问题，深入分析原因，研究制定整改措施，限期整改；四是把好整改关，在严格执行中央“八项规定”的形势下，通过连续三年的专项审计督查，发现少数基层工会对政策的理解把握不够准确，工会经费使用管理不够规范。如：个别单位没有收取会员费、用工会经费报销与工会活动无关的费用、违反现金管理规定大额现金支付、重复发放福利、在不是国家规定的法定节日发放节日慰问品。另外，在核销中附件不齐全、手续不完整。核销凭证中，节日慰问、开展活动缺少方案、经费预算，发放物品未附购物清单、签收单，开展活动就餐未附就餐人员名单，看望生病会员未附病情证明。对于这些问题，区总工会逐一进行反馈，发放限期整改通知书，整改不到位的作为问题线索向纪检部门移交。

加强业务培训，工会干部整体素质全面提升

加强政策宣传，引导基层工会组织牢固树立守纪意识。将《湖北省基层工会经费收支管理的实施细则》和《〈湖北省基层工会经费收支管理的实施细则〉有关问题解读》向基层工会宣传、普及，帮助基层工会准确理解把握政策规定，确保基层工会在执行文件上不出现偏差、在经费开支使用上不出现问题。

积极落实工会干部业务培训。举办工会经费管理使用培训班，请市总财务、经审专家现场解读上级相关文件、政策，现场提问互动，答疑释惑，使全区工会干部全面学习掌握工会经费收支管理工作规范，全面提高工会经费使用管理水平。无论是工会领导岗位的工作人员，还是具体从事工会财务岗位的工作人员，都要求做好“三种人”。一是要时刻牢记“四个意识”，坚定“四个自信”，把做好工会工作与深入学习贯彻习近平新时代中国特色社会主义思想紧密结合，与提升自身能力素质紧密结合，在政治理论、工会业务知识的学懂弄通做实上下功夫，围绕工会改革大局转思想、转方法、转作风，做一名政治过硬的“明白人”；二是要举一反三，自查自纠岗位履职是否到位，工会经费使用管理制度是否科学，做一名业务精湛的“政策通”；三是要严格按中央“八项规定”使用工会经费，做一名廉洁自律的“先行者”。

附录

1. 工会会计制度

目　录

第一章　总　则

第一条　为了规范工会会计行为，保证会计信息质量，根据《中华人民共和国会计法》（以下简称会计法）、《中华人民共和国工会法》（以下简称工会法）等法律法规，制定本制度。

第二条　本制度适用于各级工会，包括基层工会及县级以上（含县级，下同）工会。工会所属事业单位、工会所属企业及挂靠工会管理的社会团体，不适用本制度。

第三条　工会会计是核算、反映、监督工会预算执行和经济活动的专业会计。工会依法建立独立的会计核算管理体系，与工会预算管理体制相适应。

第四条　工会应当对其自身发生的经济业务或者事项进行会计处理和报告。

第五条　工会会计处理应当以工会的持续运行为前提。

第六条　工会会计处理应当划分会计期间，分期结算账目和编制会计报表。

会计期间至少分为年度和月度。会计年度、月度等会计期间的起讫日期采用公历日期。

第七条　工会会计处理应当以货币计量，以人民币作为记账本位币。

第八条　工会会计处理一般采用收付实现制，部分经济业务或者事项应当按照本制度的规定采用权责发生制。

第九条　工会会计要素包括：资产、负债、净资产、收入和支出。其平衡公式为：资产=负债+净资产。

第十条　工会会计处理应当采用借贷记账法记账。

第十一条　工会会计记录的文字应当使用中文。在民族自治地方，会计记录可以同时使用当地通用的一种民族文字。

第十二条　县级以上工会应当设置会计机构，配备专职会计人员。基层工会应当根据会计业务的需要设置会计机构或者在有关机构中设置会计人员并指定会计主管人员；不具备设置条件的，应当委托经批准设立从事代理记账业务的中介机构代理记账。

第十三条　各级工会的法定代表人应当对本级工会的会计工作以及会计资料的真实性、完整性负责。

第十四条　各级工会应当建立健全内部控制制度，并确保内部控制有效施行。县级以上工会应当组织指导和检查下级工会会计工作，负责制定有关实施细则；组织工会会计人员培训，不断提高政策、业务水平。

第十五条　工会应当重视并不断推进会计信息化的应用。工会开展会计信息化工作，应当符合财政部制定的相关会计信息化工作规范和标准，确保利用现代信息技术手段进行会计处理及生成的会计信息符合会计法和本制度的规定。

第二章　一般原则

第十六条　工会提供的会计信息应当符合工会管理工作的要求，满足会计信息使用者的需要，满足本级工会加强财务管理的需要。

第十七条　工会应当以实际发生的经济业务或者事项为依据进行会计处理，如实反映工会财务状况和收支情况等信息，保证会计信息真实可靠、内容完整。

第十八条　工会提供的会计信息应当清晰明了，便于理解和使用。

第十九条　工会会计处理应当采用规定的会计政策，前后各期一致，不得随意变更，以确保会计信息口径一致，相互可比。

第二十条　工会会计处理应当遵循重要性原则。对于重要的经济业务或者事项，应当单独反映。

第二十一条 工会应当对已经发生的经济业务或者事项及时进行会计处理和报告，不得提前或者延后。

第二十二条 工会应当对指定用途的资金按规定的用途专款专用，并单独反映。

第二十三条 工会在发生会计政策变更、会计估计变更和会计差错更正时，除本制度另有规定外，一般采用未来适用法进行会计处理。

会计政策，是指工会在会计核算时所遵循的特定原则、基础以及所采用的具体会计处理方法。

会计估计，是指工会对结果不确定的经济业务或者事项以最近可利用的信息为基础所作的判断，如固定资产、无形资产的预计使用年限等。

会计差错，是指工会在会计核算时，在确认、计量、记录、报告等方面出现的错误，通常包括计算或记录错误、应用会计政策错误、疏忽或曲解事实产生的错误、财务舞弊等。

未来适用法，是指将变更后的会计政策应用于变更当期及以后各期发生的经济业务或者事项，或者在会计估计变更当期和未来期间确认会计估计变更的影响的方法。

第三章 资 产

第二十四条 资产是工会过去的经济业务或者事项形成的，由工会控制的，预期能够产生服务潜力或者带来经济利益流入的经济资源。

服务潜力是指工会利用资产提供公共产品和服务以履行工会职能的潜在能力。

经济利益流入表现为现金及现金等价物的流入，或者现金及现金等价物流出的减少。

工会的资产包括流动资产、在建工程、固定资产、无形资产、投资和长期待摊费用等。

第二十五条 工会对符合本制度第二十四条规定的资产定义的经济资源，在同时满足以下条件时，应当确认为资产：

（一）与该经济资源相关的服务潜力很可能实现或者经济利益很可能流入工会；

（二）该经济资源的成本或者价值能够可靠地计量。

符合资产定义并确认的资产项目，应当列入资产负债表。

第二十六条 工会的资产按照国家有关规定依法确认为国有资产的，应当作为国有资产登记入账；依法确认为工会资产的，应当作为工会资产登记入账。

第二十七条　工会的资产在取得时应当按照实际成本计量。除国家另有规定外，工会不得自行调整其账面价值。

对于工会接受捐赠的现金资产，应当按照实际收到的金额入账。对于工会接受捐赠、无偿调入的非现金资产，其成本按照有关凭据注明的金额加上相关税费、运输费等确定；没有相关凭据、但按照规定经过资产评估的，其成本按照评估价值加上相关税费、运输费等确定；没有相关凭据、也未经过评估的，其成本比照同类或类似资产的价格加上相关税费、运输费等确定。如无法采用上述方法确定资产成本的，按照名义金额（人民币 1 元）入账，相关税费、运输费等计入当期支出。

工会盘盈的资产，其成本比照本条第二款确定。

第一节　流动资产

第二十八条　流动资产是指预计在一年内（含一年）变现或者耗用的资产。主要包括货币资金、应收款项和库存物品等。

第二十九条　货币资金包括库存现金、银行存款等。

货币资金应当按照实际发生额入账。工会应当设置库存现金和银行存款日记账，按照业务发生顺序逐日逐笔登记。库存现金应当做到日清月结，其账面余额应当与库存数相符；银行存款的账面余额应当与银行对账单定期核对，如有不符，应当编制银行存款余额调节表调节相符。

工会发生外币业务的，应当按照业务发生当日的即期汇率，将外币金额折算为人民币金额记账，并登记外币金额和汇率。期末，各种外币账户的期末余额，应当按照期末的即期汇率折算为人民币，作为外币账户期末人民币余额。调整后的各种外币账户人民币余额与原账面余额的差额，作为汇兑损益计入当期支出。

第三十条　应收款项包括应收上级经费、应收下级经费和其他应收款等。

应收上级经费是本级工会应收未收的上级工会应拨付（或转拨）的工会拨缴经费和补助。

应收下级经费是县级以上工会应收未收的下级工会应上缴的工会拨缴经费。

其他应收款是工会除应收上下级经费以外的其他应收及暂付款项。

应收款项应当按照实际发生额入账。年末，工会应当分析各项应收款项的可收回性，对于确实不能收回的应收款项应报经批准认定后及时予以核销。

第三十一条　库存物品指工会取得的将在日常活动中耗用的材料、物品及达不到固定资产标准的工具、器具等。

库存物品在取得时应当按照其实际成本入账。工会购入、有偿调入的库存物品以实际支付的价款记账。工会接受捐赠、无偿调入的库存物品按照本制度第二十七条规定所确定的成本入账。

库存物品在发出（领用或出售等）时，工会应当根据实际情况在先进先出法、加权平均法、个别计价法中选择一种方法确定发出库存物品的实际成本。库存物品发出方法一经选定，不得随意变更。

工会应当定期对库存物品进行清查盘点，每年至少全面盘点一次。对于盘盈、盘亏或报废、毁损的库存物品，应当及时查明原因，报经批准认定后及时进行会计处理。

工会盘盈的库存物品应当按照确定的成本入账，报经批准后相应增加资产基金；盘亏的库存物品，应当冲减其账面余额，报经批准后相应减少资产基金。对于报废、毁损的库存物品，工会应当冲减其账面余额，报经批准后相应减少资产基金，清理中取得的变价收入扣除清理费用后的净收入（或损失）计入当期收入（或支出），按规定应当上缴财政的计入其他应付款。

第二节　固定资产

第三十二条　固定资产是指工会使用年限超过1年（不含1年），单位价值在规定标准以上，并在使用过程中基本保持原有物质形态的资产，一般包括：房屋及构筑物；专用设备；通用设备；文物和陈列品；图书、档案；家具、用具、装具及动植物。

通用设备单位价值在1000元以上，专用设备单位价值在1500元以上的，应当确认为固定资产。单位价值虽未达到规定标准，但是使用时间超过1年（不含1年）的大批同类物资，应当按照固定资产进行核算和管理。

第三十三条　固定资产在取得时应当按照其实际成本入账。

工会购入、有偿调入的固定资产，其成本包括实际支付的买价、运输费、保险费、安装费、装卸费及相关税费等。

工会自行建造的固定资产，其成本包括该项资产至交付使用前所发生的全部必要支出。

工会接受捐赠、无偿调入的固定资产，按照本制度第二十七条规定所确定的成本入账。

工会在原有固定资产基础上进行改建、扩建、大型修缮后的固定资产，其成本按照原固定资产账面价值加上改建、扩建、大型修缮发生的支出，再扣除固定资产被替换部分的账面价值后的金额确定。

已交付使用但尚未办理竣工决算手续的固定资产，工会应当按照估计价值入账，待办理竣工决算后再按照实际成本调整原来的暂估价值。

第三十四条　在建工程是工会已经发生必要支出，但尚未交付使用的建设项目工程。工会作为建设单位的基本建设项目应当按照本制度规定统一进行会计核算。

工会对在建工程应当按照实际发生的支出确定其工程成本，并单独核算。在建工程的工程成本应当根据以下具体情况分别确定：

（一）对于自营工程，按照直接材料、直接人工、直接机械施工费等确定其成本；

（二）对于出包工程，按照应支付的工程价款等确定其成本；

（三）对于设备安装工程，按照所安装设备的价值、工程安装费用、工程试运转等所发生的支出等确定其成本。

建设项目完工交付使用时，工会应当将在建工程成本转入固定资产等进行核算。

第三十五条 工会应当对固定资产计提折旧，但文物和陈列品，动植物，图书、档案，单独计价入账的土地和以名义金额计量的固定资产除外。

工会应当根据相关规定以及固定资产的性质和使用情况，合理确定固定资产的使用年限。固定资产的使用年限一经确定，不得随意变更。

工会一般应当采用年限平均法或者工作量法计提固定资产折旧，计提折旧时不考虑预计净残值。在确定固定资产折旧方法时，应当考虑与固定资产相关的服务潜力或经济利益的预期实现方式。固定资产的折旧方法一经确定，不得随意变更。

工会应当按月对固定资产计提折旧。当月增加的固定资产，当月计提折旧；当月减少的固定资产，当月不再计提折旧。固定资产提足折旧后，无论是否继续使用，均不再计提折旧；提前报废的固定资产，也不再补提折旧。

固定资产因改建、扩建或大型修缮等原因而延长其使用年限的，工会应当按照重新确定的固定资产成本以及重新确定的折旧年限计算折旧额。

工会应当对暂估入账的固定资产计提折旧，实际成本确定后不需调整原已计提的折旧额。

第三十六条 工会处置（出售）固定资产时，应当冲减其账面价值并相应减少资产基金，处置中取得的变价收入扣除处置费用后的净收入（或损失）计入当期收入（或支出），按规定应当上缴财政的计入其他应付款。

第三十七条 工会应当定期对固定资产进行清查盘点，每年至少全面盘点一次。对于盘盈、盘亏或报废、毁损的固定资产，工会应当及时查明原因，报经批准认定后及时进行会计处理。

工会盘盈的固定资产，应当按照确定的成本入账，报经批准后相应增加资产基金；盘亏的固定资产，应当冲减其账面余额，报经批准后相应减少资产基金。对于报废、毁损的固定资产，工会应当冲减其账面余额，报经批准后相应减少资产基金，清理中取得的变价收入扣除清理费用后的净收入（或损失）计入当期收入（或支出），按规定应当上缴财政的计入其他应付款。

第三节 无形资产

第三十八条 无形资产是指工会控制的没有实物形态的可辨认非货币性资产，

包括专利权、商标权、著作权、土地使用权、非专利技术等。工会购入的不构成相关硬件不可缺少组成部分的应用软件，应当确认为无形资产。

第三十九条 无形资产在取得时应当按照其实际成本入账。

工会外购的无形资产，其成本包括购买价款、相关税费以及可归属于该项资产达到预定用途前所发生的其他支出。工会委托软件公司开发的软件，视同外购无形资产确定其成本。

工会接受捐赠、无偿调入的无形资产，按照本制度第二十七条规定所确定的成本入账。

对于非大批量购入、单价小于1000元的无形资产，工会可以于购买的当期将其成本直接计入支出。

第四十条 工会应当按月对无形资产进行摊销，使用年限不确定的、以名义金额计量的无形资产除外。

工会应当按照以下原则确定无形资产的摊销年限：法律规定了有效年限的，按照法律规定的有效年限作为摊销年限；法律没有规定有效年限的，按照相关合同中的受益年限作为摊销年限；上述两种方法无法确定有效年限的，应当根据无形资产为工会带来服务潜力或者经济利益的实际情况，预计其使用年限。

工会应当采用年限平均法或工作量法对无形资产进行摊销，应摊销金额为其成本，不考虑预计净残值。

工会应当按月进行摊销。当月增加的无形资产，当月进行摊销；当月减少的无形资产，当月不再进行摊销。无形资产提足摊销后，无论是否继续使用，均不再进行摊销；核销的无形资产，也不再补提摊销。

因发生后续支出而增加无形资产成本的，对于使用年限有限的无形资产，工会应当按照重新确定的无形资产成本以及重新确定的摊销年限计算摊销额。

第四十一条 工会处置（出售）无形资产时，应当冲减其账面价值并相应减少资产基金，处置中取得的变价收入扣除处置费用后的净收入（或损失）计入当期收入（或支出），按规定应当上缴财政的计入其他应付款。

第四十二条 工会应当定期对无形资产进行清查盘点，每年至少全面盘点一次。工会在资产清查盘点过程中发现的无形资产盘盈、盘亏等，参照本制度固定资产相关规定进行处理。

第四节 其他资产

第四十三条 投资是指工会按照国家有关法律、行政法规和工会的相关规定，以货币资金、实物资产等方式向其他单位的投资。投资按其流动性分为短期投资和长期投资；按其性质分为股权投资和债权投资。

投资在取得时应当按照其实际成本入账。工会以货币资金方式对外投资的，以实际支付的款项（包括购买价款以及税金、手续费等相关税费）作为投资成本记账。工会以实物资产和无形资产方式对外投资的，以评估确认或合同、协议确定的价值记账。

对于投资期内取得的利息、利润、红利等各项投资收益，工会应当计入当期投资收益。

工会处置（出售）投资时，实际取得价款与投资账面余额的差额，应当计入当期投资收益。

对于因被投资单位破产、被撤销、注销、吊销营业执照或者被政府责令关闭等情况造成难以收回的未处置不良投资，工会应当在报经批准后及时核销。

第四十四条　长期待摊费用是工会已经支出，但应由本期和以后各期负担的分摊期限在1年以上（不含1年）的各项支出，如对以经营租赁方式租入的固定资产发生的改良支出等。

长期待摊费用应当在对应资产的受益年限内平均摊销。如果某项长期待摊费用已经不能使工会受益，应当将其摊余金额一次性转销。

第四章　负　债

第四十五条　负债是指工会过去的经济业务或者事项形成的，预期会导致经济资源流出的现时义务。

现时义务是指工会在现行条件下已承担的义务。未来发生的经济业务或者事项形成的义务不属于现时义务，不应当确认为负债。

工会的负债包括应付职工薪酬、应付款项等。

第四十六条　工会对于符合本制度第四十五条规定的现时义务，在同时满足以下条件时，应当确认为负债：

（一）履行该义务很可能导致含有服务潜力或者经济利益的经济资源流出工会；

（二）该义务的金额能够可靠计量。

符合负债定义并确认的负债项目，应当列入资产负债表。

第四十七条　应付职工薪酬是工会按照国家有关规定应付给本单位职工及为职工支付的各种薪酬，包括基本工资、国家统一规定的津贴补贴、规范津贴补贴（绩效工资）、改革性补贴、社会保险费（如职工基本养老保险费、职业年金、基本医疗保险费等）和住房公积金等。

第四十八条　应付款项包括应付上级经费、应付下级经费和其他应付款。

应付上级经费指本级工会按规定应上缴上级工会的工会拨缴经费。

应付下级经费指本级工会应付下级工会的各项补助以及应转拨下级工会的工会

拨缴经费。

其他应付款指除应付上下级经费之外的其他应付及暂存款项，包括工会按规定收取的下级工会筹建单位交来的建会筹备金等。

第四十九条 工会的各项负债应当按照实际发生额入账。

第五章 净资产

第五十条 净资产是指工会的资产减去负债后的余额，包括资产基金、专用基金、工会资金结转、工会资金结余、财政拨款结转、财政拨款结余和预算稳定调节基金。

第五十一条 资产基金指工会库存物品、固定资产、在建工程、无形资产、投资和长期待摊费用等非货币性资产在净资产中占用的金额。

资产基金应当在取得库存物品、固定资产、在建工程、无形资产、投资及发生长期待摊费用时确认。资产基金应当按照实际发生额入账。

第五十二条 专用基金指县级以上工会按规定依法提取和使用的有专门用途的基金。

工会提取专用基金时，应当按照实际提取金额计入当期支出；使用专用基金时，应当按照实际支出金额冲减专用基金余额；专用基金未使用的余额，可以滚存下一年度使用。

第五十三条 工会资金结转是指工会预算安排项目的支出年终尚未执行完毕或者因故未执行，且下年需要按原用途继续使用的工会资金。

工会资金结余是指工会年度预算执行终了，预算收入实际完成数扣除预算支出和工会结转资金后剩余的工会资金。

第五十四条 财政拨款结转是指县级以上工会预算安排项目的支出年终尚未执行完毕或者因故未执行，且下年需要按原用途继续使用的财政拨款资金。

财政拨款结余是指县级以上工会年度预算执行终了，预算收入实际完成数扣除预算支出和财政拨款结转资金后剩余的财政拨款资金。

第五十五条 预算稳定调节基金是县级以上工会为平衡年度预算按规定设置的储备性资金。

第六章 收　入

第五十六条 收入是指工会根据工会法以及有关政策规定开展业务活动所取得的非偿还性资金。收入按照来源分为会费收入、拨缴经费收入、上级补助收入、政府补助收入、行政补助收入、附属单位上缴收入、投资收益和其他收入。

会费收入指工会会员依照规定向基层工会缴纳的会费。

拨缴经费收入指基层单位行政拨缴、下级工会按规定上缴及上级工会按规定转拨的工会拨缴经费中归属于本级工会的经费。

上级补助收入指本级工会收到的上级工会补助的款项，包括一般性转移支付补助和专项转移支付补助。

政府补助收入指各级人民政府按照工会法和国家有关规定给予县级以上工会的补助款项。

行政补助收入指基层工会取得的所在单位行政方面按照工会法和国家有关规定给予工会的补助款项。

附属单位上缴收入指工会所属的企事业单位按规定上缴的收入。

投资收益指工会对外投资发生的损益。

其他收入指工会除会费收入、拨缴经费收入、上级补助收入、政府补助收入、行政补助收入、附属单位上缴收入和投资收益之外的各项收入。

第五十七条 工会各项收入应当按照实际发生额入账。

第七章 支 出

第五十八条 支出是指工会为开展各项工作和活动所发生的各项资金耗费和损失。支出按照功能分为职工活动支出、职工活动组织支出、职工服务支出、维权支出、业务支出、行政支出、资本性支出、补助下级支出、对附属单位的支出和其他支出。

职工活动支出指基层工会开展职工教育活动、文体活动、宣传活动、劳模疗休养活动、会员活动等发生的支出。

职工活动组织支出指县级以上工会组织开展职工教育活动、文体活动、宣传活动和劳模疗休养活动等发生的支出。

职工服务支出指工会开展职工劳动和技能竞赛活动、职工创新活动、建家活动、职工书屋、职工互助保障、心理咨询等工作发生的支出。

维权支出指工会用于维护职工权益的支出，包括劳动关系协调、劳动保护、法律援助、困难职工帮扶、送温暖和其他维权支出。

业务支出指工会培训工会干部、加强自身建设及开展业务工作发生的各项支出。

行政支出指县级以上工会为行政管理、后勤保障等发生的各项日常支出。

资本性支出指工会从事建设工程、设备工具购置、大型修缮和信息网络购建等而发生的实际支出。

补助下级支出指县级以上工会为解决下级工会经费不足或根据有关规定给予下级工会的各类补助款项。

对附属单位的支出指工会按规定对所属企事业单位的补助。

其他支出指工会除职工活动支出、职工活动组织支出、职工服务支出、维权支出、业务支出、行政支出、资本性支出、补助下级支出和对附属单位的支出以外的各项支出。

第五十九条 工会各项支出应当按照实际发生额入账。

第八章 财务报表

第六十条 工会财务报表是反映各级工会财务状况、业务活动和预算执行结果的书面文件。工会财务报表是各级工会领导、上级工会及其他财务报表使用者了解情况、掌握政策、指导工作的重要资料。

第六十一条 工会财务报表包括会计报表和附注。会计报表分为主表和附表，主表包括资产负债表和收入支出表，附表包括财政拨款收入支出表、国有资产情况表和成本费用表。

资产负债表，是反映工会某一会计期末全部资产、负债和净资产情况的报表。

收入支出表，是反映工会某一会计期间全部收入、支出及结转结余情况的报表。

财政拨款收入支出表，是反映县级以上工会某一会计期间从同级政府财政部门取得的财政拨款收入、支出及结转结余情况的报表。

国有资产情况表，是反映县级以上工会某一会计期间持有的国有资产情况的报表。

成本费用表，是反映县级以上工会某一会计期间成本费用情况的报表。

附注是对在资产负债表、收入支出表等报表中列示项目所作的进一步说明，以及未能在这些报表中列示项目的说明。

第六十二条 工会财务报表分为年度财务报表和中期财务报表。以短于一个完整的会计年度的期间（如半年度、季度和月度）编制的财务报表称为中期财务报表。年度财务报表是以整个会计年度为基础编制的财务报表。

第六十三条 工会要负责对所属单位财务报表和下级工会报送的年度财务报表进行审核、核批和汇总工作，定期向本级工会领导和上级工会报告本级工会预算执行情况。

第六十四条 工会财务报表要根据登记完整、核对无误的账簿记录和其他有关资料编制，做到数字准确、内容完整、报送及时。工会财务报表应当由各级工会的法定代表人和主管会计工作的负责人、会计机构负责人（会计主管人员）签名并盖章。

第九章 附 则

第六十五条 工会填制会计凭证、登记会计账簿、管理会计档案等，应当按照《会计基础工作规范》《会计档案管理办法》等规定执行。

第六十六条 本制度从 2022 年 1 月 1 日起实施。2009 年 5 月 31 日财政部印发的《工会会计制度》（财会〔2009〕7 号）同时废止。

附录 1 工会会计科目和财务报表

目 录

第一部分 总说明

一、本制度统一规定工会会计科目的名称和编号，以便于编制会计凭证，登记会计账簿，查阅账目，实行会计信息化管理。本制度已规定的一级科目，不得减并、自行增设；本制度已规定的明细科目，不得减并，不得擅自更改科目名称，不需要的科目可以不用。各省级工会可以根据需要自行增设未规定的明细科目，或将相应权限授权给所属下级工会。

二、对于本制度中规定的各支出类会计科目，除“安排预算稳定调节基金”科目外，工会应当分别按照“基本支出”和“项目支出”进行明细核算，在“项目支出”下按照具体项目进行明细核算；同时，按照《政府收支分类科目》中“部门预算支出经济分类科目”的款级科目进行明细核算。

从同级政府财政部门取得财政拨款的县级以上工会，除“安排预算稳定调节基金”科目外，还应当在其他各支出类科目下根据资金来源按照“财政拨款”“工会资金”进行明细核算；同时，在“财政拨款”明细科目下按照《政府收支分类科目》中“支出功能分类科目”的项级科目进行明细核算。

三、县级以上工会的部分资产依法确认为国有资产的，应当根据实际情况在资产类科目、“资产基金”科目下设置“国有资产”“工会资产”明细科目，分别核算工会持有的国有资产和工会资产。对于同时使用财政拨款和工会资金购建的资产，县级以上工会应当设置备查簿登记资金来源及其金额和比例。

四、工会在填制会计凭证、登记会计账簿时，应当填列会计科目的名称，或者同时填列会计科目的名称和编号，不得只填列科目编号、不填列科目名称。

五、工会应当根据本制度有关财务报表的编制基础、编制依据、编制原则和方法的要求，提供真实、完整的财务报表。工会不得违反规定，随意改变财务报表的编制基础、编制依据、编制原则和方法，不得随意改变本制度规定的财务报表有关数据的会计口径。

第二部分　会计科目名称和编号

基层工会主要会计科目名称和编号

序号	科目编号	名　称
一、资产类		
1	101	库存现金
2	102	银行存款
3	131	应收上级经费
4	135	其他应收款
5	141	库存物品
6	162	固定资产
7	163	累计折旧
8	182	待处理财产损溢
二、负债类		
9	211	应付上级经费
10	215	其他应付款
三、净资产类		
11	301	资产基金
12	321	工会资金结转
13	322	工会资金结余
四、收入类		
14	401	会费收入

续表

序号	科目编号	名 称
15	402	拨缴经费收入
16	403	上级补助收入
17	405	行政补助收入
18	408	其他收入
五、支出类		
19	501	职工活动支出
20	503	职工服务支出
21	504	维权支出
22	505	业务支出
23	507	资本性支出
24	510	其他支出

注：对于本表未列出的会计科目，基层工会可以根据实际需要按照县级以上工会的会计科目进行账务处理。

县级以上工会会计科目名称和编号

序号	科目编号	名 称
一、资产类		
1	101	库存现金
2	102	银行存款
3	111	零余额账户用款额度
4	121	财政应返还额度
5	131	应收上级经费
6	132	应收下级经费
7	135	其他应收款
8	141	库存物品
9	151	投资
10	161	在建工程

续表

序号	科目编号	名　称
11	162	固定资产
12	163	累计折旧
13	171	无形资产
14	172	累计摊销
15	181	长期待摊费用
16	182	待处理财产损溢
二、负债类		
17	201	应付职工薪酬
18	211	应付上级经费
19	212	应付下级经费
20	215	其他应付款
21	221	代管经费
三、净资产类		
22	301	资产基金
	30101	库存物品
	30102	投资
	30103	在建工程
	30104	固定资产
	30105	无形资产
	30106	长期待摊费用
23	311	专用基金
24	321	工会资金结转
25	322	工会资金结余
26	331	财政拨款结转
27	332	财政拨款结余
28	341	预算稳定调节基金

续表

序号	科目编号	名　称
四、收入类		
29	402	拨缴经费收入
30	403	上级补助收入
31	404	政府补助收入
32	406	附属单位上缴收入
33	407	投资收益
34	408	其他收入
35	411	动用预算稳定调节基金
五、支出类		
36	502	职工活动组织支出
37	503	职工服务支出
38	504	维权支出
39	505	业务支出
40	506	行政支出
41	507	资本性支出
42	508	补助下级支出
43	509	对附属单位的支出
44	510	其他支出
45	521	安排预算稳定调节基金

会计报表格式

编号	会计报表名称	编制期	编制主体
工会 01 表	资产负债表	月度、年度	各级工会
工会 02 表	收入支出表	月度、年度	各级工会
工会附 01 表	财政拨款收入支出表	年度	县级以上工会
工会附 02 表	国有资产情况表	年度	县级以上工会
工会附 03 表	成本费用表	月度、年度	县级以上工会

资产负债表

工会 01 表

编制单位：　　　　　　　　　　年　月　日　　　　　　　　　　单位：元

资产	年初余额	期末余额	负债与净资产	年初余额	期末余额
一、资产			二、负债		
流动资产：			应付职工薪酬		
货币资金			应付上级经费		
零余额账户用款额度*			应付下级经费		
财政应返还额度			其他应付款		
应收上级经费			代管经费		
应收下级经费			负债合计		
其他应收款					
库存物品			三、净资产		
流动资产合计			资产基金		
投资			专用基金		
在建工程			工会资金结转		
固定资产原值			工会资金结余		
减：累计折旧			财政拨款结转		
固定资产净值			财政拨款结余		
无形资产原值			预算稳定调节基金		
减：累计摊销			净资产合计		
无形资产净值					
长期待摊费用					
待处理财产损溢					
资产总计			负债与净资产总计		

注：“*”标识项目为中期报表项目，年报中不需列示。

收入支出表

工会 02 表

编制单位：　　　　　　　　　　年　月　　　　　　　　　　单位：元

项 目	本月数	本年累计数
一、年初资金结转结余		
（一）年初资金结转		
（二）年初资金结余		
二、资金结转结余调整及变动		
三、收入合计		
（一）会费收入		
（二）拨缴经费收入		
（三）上级补助收入		
（四）政府补助收入		
（五）行政补助收入		
（六）附属单位上缴收入		
（七）投资收益		
（八）其他收入		
（九）动用预算稳定调节基金		
四、支出合计		
（一）职工活动支出		
（二）职工活动组织支出		
（三）职工服务支出		
（四）维权支出		
（五）业务支出		
（六）行政支出		
（七）资本性支出		
（八）补助下级支出		
（九）对附属单位的支出		
（十）其他支出		
（十一）安排预算稳定调节基金		

续表

项 目	本月数	本年累计数
五、本期收支差额		
六、年末资金结转结余		
（一）年末资金结转		
（二）年末资金结余		

财政拨款收入支出表

工会附01表

编制单位：　　　　　　　　　　年　　　　　　　　　　单位：元

项目	年初财政拨款结转结余		调整年初财政拨款结转结余	本年归集上缴	单位内部调剂		本年财政拨款收入	本年财政拨款支出	年末财政拨款结转结余	
	结转	结余			结转	结余			结转	结余
基本支出：										
1. 人员经费										
2. 公用经费										
项目支出：										
1. ××项目										
2. ××项目										
……										
总计										

国有资产情况表

工会附02表

编制单位：　　　　　　　　　　年　　　　　　　　　　单位：元

项 目	年初余额	年末余额
流动资产：		
货币资金		
财政应返还额度		

续表

项　目	年初余额	年末余额
库存物品		
流动资产合计		
非流动资产：		
在建工程		
固定资产原值		
减：累计折旧		
固定资产净值		
无形资产原值		
减：累计摊销		
无形资产净值		
长期待摊费用		
非流动资产合计		
资产总计		

成本费用表

工会附 03 表

编制单位：　　　　年　月　　　　单位：元

项　目	本月数	本年累计数
职工活动组织费用		
职工服务费用		
维权费用		
业务费用		
行政费用		
补助下级费用		
对附属单位的费用		
折旧及摊销费用		
其他费用		
调整事项		
费用总计		

附录 2：工会固定资产折旧年限表

工会固定资产折旧年限表

<table>
<tr><th>固定资产类别</th><th colspan="2">内容</th><th>折旧年限（年）</th></tr>
<tr><td rowspan="7">房屋及构筑物</td><td rowspan="4">业务及管理用房</td><td>钢结构</td><td>不低于 50</td></tr>
<tr><td>钢筋混凝土结构</td><td>不低于 50</td></tr>
<tr><td>砖混结构</td><td>不低于 30</td></tr>
<tr><td>砖木结构</td><td>不低于 30</td></tr>
<tr><td></td><td>简易房</td><td>不低于 8</td></tr>
<tr><td></td><td>房屋附属设施</td><td>不低于 8</td></tr>
<tr><td></td><td>构筑物</td><td>不低于 8</td></tr>
<tr><td rowspan="12">通用设备</td><td colspan="2">计算机设备</td><td>不低于 6</td></tr>
<tr><td colspan="2">办公设备</td><td>不低于 6</td></tr>
<tr><td colspan="2">车辆</td><td>不低于 8</td></tr>
<tr><td colspan="2">图书档案设备</td><td>不低于 5</td></tr>
<tr><td colspan="2">机械设备</td><td>不低于 10</td></tr>
<tr><td colspan="2">电气设备</td><td>不低于 5</td></tr>
<tr><td colspan="2">雷达、无线电和卫星导航设备</td><td>不低于 10</td></tr>
<tr><td colspan="2">通信设备</td><td>不低于 5</td></tr>
<tr><td colspan="2">广播、电视、电影设备</td><td>不低于 5</td></tr>
<tr><td colspan="2">仪器仪表</td><td>不低于 5</td></tr>
<tr><td colspan="2">电子和通信测量设备</td><td>不低于 5</td></tr>
<tr><td colspan="2">计量标准器具及量具、衡器</td><td>不低于 5</td></tr>
<tr><td rowspan="5">专用设备</td><td colspan="2">食品加工专用设备</td><td>10-15</td></tr>
<tr><td colspan="2">纺织设备</td><td>10-15</td></tr>
<tr><td colspan="2">缝纫、服饰、制革和毛皮加工设备</td><td>10-15</td></tr>
<tr><td colspan="2">医疗设备</td><td>5-10</td></tr>
<tr><td colspan="2">安全生产设备</td><td>10-20</td></tr>
</table>

续表

固定资产类别	内容	折旧年限（年）
专用设备	环境污染防治设备	10–20
	文艺设备	5–15
	体育设备	5–15
	娱乐设备	5–15
家具、用具及装具	家具	不低于 15
	用具、装具	不低于 5

2. 工会预算管理办法

（总工办发〔2019〕26 号）

第一章　总　则

第一条　为了规范各级工会收支行为，强化预算约束，加强对预算的管理和监督，建立全面规范透明、标准科学、约束有力的预算制度，保障工运事业的健康发展和工会职能的有效发挥，根据《中华人民共和国工会法》《中华人民共和国预算法》等法律法规，制定本办法。

第二条　工会预算是各级工会组织及所属事业单位按照一定程序核定的年度收支计划。

第三条　预算、决算的编制、审查、批准、监督，以及预算的执行和调整，依照本办法规定执行。

第四条　工会系统实行一级工会一级预算，预算管理实行下管一级的原则。

工会预算一般分为五级，即全国总工会、省级工会、市级工会、县级工会和基层工会。省级工会可根据乡镇（街道）工会、开发区（工业园区）工会发展的实际，确定省级以下工会的预算管理级次，并报全国总工会备案。

经全国总工会批准，中华全国铁路总工会、中国民航工会全国委员会、中国金融工会全国委员会依法独立管理经费，根据各自管理体制，确定所属下级工会的预算管理级次，并报全国总工会备案。

第五条 全国工会预算由全国总工会总预算和省级工会总预算组成。

全国总工会总预算由全国总工会本级预算和与全国总工会建立经费拨缴关系的企业工会汇总预算组成。

省级工会总预算由省（自治区、直辖市）总工会、中央和国家机关工会联合会、中华全国铁路总工会、中国民航工会全国委员会、中国金融工会全国委员会本级预算和汇总的下一级工会总预算组成。下一级工会只有本级预算的，下一级工会总预算即指下一级工会的本级预算。

本级预算是指各级工会本级次范围内所有收支预算，包括本级所属单位的单位预算和本级工会的转移支付预算。

单位预算是指本级工会机关、所属事业单位的预算。

转移支付预算是指本级工会对下级工会的补助预算。

第六条 拨缴的工会经费实行分成制。

第七条 工会预算应当遵循统筹兼顾、勤俭节约、量力而行、讲求绩效和收支平衡的原则。

第八条 各级工会的预算收入和预算支出实行收付实现制，特定事项按照相关规定实行权责发生制。

第九条 预算年度自公历1月1日起，至12月31日止。

第十条 预算收入和预算支出以人民币元为计算单位。

第二章 预算管理职权

第十一条 各级工会、各预算单位财务管理部门是预算归口管理的职能部门。

第十二条 全国总工会财务管理部门的职权：

（一）具体负责汇总编制全国工会预算；

（二）具体负责编制全国总工会本级预（决）算草案，报全总领导同志签批后，经中华全国总工会经费审查委员会审查，提交全总党组会议审议；

（三）具体负责编制全国总工会本级预算调整方案，经中华全国总工会经费审查委员会履行审查程序后，提交全总党组会议审议；

（四）批复全国总工会本级预算单位预（决）算，对省级工会的预（决）算和预算调整方案实行备案管理；

（五）提出全国总工会本级预算预备费动用方案，提交全总党组会议审议；

（六）具体负责汇总编制全国工会决算；

（七）定期向中华全国总工会经费审查委员会或其常委会报告全国总工会本级预算执行情况。

第十三条 省级工会的职权：

（一）汇总编制省级工会总预算，报全国总工会备案；

（二）编制省级工会本级预（决）算草案，经必要程序审查、审议通过后报全国总工会备案；

（三）编制省级工会本级预算调整方案，经必要程序审查、审议通过后报全国总工会备案；

（四）批复省级工会本级预算单位的预（决）算，对下一级工会的本级预（决）算和预算调整方案实行审批或备案管理；

（五）决定本级预备费的动用；

（六）汇总本级及以下各级工会决算，报全国总工会。

第十四条 市级工会的职权：

（一）汇总编制市级工会总预算，报省级工会备案；

（二）编制市级工会本级预（决）算草案，经必要程序审查、审议通过后报省级工会审批或备案；

（三）编制市级工会本级预算调整方案，经必要程序审查、审议通过后报省级工会审批或备案；

（四）审批市级工会本级预算单位的预（决）算，对县级工会的本级预（决）算和预算调整方案实行审批或备案管理；

（五）决定本级预备费的动用；

（六）汇总本级及以下各级工会决算，报省级工会。

第十五条 县级工会的职权：

（一）汇总编制县级工会总预算，报市级工会备案；

（二）编制县级工会本级预（决）算草案，经必要程序审查、审议通过后报市级工会审批或备案；

（三）编制县级工会本级预算调整方案，经必要程序审查、审议通过后报市级工会审批或备案；

（四）审批县级工会本级预算单位的预（决）算，对下一级工会的本级预（决）算和预算调整方案实行审批或备案管理；

（五）决定本级预备费的动用；

（六）汇总本级及以下各级工会决算，报市级工会。

第十六条 乡镇（街道）工会、开发区（工业园区）工会预算管理职权由省级工会确定。

第十七条 基层工会的职责：

（一）负责编制本级工会预（决）算草案和预算调整方案，经本级经费审查委员会审查后，由本级工会委员会审批，报上级工会备案；

（二）组织本级预算的执行；

（三）定期向本级工会经费审查委员会报告本级工会预算执行情况；

（四）批复本级所属预算单位的预（决）算；

（五）编制本级工会决算，报上级工会。

第三章　预算收支范围

第十八条　预算由预算收入和预算支出组成。工会及所属预算单位的全部收入和支出都应当纳入预算。

第十九条　县级以上工会预算收入包括：拨缴经费收入、上级补助收入、政府补助收入、附属单位上缴收入、投资收益、其他收入。

基层工会预算收入包括：会费收入、拨缴经费收入、上级补助收入、行政补助收入、附属单位上缴收入、投资收益、其他收入。

第二十条　工会所属事业单位预算收入包括：财政拨款收入、事业收入、上级补助收入、附属单位上缴收入、经营收入、债务收入、非同级财政拨款收入、投资收益、其他收入。

第二十一条　县级以上工会预算支出包括：职工活动组织支出、职工服务支出、维权支出、业务支出、行政支出、资本性支出、补助下级支出、对附属单位的支出、其他支出。

基层工会预算支出包括：职工活动支出、职工服务支出、维权支出、业务支出、资本性支出、对附属单位的支出、其他支出。

第二十二条　工会所属事业单位的预算支出包括：行政支出、事业支出、经营支出、上缴上级支出、对附属单位补助支出、投资支出、债务还本支出、其他支出。

第四章　预算编制与审批

第二十三条　根据国家财政预算管理要求和工会预算管理实际，全国总工会及时印发下一年度预算草案编制的通知。省、市、县级工会应根据全国总工会预算编制的有关要求，结合实际情况进行部署，编制本级预算，汇总下一级工会总预算，按规定时限报上一级工会。

第二十四条　各级工会、各预算单位应当围绕党和国家工作大局，紧扣工会中心工作，参照国务院财政部门制定的政府收支分类科目、预算支出标准和预算绩效管理的规定，根据跨年度预算平衡的原则，参考上一年预算执行情况、存量资产情况和有关支出绩效评价结果，编制预算草案。

前款所称政府收支分类科目，收入分为类、款、项、目；支出按其功能分类分为类、款、项，按其经济性质分类为类、款。

第二十五条 各级工会、各预算单位应当按照本办法规定的收支范围，依法、真实、完整、合理地编制年度收支预算。

第二十六条 根据《中华人民共和国工会法》等法律法规的规定，各级工会办公场所和工会活动设施等物质条件应由各级人民政府和单位行政提供。各级工会应积极争取同级政府或行政支持，将政府或行政补助纳入预算管理。在政府或行政补助不足的情况下，可以动用经费弥补不足，上级工会也可根据情况给予适当补助。

第二十七条 县级以上工会可根据所属事业单位分类情况，结合同级财政保障程度，对所属事业单位实行定额补助或定项补助。

第二十八条 各级工会支出预算的编制，应当贯彻勤俭节约的原则，优化经费支出结构，保障日常运行经费，从严控制“三公”经费和一般行政性支出，重点支持维护职工权益、为职工服务和工会活动等工会中心工作。

第二十九条 支出预算的编制按基本支出、项目支出进行分类。基本支出是预算单位为保障其正常运转、完成日常工作任务而编制的年度基本支出计划，按其性质分为人员经费和日常公用经费。基本支出之外为完成特定任务和事业发展目标所发生的支出为项目支出。

第三十条 县级以上工会的基本支出预算，应参照同级政府有关部门的有关规定、制度、费用标准以及核定的人员编制编列，当年未执行完毕的基本支出预算可在下年继续使用。

基层工会在单位行政不能足额保障的情况下，可根据需要从严编制基本支出预算。

第三十一条 各级工会上一年度未全部执行或未执行、下年需按原用途继续使用的项目资金，作为项目结转资金，纳入下一年度预算管理，用于结转项目的支出。

第三十二条 各级工会当年预算收入不足以安排当年预算支出的，可以动用以前年度结余资金弥补不足。各级工会一般不得对外举债，县级以上工会由于特殊原因确需向金融机构申请借款的，必须经过党组会议集体研究决定。结转结余资金使用管理办法由全国总工会另行制定。

第三十三条 上级工会对下级工会的转移支付分为一般性转移支付和专项转移支付。

一般性转移支付是上级工会给下级工会未指定用途的补助，应当根据全国总工会的有关规定，结合下级工会的财力状况和工作需要编制。

专项转移支付是上级工会给下级工会用于专项工作的补助，应当根据工作需要，分项目编制。

县级以上工会应当将对下级工会的转移支付预计数提前下达下级工会。各级工会应当将上级工会提前下达的转移支付预计数编入本级预算。

第三十四条 县级以上工会应根据实际情况建立本级预算项目库。

第三十五条 县级以上工会应根据基本建设类项目立项批复确定的资金渠道编制年度支出预算。

第三十六条 各级工会、各预算单位编制预算时，应根据政府采购和工会资金采购的相关规定，编制年度采购预算。

第三十七条 县级以上工会可以按照本级预算支出额的百分之一至百分之三设置预备费，用于当年预算执行中因处理突发事件、政策性增支及其他难以预见的开支。

第三十八条 县级以上工会可以设置预算稳定调节基金，用于弥补以后年度预算资金的不足。

第三十九条 省级（含）以下总工会预算必须由党组集体审议决定，同级经费审查委员会履行相应审查职责，其他审查、审议的必要程序由各级工会确定。

第四十条 上一级工会认为下一级工会预算与法律法规、上级工会预算编制要求不符的，有权提出修订意见，下级工会应予调整。

第四十一条 各级工会本级预算经批准后，应当在二十日内批复所属预算单位。

第五章　预算执行与调整

第四十二条 各级工会预算由本级工会组织执行，具体工作由财务管理部门负责。

各级工会所属预算单位是本单位预算执行的主体，对本单位预算执行结果负责。

第四十三条 各级工会应按照年度预算积极组织收入。按照规定的比例及时、足额拨缴工会经费，不得截留、挪用。

第四十四条 预算批准前，上一年结转的项目支出和必要的基本支出可以提前使用。送温暖支出、突发事件支出和本级工会已确定年度重点工作支出等需提前使用的，必须经集体研究决定。预算批准后，按照批准的预算执行。

第四十五条 各级工会应根据年度支出预算和用款计划拨款。未经批准，不得办理超预算、超计划的拨款。

第四十六条　县级以上工会必须根据国家法律法规和全国总工会的相关规定，及时、足额拨付预算资金，加强对预算支出的管理和监督。各预算单位的支出必须按照预算执行，不得擅自扩大支出范围，提高开支标准，不得擅自改变预算资金用途，不得虚假列支。

第四十七条　当年预算执行中，县级以上工会因处理突发事件、政策性增支及其他难以预见的开支，需要增加预算支出的，可以由本级工会财务管理部门提出预备费的动用方案，报本级工会集体研究决定。

第四十八条　各级工会预算一经批准，原则上不作调整。

下列事项应当进行预算调整：

（一）需要增加或减少预算总支出的；

（二）动用预备费仍不足以安排支出的；

（三）需要调减预算安排的重点支出数额的；

（四）动用预算稳定调节基金的。

预算调整的程序按照预算编制的审批程序执行。

在预算执行中，各级工会因上级工会和同级财政增加不需要本级工会提供配套资金的补助而引起的预算收支变化，不属于预算调整。

第四十九条　各级工会、各预算单位的预算支出应当按照预算科目执行，严格控制不同预算科目、预算级次或项目间的预算资金调剂。确需调剂使用的，按照有关规定办理。

第五十条　县级以上工会在预算执行中有超收收入的，只能用于补充预算稳定调节基金。县级以上工会在预算年度中出现短收，应通过减少支出、调入预算稳定调节基金来解决。以上变化情况应在决算说明中进行反映。

第五十一条　县级以上工会和具备条件的基层工会应全面实施预算绩效管理。

第六章　决　算

第五十二条　各级工会应在每一预算年度终了后，按照全国总工会的有关规定编制本级工会收支决算草案和汇总下一级工会收支决算。

第五十三条　编制决算草案，必须符合法律法规和相关制度规定，做到收支真实、数据准确、内容完整、报送及时。

第五十四条　全国总工会和省、市、县级工会决算编制的职权按照本办法有关规定执行。

基层工会决算草案经本级经费审查委员会审查后，由本级工会委员会审批，并报上级工会备案。

第五十五条 各级工会所属预算单位的决算草案，应在规定的期限内报本级财务管理部门审核汇总。本级财务管理部门审核决算草案发现有不符合法律法规和工会规定的，有权责令其纠正。

第五十六条 各级工会应当将经批准的本级决算及下一级工会的决算汇总，在规定时间内报上一级工会备案。

第五十七条 上一级工会认为下一级工会决算与法律法规、上级工会决算编制要求不符的，有权提出修订意见，下级工会应予调整。

第五十八条 各级工会本级决算批准后，应当在十五个工作日内批复所属预算单位。

第七章 监督及法律责任

第五十九条 各级工会财务管理部门按照相关规定，对本级所属单位及下一级工会预（决）算进行财务监督。

第六十条 各级工会的预（决）算接受同级工会经费审查委员会的审查审计监督。预算执行情况同时接受上一级工会经费审查委员会的审计监督。

第六十一条 各级工会预算执行情况、决算依法接受政府审计部门的审计监督。

第六十二条 各级工会、各预算单位有下列行为之一的，责令改正，对负有直接责任的主管人员和其他直接责任人员追究行政责任。

（一）未按本办法规定编报本级预（决）算草案、预算调整方案和批复预（决）算的；

（二）虚列收入和支出的；

（三）截留、挪用、拖欠拨缴经费收入的；

（四）未经批准改变预算支出用途的。

第六十三条 各级工会、各预算单位及其工作人员存在下列行为之一的，责令改正，追回骗取、使用的资金，有违法所得的没收违法所得，对单位给予警告或者通报批评；对负有直接责任的主管人员和其他直接责任人员依法给予处分：

（一）虚报、冒领预算资金的；

（二）违反规定扩大开支范围、提高开支标准的。

第六十四条 县级以上工会预（决）算应在工会内部公开，经单位批准可向社会公开。

基层工会预（决）算应向全体工会会员公开。

涉密事项的预（决）算不得公开。

第八章　附　则

第六十五条　本办法由全国总工会财务部负责解释。

第六十六条　省级工会应根据本办法，结合本地区本产业的实际，制定具体实施细则，并报全国总工会财务部备案。

第六十七条　本办法自2020年6月1日施行。2009年8月14日颁发的《工会预算管理办法》同时废止。

3. 基层工会预算管理办法

（总工办发〔2020〕29号）

第一章　总　则

第一条　为规范基层工会收支行为，加强基层工会预算管理和监督，保障基层工会健康发展和职能有效发挥，不断提高基层工会经费使用效益，根据《工会预算管理办法》的有关规定，制定本办法。

第二条　基层工会是指企业、事业单位、机关和其他社会组织单独或联合建立的基层工会委员会。

第三条　基层工会预算是指经一定程序核定的年度收支计划。

第四条　基层工会应当根据统筹兼顾、勤俭节约、量力而行、讲求绩效和收支平衡的原则，统筹组织各项收入，合理安排各项支出，科学编制年度收支预算。

第五条　基层工会的预算年度自公历1月1日起至12月31日止。

第六条　基层工会的预算收入和预算支出以人民币元为计算单位。

第二章　预算收支范围

第七条　基层工会预算由预算收入和预算支出组成。基层工会的全部收入和支出都应当纳入预算。

第八条　预算收入包括：会费收入、拨缴经费收入、上级补助收入、行政补助收入、附属单位上缴收入、投资收益、其他收入。

（一）会费收入是指工会会员依照中华全国总工会规定按本人工资收入的5‰向所在基层工会缴纳的会费。

（二）拨缴经费收入是指建立工会组织的单位按全部职工工资总额2%依法向工会拨缴的经费中的留成部分。

基层工会的经费分成比例不低于单位全部职工工资总额2%中的60%。按照省级工会确定省以下各级工会经费分成比例的原则，具体比例由省级工会确定后报全国总工会备案。

（三）上级补助收入是指基层工会收到的上级工会拨付的各类补助款项。

（四）行政补助收入是指基层工会所在单位依法对工会组织给予的各项经费补助。

（五）附属单位上缴收入是指基层工会所属独立核算的企事业单位上缴的收入和所属非独立核算事业单位的各项事业收入。

（六）投资收益是指基层工会对外投资发生的损益。

（七）其他收入是指基层工会取得的资产盘盈、固定资产处置净收入、接受捐赠收入和利息收入等。

第九条 预算支出包括：职工活动支出、职工服务支出、维权支出、业务支出、资本性支出、对附属单位的支出、其他支出。

（一）职工活动支出是指基层工会开展职工教育活动、文体活动、宣传活动、劳模疗休养活动，会员活动等活动发生的支出。包括：

1. 职工教育支出。用于基层工会开展的政治、法律、科技、业务等专题培训和职工技能培训所需的教材资料、教学用品、场地租金等方面的支出，用于支付职工教育活动聘请授课人员的酬金，用于基层工会开展的职工素质提升补助和职工教育培训优秀学员的奖励。

2. 文体活动支出。用于基层工会开展或参加上级工会组织的职工业余文体活动所需器材、服装、用品等购置、租赁与维修方面的支出以及活动场地、交通工具的租金支出等，用于文体活动优胜者的奖励支出，用于文体活动中必要的伙食补助费。

3. 宣传活动支出。用于基层工会开展重点工作、重大主题和重大节日宣传活动所需的材料消耗、场地租金、购买服务等方面的支出，用于培育和践行社会主义核心价值观，弘扬劳模精神、劳动精神、工匠精神等经常性宣传活动方面的支出，用于基层工会开展或参加上级工会举办的知识竞赛、宣讲、演讲比赛、展览等宣传活动支出。

4. 劳模职工疗休养支出。用于基层工会组织和开展的劳动模范和先进职工疗休养活动的公杂费等补助。

5. 会员活动支出。用于基层工会组织会员观看电影、文艺演出、开展春游秋游，为会员购买当地公园年票等的支出。用于基层工会在重大节日（传统节日）和会员生日、婚丧嫁娶、退休离岗的慰问支出。

基层工会在重大节日（传统节日）可以向全体会员发放节日慰问品。重大节日（传统节日）是指国家规定的法定节日（新年、春节、清明节、劳动节、端午节、中秋节和国庆节）和经自治区以上人民政府批准设立的少数民族节日。节日慰问品原则上为符合中国传统节日习惯的用品和职工群众必需的生活用品等。

6. 其他活动支出。用于工会开展的其他活动的各项支出。

（二）职工服务支出是指基层工会开展职工劳动和技能竞赛活动、职工创新活动、建家活动、职工书屋、职工互助保障、心理咨询等工作发生的支出。

1. 劳动和技能竞赛活动支出。用于基层工会开展合理化建议、技术革新、发明创造、岗位练兵、技术比武、技术培训等劳动和技能竞赛活动支出及其奖励支出。

2. 建家活动支出。用于基层工会组织建设、建家活动方面的支出。

3. 职工创新活动支出。用于基层工会开展的劳模和工匠人才创新工作、职工创新工作活动发生的支出。

4. 职工书屋活动支出。用于基层工会为建设职工书屋而发生的图书购置以及维护的支出。

5. 其他服务支出。用于基层工会工会开展会员和职工普惠制服务、心理咨询、互助保障等其他方面的支出。

（三）维权支出是指基层工会用于维护职工权益的支出。包括：

1. 劳动关系协调支出。用于基层工会推进创建劳动关系和谐企业活动、加强劳动争议调解和队伍建设、开展劳动合同咨询活动、集体合同示范文本印制与推广等方面的支出。

2. 劳动保护支出。用于基层工会开展群众性安全生产和职业病防治活动、加强群众安全监督检查员队伍建设、开展职工心理健康维护等以促进安全健康生产、保护职工生命安全为宗旨开展的职工劳动保护发生的支出。

3. 法律援助支出。用于基层工会向职工群众提供法律咨询、法律服务等发生的支出。

4. 困难职工帮扶支出。用于基层工会对困难职工提供资金和物质帮助等发生的支出。

5. 送温暖支出。用于基层工会开展春送岗位、夏送清凉、金秋助学和送温暖等活动发生的支出。

6. 其他维权支出。用于基层工会补助职工等其他方面的维权支出。

（四）业务支出是指基层工会培训工会干部、加强自身建设以及开展业务工作发生的各项支出。包括：

1. 培训支出。用于基层工会开展工会干部和积极分子培训发生的支出。

2. 会议支出。用于基层工会代表大会、委员会、经审会以及其他专业工作会议的各项支出。

3. 专项业务支出。用于基层工会开展基层工会组织建设所发生的支出，用于基层工会开展专题调研所发生的支出，用于基层工会开展女职工工作性支出，用于基层工会开展外事活动方面的支出。

4. 其他业务支出。用于基层工会发放由省级工会制定标准的兼职工会干部和专职社会化工会工作者补贴，用于经上级批准评选表彰的优秀工会干部和积极分子的奖励支出，用于基层工会必要的办公费、差旅费，用于基层工会支付代理记账、中介机构审计等购买服务方面的支出。

（五）资本性支出是指基层工会从事工会建设工程、设备工具购置、大型修缮和信息网络购建而发生的支出。

（六）对附属单位的支出是指基层工会对独立核算的附属企事业单位的补助。

（七）其他支出是指基层工会除上述支出以外的其他各项支出。包括：资产盘亏、固定资产处置净损失、捐赠、赞助等。

第十条　根据《中华人民共和国工会法》的有关规定，基层工会专职工作人员的工资、奖励、补贴由所在单位承担。基层工会办公和开展活动必要的设施和活动场所等物质条件由所在单位提供，所在单位保障不足且基层工会能够承担的，可以工会经费适当补充。

第三章　预算编制与审批

第十一条　基层工会应根据上级工会的要求，结合本单位实际，制定年度工会工作计划。

第十二条　基层工会应按照上级工会规定的经费开支标准，科学测算完成工作计划的资金需求，统筹落实各项收入，准确编制工会经费年度预算。

第十三条　基层工会应根据本单位实有会员全年工资收入和全国总工会确定的缴交比例，计算会费收入，编列会费收入预算。

第十四条　基层工会应根据本单位全部职工工资总额的2%计算拨缴工会经费总额。其中：属于基层工会分成的拨缴经费列入本单位拨缴经费收入预算；属于应上缴上级工会的拨缴经费不纳入基层工会预算管理。

第十五条　基层工会应将对外投资收益、所属独立核算的企事业单位上缴的收入、非独立核算的企事业单位的各项收入和其他收入纳入预算管理。其中：对外投资收益和所属独立核算的企事业单位上缴的收入以双方协议约定金额为预算数。

第十六条　基层工会应根据上级工会确定的专项工作，参考上年经费补助标准，编列上级工会补助收入预算。

第十七条　基层工会在会费收入、拨缴经费收入、上级工会补助收入、附属单位上缴收入、投资收益和其他收入等当年预算收入不能满足完成全年工作任务资金需求的情况下，应优先动用以前年度结余资金进行弥补。结余资金不足的，可向单位申请行政补助，编列基层工会行政补助收入预算。

第十八条　基层工会不得编制赤字预算。

第十九条　基层工会年度收支预算经必要程序审查、批准后报上一级工会备案。

第二十条　上一级工会认为基层工会预算与法律法规、上级工会预算编制要求不符的，有权提出修订意见，基层工会应予调整。

第四章　预算执行与调整

第二十一条　经批准的预算是基层工会预算执行的依据。基层工会不得无预算、超预算列支各项支出。

第二十二条　基层工会应根据经批准的年度支出预算和年度工作任务安排，合理安排支出进度，严格预算资金使用。

基层工会各项支出实行工会委员会集体领导下的主席负责制，重大收支需集体研究决定。

第二十三条　基层工会预算一经批准，原则上不得随意调整。确因工作需要调整预算的，需详细说明调整原因、预算资金来源等，经必要程序审查、批准后报上级工会备案。

因上级工会增加不需要本工会配套资金的补助而引起的预算收支变化，不需要履行预算调整程序。

第二十四条　基层工会在预算执行过程中，对原实施方案进行调整优化，导致支出内容调整但不改变原预算总额的，不属于预算调整，不需要履行预算调整程序。

第二十五条　具备条件的基层工会应全面实施预算绩效管理。

第五章　决　算

第二十六条　年度终了基层工会应按照真实、准确、完整、及时的原则，根据上级工会的要求，编制本单位年度收支决算。基层工会所属独立核算事业单位和独立核算企业年度收支决算（或会计报告）的编制，按照《工会决算报告制度》的有关规定执行。

第二十七条 基层工会决算经必要程序审查、批准后报上一级工会备案。

第二十八条 上一级工会认为基层工会决算与法律法规、上级工会决算编制要求不符的，有权提出修订意见，下级工会应予调整。基层工会应严格执行会计档案管理的有关规定，加强预算、决算的档案管理。

第六章 监督检查

第二十九条 省级工会负责本地区、本行业工会经费收支预（决）算的监督管理，督促省以下各级工会建立健全工作机制。

第三十条 基层工会经费收支预（决）算编制和预算执行情况应接受同级工会经费审查委员会审查审计监督，同时接受上级工会和上级工会经费审查委员会的审计监督，并依法接受国家审计监督。

第三十一条 基层工会预（决）算应向全体工会会员公开。

第七章 附 则

第三十二条 省级工会可根据本办法和基层工会经费收支管理的相关规定，并结合实际制定具体实施细则。

第三十三条 本办法由中华全国总工会财务部负责解释。

第三十四条 本办法自印发之日起施行。

4. 基层工会经费收支管理办法

（总工办发〔2017〕32号）

第一章 总 则

第一条 为加强基层工会收支管理，规范基层工会经费使用，根据《中华人民共和国工会法》和《中国工会章程》《工会会计制度》《工会预算管理办法》的有关规定，结合中华全国总工会（以下简称“全国总工会”）贯彻落实中央有关规定的相关要求，制定本办法。

第二条 本办法适用于企业、事业单位、机关和其他经济社会组织单独或联合建立的基层工会委员会。

第三条 基层工会经费收支管理应遵循以下原则：

（一）遵纪守法原则。基层工会应依据《中华人民共和国工会法》的有关规定，依法组织各项收入，严格遵守国家法律法规，严格执行全国总工会有关制度规定，严肃财经纪律，严格工会经费使用，加强工会经费收支管理。

（二）经费独立原则。基层工会应依据全国总工会关于工会法人登记管理的有关规定取得工会法人资格，依法享有民事权利、承担民事义务，并根据财政部、中国人民银行的有关规定，设立工会经费银行账户，实行工会经费独立核算。

（三）预算管理原则。基层工会应按照《工会预算管理办法》的要求，将单位各项收支全部纳入预算管理。基层工会经费年度收支预算（含调整预算）需经同级工会委员会和工会经费审查委员会审查同意，并报上级主管工会批准。

（四）服务职工原则。基层工会应坚持工会经费正确的使用方向，优化工会经费支出结构，严格控制一般性支出，将更多的工会经费用于为职工服务和开展工会活动，维护职工的合法权益，增强工会组织服务职工的能力。

（五）勤俭节约原则。基层工会应按照党中央、国务院关于厉行勤俭节约反对奢侈浪费的有关规定，严格控制工会经费开支范围和开支标准，经费使用要精打细算，少花钱多办事，节约开支，提高工会经费使用效益。

（六）民主管理原则。基层工会应依靠会员管好用好工会经费。年度工会经费收支情况应定期向会员大会或会员代表大会报告，建立经费收支信息公开制度，主动接受会员监督。同时，接受上级工会监督，依法接受国家审计监督。

第二章 工会经费收入

第四条 基层工会经费收入范围包括：

（一）会费收入。会费收入是指工会会员依照全国总工会规定按本人工资收入的5‰向所在基层工会缴纳的会费。

（二）拨缴经费收入。拨缴经费收入是指建立工会组织的单位按全部职工工资总额2%依法向工会拨缴的经费中的留成部分。

（三）上级工会补助收入。上级工会补助收入是指基层工会收到的上级工会拨付的各类补助款项。

（四）行政补助收入。行政补助收入是指基层工会所在单位依法对工会组织给予的各项经费补助。

（五）事业收入。事业收入是指基层工会独立核算的所属事业单位上缴的收入和非独立核算的附属事业单位的各项事业收入。

（六）投资收益。投资收益是指基层工会依据相关规定对外投资取得的收益。

（七）其他收入。其他收入是指基层工会取得的资产盘盈、固定资产处置净收入、接受捐赠收入和利息收入等。

第五条 基层工会应加强对各项经费收入的管理。要按照会员工资收入和规定的比例，按时收取全部会员应交的会费。要严格按照国家统计局公布的职工工资总额口径和所在省级工会规定的分成比例，及时足额拨缴工会经费；实行财政划拨或委托税务代收部分工会经费的基层工会，应加强与本单位党政部门的沟通，依法足额落实基层工会按照省级工会确定的留成比例应当留成的经费。要统筹安排行政补助收入，按照预算确定的用途开支，不得将与工会无关的经费以行政补助名义纳入账户管理。

第三章 工会经费支出

第六条 基层工会经费主要用于为职工服务和开展工会活动。

第七条 基层工会经费支出范围包括：职工活动支出、维权支出、业务支出、资本性支出、事业支出和其他支出。

第八条 职工活动支出是指基层工会组织开展职工教育、文体、宣传等活动所发生的支出和工会组织的职工集体福利支出。包括：

（一）职工教育支出。用于基层工会举办政治、法律、科技、业务等专题培训和职工技能培训所需的教材资料、教学用品、场地租金等方面的支出，用于支付职工教育活动聘请授课人员的酬金，用于基层工会组织的职工素质提升补助和职工教育培训优秀学员的奖励。对优秀学员的奖励应以精神鼓励为主、物质激励为辅。授课人员酬金标准参照国家有关规定执行。

（二）文体活动支出。用于基层工会开展或参加上级工会组织的职工业余文体活动所需器材、服装、用品等购置、租赁与维修方面的支出以及活动场地、交通工具的租金支出等，用于文体活动优胜者的奖励支出，用于文体活动中必要的伙食补助费。文体活动奖励应以精神鼓励为主、物质激励为辅。奖励范围不得超过参与人数的三分之二；不设置奖项的，可为参加人员发放少量纪念品。文体活动中开支的伙食补助费，不得超过当地差旅费中的伙食补助标准。

基层工会可以用会员会费组织会员观看电影、文艺演出和体育比赛等，开展春游秋游，为会员购买当地公园年票。会费不足部分可以用工会经费弥补，弥补部分不超过基层工会当年会费收入的三倍。基层工会组织会员春游秋游应当日往返，不得到有关部门明令禁止的风景名胜区开展春游秋游活动。

（三）宣传活动支出。用于基层工会开展重点工作、重大主题和重大节日宣传活动所需的材料消耗、场地租金、购买服务等方面的支出，用于培育和践行社会主义核心价值观，弘扬劳模精神和工匠精神等经常性宣传活动方面的支出，用于基层工会开展或参加上级工会举办的知识竞赛、宣讲、演讲比赛、展览等宣传活动支出。

（四）职工集体福利支出。用于基层工会逢年过节和会员生日、婚丧嫁娶、退休离岗的慰问支出等。基层工会逢年过节可以向全体会员发放节日慰问品。逢年过节的年节是指国家规定的法定节日（即：新年、春节、清明节、劳动节、端午节、中秋节和国庆节）和经自治区以上人民政府批准设立的少数民族节日。节日慰问品原则上为符合中国传统节日习惯的用品和职工群众必需的生活用品等，基层工会可结合实际采取便捷灵活的发放方式。工会会员生日慰问可以发放生日蛋糕等实物慰问品，也可以发放指定蛋糕店的蛋糕券。工会会员结婚生育时，可以给予一定金额的慰问品。工会会员生病住院、工会会员或其直系亲属去世时，可以给予一定金额的慰问金。工会会员退休离岗，可以发放一定金额的纪念品。

（五）其他活动支出。用于工会组织开展的劳动模范和先进职工疗休养补贴等其他活动支出。

第九条　维权支出是指基层工会用于维护职工权益的支出。包括：劳动关系协调费、劳动保护费、法律援助费、困难职工帮扶费、送温暖费和其他维权支出。

（一）劳动关系协调费。用于推进创建劳动关系和谐企业活动、加强劳动争议调解和队伍建设、开展劳动合同咨询活动、集体合同示范文本印制与推广等方面的支出。

（二）劳动保护费。用于基层工会开展群众性安全生产和职业病防治活动、加强群监员队伍建设、开展职工心理健康维护等促进安全健康生产、保护职工生命安全为宗旨开展职工劳动保护发生的支出等。

（三）法律援助费。用于基层工会向职工群众开展法治宣传、提供法律咨询、法律服务等发生的支出。

（四）困难职工帮扶费。用于基层工会对困难职工提供资金和物质帮助等发生的支出。工会会员本人及家庭因大病、意外事故、子女就学等原因致困时，基层工会可给予一定金额的慰问。

（五）送温暖费。用于基层工会开展春送岗位、夏送清凉、金秋助学和冬送温暖等活动发生的支出。

（六）其他维权支出。用于基层工会补助职工和会员参加互助互济保障活动等其他方面的维权支出。

第十条 业务支出是指基层工会培训工会干部、加强自身建设以及开展业务工作发生的各项支出。包括：

（一）培训费。用于基层工会开展工会干部和积极分子培训发生的支出。开支范围和标准以有关部门制定的培训费管理办法为准。

（二）会议费。用于基层工会会员大会或会员代表大会、委员会、常委会、经费审查委员会以及其他专业工作会议的各项支出。开支范围和标准以有关部门制定的会议费管理办法为准。

（三）专项业务费。用于基层工会开展基层工会组织建设、建家活动、劳模和工匠人才创新工作室、职工创新工作室等创建活动发生的支出，用于基层工会开办的图书馆、阅览室和职工书屋等职工文体活动阵地所发生的支出，用于基层工会开展专题调研所发生的支出，用于基层工会开展女职工工作性支出，用于基层工会开展外事活动方面的支出，用于基层工会组织开展合理化建议、技术革新、发明创造、岗位练兵、技术比武、技术培训等劳动和技能竞赛活动支出及其奖励支出。

（四）其他业务支出。用于基层工会发放兼职工会干部和专职社会化工会工作者补贴，用于经上级批准评选表彰的优秀工会干部和积极分子的奖励支出，用于基层工会必要的办公费、差旅费，用于基层工会支付代理记账、中介机构审计等购买服务方面的支出。基层工会兼职工会干部和专职社会化工会工作者发放补贴的管理办法由省级工会制定。

第十一条 资本性支出是指基层工会从事工会建设工程、设备工具购置、大型修缮和信息网络购建而发生的支出。

第十二条 事业支出是指基层工会对独立核算的附属事业单位的补助和非独立核算的附属事业单位的各项支出。

第十三条 其他支出是指基层工会除上述支出以外的其他各项支出。包括：资产盘亏、固定资产处置净损失、捐赠、赞助等。

第十四条 根据《中华人民共和国工会法》的有关规定，基层工会专职工作人员的工资、奖励、补贴由所在单位承担，基层工会办公和开展活动必要的设施和活动场所等物质条件由所在单位提供。所在单位保障不足且基层工会经费预算足以保证的前提下，可以用工会经费适当弥补。

第四章 财务管理

第十五条 基层工会主席对基层工会会计工作和会计资料的真实性、完整性负责。

第十六条 基层工会应根据国家和全国总工会的有关政策规定以及上级工会的

要求，制定年度工会工作计划，依法、真实、完整、合理地编制工会经费年度预算，依法履行必要程序后报上级工会批准。严禁无预算、超预算使用工会经费。年度预算原则上一年调整一次，调整预算的编制审批程序与预算编制审批程序一致。

第十七条 基层工会应根据批准的年度预算，积极组织各项收入，合理安排各项支出，并严格按照《工会会计制度》的要求，科学设立和登记会计账簿，准确办理经费收支核算，定期向工会委员会和经费审查委员会报告预算执行情况。基层工会经费年度财务决算需报上级工会审批。

第十八条 基层工会应加强财务管理制度建设，健全完善财务报销、资产管理、资金使用等内部管理制度。基层工会应依法组织工会经费收入，严格控制工会经费支出，各项收支实行工会委员会集体领导下的主席负责制，重大收支须集体研究决定。

第十九条 基层工会应根据自身实际科学设置会计机构、合理配备会计人员，真实、完整、准确、及时反映工会经费收支情况和财务管理状况。具备条件的基层工会，应当设置会计机构或在有关机构中设置专职会计人员；不具备条件的，由设立工会财务结算中心的乡镇（街道）、开发区（工业园区）工会实行集中核算，分户管理，或者委托本单位财务部门或经批准设立从事会计代理记账业务的中介机构或聘请兼职会计人员代理记账。

第五章 监督检查

第二十条 全国总工会负责对全国工会系统工会经费的收入、支出和使用管理情况进行监督检查。按照“统一领导、分级管理”的管理体制，省以下各级工会应加强对本级和下一级工会经费收支与使用管理情况的监督检查，下一级工会应定期向本级工会委员会和上一级工会报告财务监督检查情况。

第二十一条 基层工会应加强对本单位工会经费使用情况的内部会计监督和工会预算执行情况的审查审计监督，依法接受并主动配合国家审计监督。内部会计监督主要对原始凭证的真实性合法性、会计账簿与财务报告的准确性及时性、财产物资的安全性完整性进行监督，以维护财经纪律的严肃性。审查审计监督主要对单位财务收支情况和预算执行情况进行审查监督。

第二十二条 基层工会应严格执行以下规定：

（一）不准使用工会经费请客送礼。

（二）不准违反工会经费使用规定，滥发奖金、津贴、补贴。

（三）不准使用工会经费从事高消费性娱乐和健身活动。

（四）不准单位行政利用工会账户，违规设立“小金库”。

（五）不准将工会账户并入单位行政账户，使工会经费开支失去控制。

（六）不准截留、挪用工会经费。

（七）不准用工会经费参与非法集资活动，或为非法集资活动提供经济担保。

（八）不准用工会经费报销与工会活动无关的费用。

第二十三条 各级工会对监督检查中发现违反基层工会经费收支管理办法的问题，要及时纠正。违规问题情节较轻的，要限期整改；涉及违纪的，由纪检监察部门依照有关规定，追究直接责任人和相关领导责任；构成犯罪的，依法移交司法机关处理。

第六章 附 则

第二十四条 各省级工会应根据本办法的规定，结合本地区、本产业和本系统工作实际，制定具体实施细则，细化支出范围，明确开支标准，确定审批权限，规范活动开展。各省级工会制定的实施细则须报全国总工会备案。基层工会制定的相关办法须报上级工会备案。

第二十五条 本办法自印发之日起执行。《中华全国总工会办公厅关于加强基层工会经费收支管理的通知》（总工办发〔2014〕23号）和《全总财务部关于〈关于加强基层工会经费收支管理的通知〉的补充通知》（工财发〔2014〕69号）同时废止。

第二十六条 基层工会预算编制审批管理办法由全国总工会另行制定。

第二十七条 本办法由全国总工会负责解释。

5. 中华全国总工会关于加强工会经费审查监督工作的意见

总工发［2002］23号文件

工会经费审查监督工作（以下简称工会经审工作）是工会工作的重要组成部分。为适应社会主义市场经济条件下工会工作发展的需要，进一步加强工会经审工作，健全工会经费审查监督制约机制，特提出如下意见。

一、加强工会经审工作是各级工会组织一项重要而紧迫的任务

1. 工会经费审查委员会（以下简称经审会）是代表会员群众对工会经费收支

和财产管理情况进行审查监督的组织。工会经审工作的基本职责是对工会经费收支和财产管理情况进行审查监督。为此，要通过建立健全以审计为基础的经费审查监督机制，维护国家财经法纪，促进收好、管好、用好工会经费，促进工会财产管理，促进工会经济活动规范运作，促进工会系统党风廉政建设。

2. 加强工会经审工作，是工会依法治会，贯彻工会经费独立原则的客观要求，是对工会经费收支和财产管理实行民主监督和审计监督的有效途径，是健全工会监督制约机制的重要措施。

3. 与工会经费和财产相关的经济活动应接受经审会的审查监督。各级工会要按照“三个代表”的要求，落实工会经费收缴、管理、使用和财产管理的责任，从组织建设、制度建设和保障措施上为经审工作的开展创造良好的条件，更好地发挥经审工作在工会全局工作中的积极作用。

二、健全工会经审工作的审查监督体制

4. 依据《工会法》和《中国工会章程》的规定，建立工会预算、决算和经费审查监督制度，实行统一领导、分级管理、分级负责的体制。

5. 工会经费审查监督的制度和办法，由全国总工会经审会统一制定。上级经审会对下级经审工作进行督促检查。

6. 经审会对同级会员（代表）大会负责，依法独立履行职责，有权直接处理职责范围内的事务。

三、加强以审计为基础的工会经费审查监督

7. 健全工会经费预算、预算执行情况（决算）审查监督制度。工会年度经费收支预算方案须经同级经审会全委会审查通过，追加专项预算须经同级经审会全委会或常委会审查同意。上年度本级经费预算执行情况（决算），应接受同级经审会办公室审计，审计情况应向同级经审会全委会报告，由其审查并形成决议。

8. 上级工会经审会有权对下一级工会经费的收缴、管理、使用情况进行审计。必要时，对下一级工会有投资、拨款补助的直属企事业单位的财务收支、财产管理情况进行审计；对经费计拨以及撤并工会组织的财务清算等进行审计。

9. 经审会负责对本级工会基本建设和维修改造工程、专项资金、直属企事业单位财务收支以及财产管理情况等进行审计。必要时可以委托审计，委托审计应由经审会或经审会办公室负责实施。

10. 经审会按照同级工会党组的要求，会同有关部门对工会领导干部和直属企事业单位领导人员实施经济责任审计，为考核、任用和奖惩干部提供依据。

11. 经审会应坚持依法审计，健全审计程序，防范、控制审计风险，提高审计质量。各级工会应利用审计成果，不断提高工会经费和财产管理水平。

四、加强经审会及其工作机构的组织建设

12. 建立健全各级经审组织。凡为一级财务管理的工会组织，在组建工会或换届选举时，经审会与同级工会委员会应同时考察、同时报批、同时选举产生。

经审会的组成人员应有代表性。经审会委员应由政治素质高、办事能力强、有专业知识的工会干部经民主选举产生。县级以上经审会委员人数应不少于同级工会委员会委员人数的 20%，县级经审会委员人数应不少于 5 人。

省、自治区、直辖市和独立管理经费的全国产业工会经审会应设常委会。经济发达、职工人数较多的省辖市总工会经审会视工作需要可设常委会。

13. 经审会主任应按同级工会副职级配备。纳入同级工会领导干部序列。提出经审会主任候选人选或报批经审会主任人事变动，事先应征求上级经审会的意见。

14. 本着精干、高效、与所承担的工作任务相适应的原则，设立经审会办公室。经审会办公室是经审会的工作机构，应列入同级工会机关部门编制。经审会办公室主任、副主任应列入同级工会机关部门正、副职级领导职位，其职务任免应事先征求同级经审会主任的意见。

省、自治区、直辖市和省辖市总工会经审会办公室应根据工作需要配齐专职经审干部，县（市、区）总工会经审会应配驻会主任和专职或兼职经审干部；独立管理经费的全国产业工会应设立经审会办公室或配备专职经审干部。各级工会领导机关都应加强经审会办公室力量，充实审计专业人员。

15. 加强经审干部队伍建设。培养和造就一支政治坚定、业务精通、作风优良的经审干部队伍。加强培训，提高经审干部业务素质和工作能力。经审干部应忠于职守，坚持原则，扎实工作，勤政廉洁，依法规范自身行为。经审干部玩忽职守、徇私舞弊，造成严重后果的，应予以严肃处理。

五、为工会经审工作的开展创造必要的条件

16. 为保证经审监督的客观公正，经审干部不得从事经审监督范围内的经济管理工作。

17. 工会经审会依法独立实施审查、审计，有关单位和个人必须予以配合，不得拒绝和阻碍。对审查、审计中发现的问题和提出的意见、建议，同级工会领导班子应认真研究处理。对拒绝、阻碍审查、审计的应批评教育，对情节恶劣、造成严重后果的应进行严肃处理。经审干部因依法履行职责而受到不公正待遇或打击报复时，上级工会应维护其合法权益。

18. 各级工会应建立健全经审会负责人参加同级工会常委会会议、主席办公会议，经审办公室负责人参加有关会议的制度；研究制定工会经费、财产管理制度和所属企事业的资产管理办法，应征求同级经审会或经审会办公室的意见。

19. 经审会所需经费应纳入本级工会经费年度预算，经审会办公室经费应列入本级工会机关预算，保证经审专用经费的使用。应对经审工作先进集体和先进工作者进行表彰奖励。

20. 各级工会要深入研究工会经审工作遇到的新情况、新问题，探索解决问题的途径和方法。工会院校应将工会经审工作列入工会干部培训的教学内容。工会报刊应加强对工会经审工作的宣传 。

6. 中国工会审计条例

（总工发［2011］27 号）

第一章 总 则

第一条 为加强工会审计工作，规范工会审计行为，提高工会经费使用效益，维护工会资产安全，根据《中华人民共和国工会法》《中华人民共和国审计法》和《中国工会章程》，制定本条例。

第二条 工会坚持经费独立原则，依法建立对工会经费收支、资产管理等全部经济活动的审计监督制度。

第三条 工会审计是指各级工会经费审查委员会（以下简称经审会）依照法律和《中国工会章程》规定的职责、权限和程序，对工会经费收支、资产管理等全部经济活动的真实、合法与效益实施的审计监督。

第四条 工会审计实行统一领导、分级管理、分级负责、下审一级的工作体制。工会审计的制度和办法由中华全国总工会统一制定。

第五条 经审会下设办公室（以下简称经审办），承担经审会对本级和下一级工会审计的职责。

第六条 工会审计遵循依法审计、服务大局、突出重点、注重实效的工作方针。

第七条 经审会依照法律和《中国工会章程》独立履行审计监督职责，被审计单位及其有关人员不得拒绝和阻碍工会审计人员执行公务，不得打击报复工会审计人员。

第八条 工会审计人员在办理审计事项中，应当恪守国家审计准则规定的严格依法、正直坦诚、客观公正、勤勉尽责、保守秘密等基本审计职业道德和审计纪律。

第九条 经审会的审计结果作为同级工会、上级工会及其有关部门评选先进和工作考核的重要依据。

第十条 工会审计应当接受审计机关的指导。

第二章 工会审计机构和人员

第十一条 经审会应当与同级工会委员会同时考察、同时报批、同时选举产生。

第十二条 经审会向同级工会会员大会或者会员代表大会负责并报告工作；大会闭会期间，向同级工会委员会负责并报告工作。上级经审会对下级经审会进行业务指导和督促检查。

第十三条 经审会委员由政治素质高、业务能力强、具有相关专业知识的工会干部和会员担任并经民主选举产生。县级以上工会经审会委员人数不少于同级工会委员会委员人数的 20%，最低不少于 5 人。经审会委员中具有审计、财会专业知识的人员一般不少于三分之二。

第十四条 工会主席、分管财务和资产的副主席、财务和资产管理部门的人员，不得担任同级工会经审会委员。

第十五条 全国总工会和省、自治区、直辖市总工会以及独立管理经费的全国产业工会经审会，应当设置常务委员会。

第十六条 全国总工会经审会委员实行替补制。各级地方总工会、独立管理经费的产业工会和机关工会联合会经审会委员也可以实行替补制。

第十七条 经审会主任按同级工会副职级配备，纳入同级工会领导干部序列。地（市）级以上工会经审会主任应当专职配备。经审会主任的任免，应当事先书面征求上一级经审会的意见。

第十八条 各级地方总工会、独立管理经费的产业工会和机关工会联合会应当设置经审办，列入同级工会机关机构编制序列，配备专职干部。经审办主任、副主任应当列入同级工会机关部门正、副职级领导职位。

第十九条 经审办应当由具有审计、财会及相关专业知识和业务能力的人员组成。省级工会经审办一般不少于 5 名专业干部；地（市）级工会经审办一般不少于 2 名专业干部；经费管理总量较多的县级工会经审办应当配备专业干部。

第二十条 工会审计人员应当具备与其从事审计业务相适应的专业知识和职业能力。

第二十一条 经审会根据工作需要，可以委托具有相应资质的社会中介机构对有关事项进行审计；可以聘请具有审计、财会等专业资格和职业能力的人员作为特邀审计员参与审计工作。

第二十二条 工会审计人员不得从事被审计单位的经济管理活动；在办理审计事项中，与被审计单位或者审计事项有利害关系的应当回避；对被审计单位需要保密的事项负有保密义务。

第三章 工会审计职责

第二十三条 经审会对同级工会及其所属企事业单位和下一级工会及其所属企事业单位的下列事项进行审计：

（一）经费预算执行情况和财务状况；

（二）经费计提和拨缴情况；

（三）专项资金的筹措、拨付、管理和使用情况；

（四）资产的管理、使用和处置情况；

（五）基本建设和维修改造工程；

（六）对外投资情况；

（七）财务管理和相关内部控制制度情况；

（八）经费使用效益和资产经营效益情况；

（九）撤并时的财务清算情况；

（十）工会管理和委托其他单位管理的社会捐赠资金、各类基金的收支情况；

（十一）其他需要审计的有关事项。

以上事项，必要时可以进行延伸审计。

第二十四条 经审会接受同级工会干部管理部门的书面委托，对同级工会涉及经费、资产及有关经济活动管理的内设机构和所属企事业单位的主要负责人进行经济责任审计。

第二十五条 经审会应当在审计职责范围内对特定事项进行专项审计调查，并向同级工会委员会和上一级经审会报告审计调查结果。

第二十六条 经审会应当配合协助上级经审会开展各项审计工作。

第四章 工会审计权限

第二十七条 经审会有权要求被审计单位按时提供会计报表、会计账簿、会计凭证、会计电算化数据以及与其经济活动相关的计划、批文、合同等其他资料。

第二十八条 经审会有权审查被审计单位的会计报表、会计账簿、会计凭证、会计电算化数据以及其他与财务收支相关的资料、资产。

第二十九条 经审会有权对审计涉及的相关事项，向被审计单位和有关人员进行调查并取得相关文件、资料和证明材料。

第三十条 经审会有权对可能被转移、隐匿、篡改、毁弃的会计报表、会计账簿、会计凭证以及其他与财务收支相关的资料，采取暂时封存的措施。

第三十一条 经审会有权对正在进行的违反财经法律法规的行为予以制止，在职权范围内作出审计决定。

第三十二条 经审会有权对审计结果以适当方式进行通报。

第三十三条 经审会对审计中发现的重大违法违规、重大资产损失等问题，有权向同级工会委员会和上一级经审会报告。

第五章　工会审计程序

第三十四条 经审会根据同级工会委员会的工作部署和上级经审会的要求，制订年度审计工作计划。

第三十五条 经审会根据年度审计工作计划，确定审计项目，成立审计组，制订审计实施方案。

第三十六条 经审会应当于实施审计 3 日前，向被审计单位送达审计通知书。遇有特殊情况，报经审会主任批准后，可以直接持审计通知书实施审计。

第三十七条 被审计单位应当对所提供审计资料的真实性和完整性作出书面承诺，并为开展审计工作提供必要的条件。

第三十八条 审计组通过审查财务资料、有关文件和会议记录，核实现金、实物、有价证券，向相关单位和个人进行调查等方式开展审计，取得审计证据，做好审计记录，编制审计工作底稿。

第三十九条 审计组对相关事项实施审计后，依据相关法律法规和内部控制制度作出审计评价，对需要整改的事项提出审计意见和建议，形成审计组的审计报告，并征求被审计单位的意见。

第四十条 被审计单位自接到审计组的审计报告之日起 10 日内，应当向审计组回复书面意见，逾期不回复的，视同无异议。

第四十一条 经审会审核审计组的审计报告、研究被审计单位的书面意见后，出具经审会的审计报告，对违反财经法律法规的行为在职权范围内作出审计决定，并将经审会的审计报告和审计决定送达被审计单位。审计决定自送达之日起生效。

第四十二条 被审计单位自收到经审会的审计报告或者审计决定之日起 30 日内，将整改落实情况书面报告给出具审计报告或者审计决定的经审会。

第四十三条 被审计单位或者相关责任人员对经审会作出的审计决定不服的，自收到审计决定之日起60日内，可以向出具审计决定的上一级经审会书面申请复审。上一级经审会自收到书面复审申请之日起60日内，应当作出复审决定。复审期间执行原审计决定。

第四十四条 经审会发现下一级经审会作出的审计决定违反国家有关规定或者有重大错误的，应当责成下一级经审会予以变更或者撤销，必要时可以直接作出变更或者撤销决定。

第四十五条 经审会应当建立审计整改督查制度，对被审计单位进行审计回访，督促其落实整改意见，执行审计决定。

第四十六条 经审会应当每年向同级工会委员会报告审计结果和整改落实情况。

第四十七条 经审会对办理的审计项目、专项审计调查、审计复审、审计回访等，按照工会审计业务公文处理规定和审计档案管理规定建立档案。

第六章 工作保障

第四十八条 各级工会领导班子应当自觉接受审计监督，支持工会审计机构和人员依法履行职责。

第四十九条 各级工会领导班子应当听取经审会的审计结果报告，按照审计报告或者审计决定的要求，明确责任，制定措施，落实整改。

第五十条 经审会主任应当参加（或者列席）工会主席办公会议、常委会议和研究工会重大经济活动的会议；经审办主任应当参加（或者列席）涉及工会经费、资产和相关经济活动的会议。

第五十一条 各级工会应当为经审会及其经审办开展审计工作，提供必要的物质保障和工作条件，按规定比例安排经审专用经费，纳入本级工会年度经费预算。

第五十二条 各级工会应当加强工会审计人员队伍建设，落实经审会主任任期培训制度和工会审计人员培训规划，做好工会审计人员的配备、使用、考核和管理工作。

第五十三条 各级工会应当支持经审会加强审计工作规范化建设，健全审计工作运行机制，完善审计质量评价体系，实施工会审计人员业绩评价和奖惩制度。

第五十四条 上级经审会应当加强对下级经审会的业务指导和工作支持，对在工会审计工作中做出突出成绩的单位和个人给予表彰和奖励。

第七章 相关责任

第五十五条 单位和个人有下列行为之一的，由经审会根据情节轻重，向同级工会提出批评、处罚或者处分等建议，同级工会应当及时予以处理；构成犯罪的，依法追究刑事责任：

（一）拒绝或者故意拖延提供与审计事项有关的文件、会计资料和证明材料的；

（二）转移、隐匿、篡改、毁弃有关文件和会计资料的；

（三）转移、隐匿所持有的违反国家规定取得的财产的；

（四）弄虚作假、隐瞒事实真相的；

（五）授意、指使、强令审计人员违反国家法律法规和审计规定的；

（六）阻挠工会审计人员行使职权，抗拒、破坏监督检查的；

（七）拒不执行审计决定的；

（八）报复陷害审计人员或者检举人员的。

第五十六条　工会审计人员有下列行为之一的，由其所在工会根据有关规定给予批评、处罚或者处分；构成犯罪的，依法追究刑事责任：

（一）利用职权谋取私利的；

（二）弄虚作假，徇私舞弊的；

（三）玩忽职守，给国家和工会造成重大损失的；

（四）泄露相关秘密并造成严重后果的。

第八章　附　则

第五十七条　各级工会可以根据本条例制定具体实施办法。

第五十八条　上级经审会应当指导和督促下级经审会执行本条例，对下级经审会执行本条例的情况进行检查。

第五十九条　本条例由中华全国总工会负责解释。

第六十条　本条例自发布之日起施行。

7. 基层工会经费审查委员会工作条例

（工厅审字［1990］58号）

第一章　总　则

第一条　为加强对基层工会及所属企业、事业财务收支和财产管理的审查，监督财经法纪的贯彻执行和工会经费的合理使用，发扬财务民主，密切工会组织同会员群众的联系，为全面履行工会的社会职能，促进工会事业的发展服务，根据《中国工会章程》和《工会各级经费审查委员会组织通则》及有关规定，制订本条例。

第二条 基层工会经费审查委员会是代表会员群众对基层工会及所属企业、事业单位经费收支和财产管理的真实、完整、合法及效益进行审查监督的组织，由同级工会会员大会或会员代表大会选举产生。

基层工会内部审计职权由基层工会经费审查委员会行使。

第三条 基层工会经费审查委员会向同级工会会员大会或会员代表大会负责并报告工作；在大会闭会期间，向同级工会委员会负责并报告工作。

基层工会经费审查委员会接受上级工会经费审查委员会的业务指导和督促检查。

第四条 基层工会经费审查委员会依照国家法规、政策和工运方针、任务、工会财务制度、纪律，独立行使审查监督权。

基层工会委员会应尊重和保证基层工会经费审查委员会依法行使审查监督的职权。对工会经费审查委员会提出的正确意见，应予支持和采纳。

第二章　组织和成员

第五条 凡建立一级工会财务管理的工会基层组织，必须在选举工会基层委员会的同时，选举产生经费审查委员会。

工会基层委员会下辖的管钱管物、举办企业、事业的车间工会，可经车间工会会员大会或会员代表大会选举产生经费审查小组或经费审查委员。

第六条 基层工会经费审查委员会一般由三至十一名委员组织。大型企业可根据需要适当增加委员名额。

经费审查委员会成员，应选举坚持四项基本原则，密切联系群众、热心工会经审工作，懂得财经政策，能坚持原则、求实公正、廉洁奉公的会员担任。

为有利于代表会员群众进行有效的审查监督，委员中一般应包括工会干部、财会或审计人员和其他的会员群众代表。本级工会委员会主持财务工作的负责人及其管钱、管物人员不得兼任本级工会经费审查委员会的成员。

第七条 基层工会经费审查委员会设主任一人，负责召集经费审查委员会会议，主持经费审查委员会的日常工作。工作需要时，设副主任一至二人，协助主任工作。主任、副主任由经费审查委员会全体会议选举产生，选举结果，报上一级工会委员会批准。

第八条 基层工会经费审查委员会的任期与基层工会委员会相同。在任期内，如有成员出缺，由同级会员大会或会员代表大会补选。其主要负责人的任免，要征得上一级工会委员会的同意，履行民主程序。

第九条 基层工会经费审查委员会，根据工作需要，可聘请工会积极分子参加审查工作。

第三章 工作任务

第十条 基层工会经费审查委员会对基层工会及所属企业、事业经费收支和财产管理的下列事项进行审查监督：

（一）经费收入、上解和支出预算的制定、执行和决算；

（二）与工会经费收支有关的经济、技术活动及其效益；

（三）工会经费专项基金的提取、使用；

（四）工会财产的安全、完整；

（五）工会内部控制制度的建立、健全、有效；

（六）国家财经法规、条例和工会财务制度、纪律的执行情况；

（七）国家和上级工会规定的其他审查事项。

第十一条 基层工会经费审查委员会有责任检查工会会员大会或会员代表大会关于工会财务工会决议的执行情况，督促和审查工会委员会定期向会员群众公布账目和向会员大会或会员代表大会报告财务收支情况；检查对经费审查委员会全体会议决议的执行情况。

第十二条 深入实际，深入群众，调查研究，总结经验，对收好、管好、用好各项经费和加强工会财产管理，提高所属企业、事业的效益，提出意见和建议。

第十三条 宣传党和国家的财经方针政策，支持工会财务人员依法履行职责，对模范执行财务制度、纪律，在财务工会方面取得显著成绩的单位、人员，建议会员大会和会员代表大会给予表彰和奖励；同铺张浪费、私设小金库和私分钱物、贪污盗窃、侵占国家和工会财物等现象进行斗争。

第十四条 在基层工会组织机构变动和财务、财产管理负责人调动工作时，负责监督做好交接工作。

第四章 主要职权

第十五条 基层工会经费审查委员会委员列席同级工会委员会全体会议。在设工会基层委员会常务委员的基层工会，不是常务委员会成员的该工会基层经费审查委员会的主任、副主任有权列席常务委员会会议。主任、副主任或经指定人员参加各该基层工会有关财务工作的会议。

第十六条 基层工会经费审查委员会有下列审查权：

（一）要求基层工会及所属企业、事业单位按时报送有关的计划、预算、决算、会议报表和文件资料，听取他们的汇报；

（二）检查凭证、账表、决算、资金和财产，查阅有关的文件和资料；

（三）对审查中发现的问题，向被审查单位和有关人员调查并取得证明材料；

（四）对正在进行的严重违反财经法纪、严重损失浪费行为，提请同级工会委员会或上级工会及时制止，并对已造成的损失作出处理决定；

（五）遇有阻挠、破坏审查工作时，有权采取封存账册、印鉴和资财等临时措施，并提出追究有关人员的责任意见。

第十七条 基层工会经费审查委员会对基层工会及其所属企业、事业单位违反财经法纪的有关责任人员，有权建议同级工会委员会或上级工会给予纪律处分或经济制裁，触犯刑律者，提请司法机关依法追究刑事责任。

第十八条 基层工会委员会向上级工会报送预算、决算，向会员和上级工会报告经费收支情况时，预算、决算报告必须经同级工会经费审查委员会审查、签署、盖章。

第十九条 基层工会经费审查委员会对审查工作中的重大事项，有权向上级工会委员会、经费审查委员会反映。

第五章 审查方式和程序

第二十条 基层工会经费审查委员会主要采取下列方式进行审查工作；

（一）定期召开经费审查委员会全体会议审查基层工会委员会提出的预算和决算方案，听取预算执行情况的报告，审议预算的调整和追加事项；

（二）对基层工会经费的收入、上解、管理、重大开支事项或会员群众反映的重要问题，要进行专题审查；

（三）对基层工会所属企业、事业单位的经费收支、社会效益和经济效益状况，对工会财产的管理状况，进行定期报送审查或就地审查；

（四）参加同级工会组织的财务大检查工作，参与检查监督。

第二十一条 基层工会经费审查委员会进行审查工作的主要程序是：

（一）根据国家和上级工会的规定、要求以及本单位的实际情况，制定对基层工会及所属企业、事业进行审查的工作计划；

（二）审查前，应当通知基层工会或被审查的所属企业、事业单位；

（三）审查终结，应将审查结果、处理意见和改进工作的建议报告基层工会委员会。报送前，应征求被审查单位的意见；

（四）基层工会委员会应及时研究处理，并将处理意见和执行情况向基层工会经费审查委员会通报；

（五）被审查单位对处理决定如有异议，可以提请复议。如复议后原决定仍维持不变，被审查单位必须执行；

（六）基层工会经费审查委员会与基层工会委员会在重大问题上意见不一致时，应同时报请上级的工会委员会和经费审查委员会处理。

第六章　工作制度和工作方法

第二十二条　基层工会经费审查委员会实行集体领导、民主集中制。讨论问题时，应充分发扬民主。决定问题时，由全体委员的过半数通过。日常工作，委员会各有分工，并根据实际情况建立学习、会议、审查、调研、计划、总结等制度。

第二十三条　基层工会经费审查委员会要认真贯彻执行群众路线，广泛听取和定期征求会员群众的意见、要求，宣传党和国家的财经方针政策，依靠广大会员群众和积极分子做好工作。

第二十四条　基层工会经费审查委员会应加强与基层工会委员会及其财务工作委员会的经常联系，加强同本单位行政财务、劳资、内审等部门的联系，沟通情况，取得支持和帮助，密切协作，做好工作。

第二十五条　基层工会经费审查人员（含积极分子）要认真学习和贯彻执行党、政府和上级工会的有关方针、政策、制度、规定，坚持原则、忠于职守、秉公办事、尽职尽责，自觉接受会员群众监督。工作表现突出的优秀经费审查人员应受到同级工会或上级工会委员会、经费审查委员会的表彰、奖励。

经费审查人员行使职权受国家法律和工会章程的保护，任何单位及人员不得给予不公正对待甚至打击报复。当发生这种错误做法时，基层工会和上级工会应当进行干预，加以纠正，并对打击报复者严肃处理。

上级工会有关财经法规、政策制度、纪律及预算、决算的批复等文件，应同时发给基层工会经费审查委员会；基层工会经费审查委员会开展工作必需的工作时间、办公用品、活动经费等应得到保证。

基层工会的经费审查委员会公章的规格，与同级工会委员会相同。

第七章 附 则

第二十六条 基层工会经费审查委员会可以根据本条例的规定，结合本单位的实际，制订执行本条例的工作细则。

第二十七条 本条例由中华全国总工会经费审查委员会负责解释

第二十八条 本条例自公布之日起施行。1980 年 2 月颁发的《中华全国总工会基层工会经费审查委员会暂行工作条例》同时废止。